21世纪高等学校计算机教育实用规划教材

网络教育资源设计与开发课程设计

彭文辉 徐家臻 艾地 杨琳 编著

清华大学出版社
北京

内 容 简 介

本书全面介绍网络教育资源的设计与开发相关知识和技能，以项目的形式，介绍了各种网络资源的开发流程和开发技术，通过精心选择的若干有实际应有背景的开发实例，一步步指导学生完成有关设计与开发工作。

全书内容共分为课程设计的过程和整体要求介绍、网络教育资源设计与开发基础知识介绍、具体的课程设计项目三大部分，分别给出了在线考试系统、在线答疑室、班级网站建设、专题学习网站、网络课程、虚拟学习社区等网络教学资源与平台的设计、实现方法。

本书适合教育技术学专业的学生、教师以及对网络教育资源设计和开发有兴趣的其他相关专业人员参考，适合作为教育技术学等相关专业学生的课程设计教材、综合实验能力训练及毕业论文参考。

图书在版编目(CIP)数据

网络教育资源设计与开发课程设计/彭文辉等编著. --北京：清华大学出版社，2014
21世纪高等学校计算机教育实用规划教材
ISBN 978-7-302-37323-0

Ⅰ. ①网…　Ⅱ. ①彭…　Ⅲ. ①计算机网络－应用－教育－高等学校－教材　Ⅳ. ①G434

中国版本图书馆CIP数据核字(2014)第159780号

责任编辑：刘向威　王冰飞
封面设计：常雪影
责任校对：焦丽丽
责任印制：宋　林

出版发行：清华大学出版社
　网　　址：http://www.tup.com.cn，http://www.wqbook.com
　地　　址：北京清华大学学研大厦A座　　**邮　　编**：100084
　社 总 机：010-62770175　　**邮　　购**：010-62786544
　投稿与读者服务：010-62776969，c-service@tup.tsinghua.edu.cn
　质 量 反 馈：010-62772015，zhiliang@tup.tsinghua.edu.cn
　课 件 下 载：http://www.tup.com.cn，010-62795954
印 装 者：三河市金元印装有限公司
经　　销：全国新华书店
开　　本：185mm×260mm　　**印　　张**：15.25　　**字　　数**：372千字
版　　次：2014年10月第1版　　**印　　次**：2014年10月第1次印刷
印　　数：1～2000
定　　价：34.00元

产品编号：060386-01

出版说明

随着我国高等教育规模的扩大以及产业结构调整的进一步完善，社会对高层次应用型人才的需求将更加迫切。各地高校紧密结合地方经济建设发展需要，科学运用市场调节机制，合理调整和配置教育资源，在改革和改造传统学科专业的基础上，加强工程型和应用型学科专业建设，积极设置主要面向地方支柱产业、高新技术产业、服务业的工程型和应用型学科专业，积极为地方经济建设输送各类应用型人才。各高校加大了使用信息科学等现代科学技术提升、改造传统学科专业的力度，从而实现传统学科专业向工程型和应用型学科专业的发展与转变。在发挥传统学科专业师资力量强、办学经验丰富、教学资源充裕等优势的同时，不断更新教学内容、改革课程体系，使工程型和应用型学科专业教育与经济建设相适应。计算机课程教学在从传统学科向工程型和应用型学科转变中起着至关重要的作用，工程型和应用型学科专业中的计算机课程设置、内容体系和教学手段及方法等也具有不同于传统学科的鲜明特点。

为了配合高校工程型和应用型学科专业的建设和发展，急需出版一批内容新、体系新、方法新、手段新的高水平计算机课程教材。目前，工程型和应用型学科专业计算机课程教材的建设工作仍滞后于教学改革的实践，如现有的计算机教材中有不少内容陈旧(依然用传统专业计算机教材代替工程型和应用型学科专业教材)，重理论、轻实践，不能满足新的教学计划、课程设置的需要；一些课程的教材可供选择的品种太少；一些基础课的教材虽然品种较多，但低水平重复严重；有些教材内容庞杂，书越编越厚；专业课教材、教学辅助教材及教学参考书短缺，等等，都不利于学生能力的提高和素质的培养。为此，在教育部相关教学指导委员会专家的指导和建议下，清华大学出版社组织出版本系列教材，以满足工程型和应用型学科专业计算机课程教学的需要。本系列教材在规划过程中体现了如下一些基本原则和特点。

(1) 面向工程型与应用型学科专业，强调计算机在各专业中的应用。教材内容坚持基本理论适度，反映基本理论和原理的综合应用，强调实践和应用环节。

(2) 反映教学需要，促进教学发展。教材规划以新的工程型和应用型专业目录为依据。教材要适应多样化的教学需要，正确把握教学内容和课程体系的改革方向，在选择教材内容和编写体系时注意体现素质教育、创新能力与实践能力的培养，为学生知识、能力、素质协调发展创造条件。

(3) 实施精品战略，突出重点，保证质量。规划教材建设仍然把重点放在公共基础课和专业基础课的教材建设上；特别注意选择并安排一部分原来基础比较好的优秀教材或讲义修订再版，逐步形成精品教材；提倡并鼓励编写体现工程型和应用型专业教学内容和课程体系改革成果的教材。

(4) 主张一纲多本,合理配套。基础课和专业基础课教材要配套,同一门课程可以有多本具有不同内容特点的教材。处理好教材统一性与多样化,基本教材与辅助教材,教学参考书,文字教材与软件教材的关系,实现教材系列资源配套。

(5) 依靠专家,择优选用。在制订教材规划时要依靠各课程专家在调查研究本课程教材建设现状的基础上提出规划选题。在落实主编人选时,要引入竞争机制,通过申报、评审确定主编。书稿完成后要认真实行审稿程序,确保出书质量。

繁荣教材出版事业,提高教材质量的关键是教师。建立一支高水平的以老带新的教材编写队伍才能保证教材的编写质量和建设力度,希望有志于教材建设的教师能够加入到我们的编写队伍中来。

21世纪高等学校计算机教育实用规划教材编委会

联系人:魏江江 weijj@tup.tsinghua.edu.cn

前　言

课程设计是一种类似于"项目教学法"的教学模式，在这种教学模式下，学生依托具有实际应用背景的小项目，组成项目小组，分工协作，完成项目的设计与开发，从而实现知识学习、能力锻炼的目标。在这个过程中，教师负责题目的选择、过程的组织、知识与技术的辅导、项目的考评等。

当前，基于网络的 e-Learning 在国内外蓬勃开展，方兴未艾，作为网络教育重要基础的数字化学习资源和平台，对网络教育高效、高质量地开展，具有重要意义。开发优质的学习资源和学习平台，也成为教学技术学专业学生的一个主要专业技能。

在以往的教学实践中，相关课程往往通过作业、实验等环节培养学生的实际开发能力，这种手段显然在培养学生的综合开发能力上有较大的欠缺。基于此，本书将课程设计这一教学模式引入到教育资源及平台的开发训练中来，以期能全面培养学生和相关人员综合分析能力、设计能力、编程能力以及实际的项目管理与协作能力等。

本书为训练学生网络教学资源设计和开发的综合能力而编写。本书的特点是以课程设计（或称项目教学法、项目实践）的模式介绍各种网络资源的开发流程和开发技术，通过精心选择的若干有实际应用背景的开发实例，一步步指导学生完成有关设计与开发工作。

本书讲些什么

本书内容上包括两大部分，第一部分为基础知识，包括课程设计的过程和整体要求介绍、网络教育资源设计与开发基础知识介绍；第二部分为项目实战，包括 6 个精心挑选的、有实际应用背景的开发项目，分别为在线考试系统、在线答疑室、班级网站建设、专题学习网站、网络课程、虚拟学习社区等，具体如下表所示。

章　节		内　容
基础知识	第 1 章	网络教育资源的基本含义；网络教育资源设计与开发课程设计的目的、过程、文档要求以及考评标准等内容
	第 2 章	主要包括静态网页与动态网页设计基础、.NET 技术基础、C# 与 VB 语言基础以及 SQL Server 数据库基础等内容
项目实战	第 3 章　项目一	介绍在线答疑室的设计与实现方法
	第 4 章　项目二	介绍网络课程平台的设计与实现方法
	第 5 章　项目三	介绍在线考试系统的设计与实现方法
	第 6 章　项目四	介绍班级网站建设的设计与实现方法
	第 7 章　项目五	介绍专题学习网站的设计与实现方法
	第 8 章　项目六	介绍虚拟学习社区的构建与实现方法

谁需要这本书

本书主要为训练教育技术学以及感兴趣的相关专业学生的网络教学资源开发综合能力而编写。本书既可以作为教育技术学等相关专业学生的课程设计教材，也可供网络教学资源设计的专业人员参考。

需要本书的读者包括教育技术学专业的本科生、研究生、教师以及对网络教育资源设计和开发有兴趣的中小学教育信息技术人员、计算机相关专业师生、社会上从事网络教育开发的相关技术与管理人员等。

参与本书编写工作的主要人员有彭文辉、徐家臻、艾地、杨琳等，全书由彭文辉教授主编。此外，张舒、卢如荣、贾丽莉、李肖霞、文忆、黄卓芬、刘丽丽、刘小碧、张娟、魏丽丽参与了本书的资料整理和部分代码的编写测试等工作，在此致以感谢。清华大学出版社的广大员工为本书出版做了大量工作，作者在此表示衷心的感谢！

限于本书作者的水平，书中难免有不足之处，欢迎读者发送邮件到 pwh@mail.ccnu.edu.cn（彭文辉 E-mail）与我们交流讨论，提出您宝贵的意见。此外，作者彭文辉也开发了项目实践教学管理平台软件，可用于课程设计全过程的指导和管理，感兴趣的教师可与作者联系。

作　者

2014 年 5 月于武昌桂子山

目　录

第1章 网络教育资源及其课程设计概述

本章提要：

本章是全书的导论，其主要内容包括课程设计及其目的、目标、课程设计基本过程、课程设计的要求与考评以及网络教育与网络教育资源的相关知识等。对上述课程设计相关问题的理解，将有助于学习者更好地掌握本书的脉络及项目的实施过程，为后面的学习奠定坚实的理论基础。

本章重点：

- 课程设计及其目的、目标。
- 本课程的设计过程、设计要求与考评。
- 网络教育与网络教育资源的相关概念。
- 网络教育资源的设计开发流程。

当前，融知识传授、能力培养、素质提高为一体的理念正在融入教育技术学专业的教学中。如何提高学生的综合素质、实际动手能力，促进高素质的实践创新人才培养，是本专业教学中一直努力探索的关键问题之一。

在我国高等理工科教学过程中，“课程设计”一直受到很大重视。这种教学模式的过程类似于“项目教学法(Project Based Learning，PBL)”，在工科教学中普遍采用。作为一种训练学生综合能力，特别是动手能力的教学环节，课程设计已证明是行之有效的。本书将课程设计这种教学模式，引入到教育技术学专业中，引入到网络教学平台和资源的设计与开发训练中，希望能通过这种教学模式的采用，能显著提升教育技术学专业学生开发网络教育平台和资源的能力。

1.1 课程设计及其目的、目标

1.1.1 课程设计概述

“课程设计”一词有两种含义：一种指教育科研机构的专家学者对课程进行研究并拟订出课程学习方案，制订教育教学的目的任务，确定教学程序，编写教材等活动；另一种则是指一种教学模式，类似于“项目教学法”，这种教学模式，需要依托具有实际应用背景的小项目，学生在教师指导下，组成项目小组，分工协作，完成此项目，从而实现知识学习、能力锻炼的目标。本书所提到的“课程设计”，指的是后一种含义，书中精选6个项目，均为网络教育中常见的、具有实际应用背景的项目。

1. 特点

课程设计这种教学模式，具有以下特点，这些特点也是课程设计与普通实验的区别。

(1) 实践性。

课程设计是教学计划中综合性较强的实践教学环节，强调在实践中学习，有很强的实践性。区别于课堂教学模式，课程设计强调在做中学，学习者必须亲自动手，运用各种开发工具，才能完成项目。因此这种教学模式特别适合于强调实际操作能力的技术课程。

(2) 综合性。

课程设计的综合性体现在两个方面：一是课程设计涉及的专业内容，往往关联多门课程，往往是多学科知识的综合运用；二是成功完成课程设计的项目，是综合运用多种能力与技巧的结果，譬如，理论知识的灵活运用能力、项目管理能力、协作能力、动手能力、个人的表达能力，甚至查找相关资料(信息搜集)的能力等等。

(3) 协作性。

课程设计是在小组成员充分分工合作的前提下完成，小组成员的任务，既相互关联，又各有不同，成员间的协作对课程设计的成功实施有着重要的作用。在课程设计过程中，团队成员之间应该学会如何交流和合作，并且要加强团队成员间的凝聚力，共同完成项目。

2. 价值

课程设计教学模式的价值体现在以下几点。

(1) 对学生深入理解书本理论知识并加以灵活运用很有帮助。

对于很多知识内容，仅仅停留在书本理解这个层面，是完全不够的。在课程设计过程中，学生通过实际的项目开发实践，会对课堂上介绍的理论知识有更深入的理解，同时在解决实际问题的过程中，又学会了对理论知识灵活运用。

(2) 对培养学生的综合能力很有帮助。

在课程设计过程中，为了完成项目，学生需要完成系统需求分析、相关资料查找、各种方案设计、多种工具运用等各项任务，并经过成员分工协作、交流、讨论等多种活动，在这个过程中，学生的综合能力将得到充分的锻炼。

1.1.2 本课程设计的目的、目标及对象

1. 目的

本课程设计的目的，是通过面向实际应用的项目开发，全面锻炼学生开发网络教育资源和应用平台的能力，掌握网络资源开发的常用方法和开发工具，培养学生团队协作精神和与人交流的能力，使学习者能在动手做的过程中深刻理解所学的知识。

2. 目标

本课程设计的目标如下所示。

(1) 培养学生的系统分析与设计能力。

通过对网络教育平台与资源项目的需求分析和总体设计，提高学习者的系统分析和设计能力。

(2) 提高学生的网络资源开发与编码能力。

了解常用的网络教育资源开发工具，并能熟练使用网络教育资源开发工具完成网络教育资源的开发和设计。掌握常用静态网页制作工具使用，掌握动态网页制作技术，能够利用

ASP. NET 制作动态网页，并能熟练运用 SQL 数据库技术实现数据库操作。

(3) 培养学生的文档编写能力。

本课程设计要求学习者在项目完成过程之中及结束之后提交各种文档报告，因此，可通过本课程设计，使学生掌握常用的软件项目文档的编写规范，培养学生撰写文档的能力，提高文档编写水平。

(4) 培养学生的团队合作精神和协作能力。

本课程设计是在对学习者进行分组的情况下完成，在小组中，各成员应承担一定的相对独立的角色和任务，完成项目需要团队中各位成员具有团队合作的精神和协同工作的能力，项目的成功开发，将显著提高学生合作精神及写作能力。

(5) 提高学生展示和表达自我的能力。

本课程设计各项目完成之后，要求每个小组对其成果进行汇报展示，要求汇报过程清晰，操作演示到位，对汇报者的语言表达能力有较高的要求。

3. 对象

本课程设计主要针对教育技术学专业的学生、教师以及对网络教育资源设计和开发有兴趣的其他相关专业人员。

1.2 本课程设计过程

本课程设计的实施过程，指的是教师发布项目题目，到最终学生完成项目，并进行展示，接受了教师考评的完整教学过程。具体包括以下步骤和阶段。

1. 准备与发布

在课程设计的开始，教师说明课程设计的过程及要求，发布课程设计的题目，说明该题目的设计内容和设计要求，学习者可在教师发布的题目中任意选择一个。

2. 选题与分组

学习者根据自己的兴趣和能力进行选题。根据自愿原则，并进行必要的调配，将所有参与者分成由 3～5 人组成的小组，对每个小组成员进行角色分配。每个小组需要确定一个小组长，以方便小组内工作的组织及与教师的联系和汇报。项目的进行都是基于小组共同完成，需要注意的是在分组过程中每位学习者都应有独立的设计任务，并要求独立撰写所负责部分的报告。

3. 项目实施

1) 学生

学习者在项目实施阶段应该做的工作如下所示。

(1) 明确本项目的背景及要求。

在项目进行之前应明确本项目的背景和要求，包括项目的提出原因和背景，在实际中的应用价值和范例，并了解本项目完成过程中要注意的要点、关键技术和最终实现效果以及其他相关知识，明确要完成的任务。

(2) 制订具体的设计开发计划。

学习者在教师的指导下，进行项目总体方案的设计与论证，并由小组共同完成选题的具体设计开发方案，经指导教师批准后开始实施。

(3) 分析本项目需求。

需求分析主要确定项目最终的功能、性能、数据、界面等要求。本课程设计中主要包括系统功能分析和系统数据分析，具体包括系统界面要求(系统的外部特性)；系统功能要求(列出要求系统所完成的功能)；系统的性能要求；系统数据处理的要求，包括基本数据元素名称、含义、数据峰值等，画出数据流图(DFD)及数据的E-R关系图。项目的需求分析是项目实施过程中一个非常重要的过程，是对整个项目过程的总体规划，因此应该认真对待。

(4) 进行系统设计。

在需求分析的基础上进行系统设计，对应于前面的需求分析，可以将系统设计分为系统模块设计、系统数据库设计和系统界面设计。针对系统的功能要求进行系统模块设计；在分析系统数据要求的基础上进行系统数据库设计，给出数据库表的组成及结构；系统界面设计可以结合自已的经验，站在用户的角度上进行友好、美观的设计。

(5) 编码和测试。

项目实现的过程是前面系统设计过程的具体化，包括页面制作、数据库访问和主要功能模块的编码实现。

在主要功能模块实现过程中和实现后，学生都应对它们进行较完备的测试，并记录测试结果。

2) 教师

课程设计虽然主要有学生自主完成，但指导教师也应该注意给予学生充分的指导和帮助，具体在实施阶段，应该做好以下工作：

(1) 提供辅助资源。

根据项目内容和实际要求，教师应给学生提供各种参考文献、技术资料及必要的系统工具等辅助资源，使学习者在项目开发过程能顺利进行。

(2) 适当的组织。

在课程设计开始之前和之中，教师要对课程设计过程可能遇到的问题，包括答疑、工作与学习的时间地点、联络方式、考评方式等进行交代，并主导小组的组建，引导小组成员进行合理的分工，任命小组长。

(3) 过程中答疑与辅导。

课程设计开发过程中，教师应及时对学习者遇到的各种问题进行答疑，并对各小组开发过程进行指导和建议，以帮助学习者顺利完成项目开发。

(4) 时间节点的掌控。

各小组的进度有快有慢，但教师应对一些关键时间节点进行掌控。比如什么时间该完成项目开发前的准备，什么时间完成系统模块的设计，什么时间完成系统开发，什么时间进行汇报展示。这对学习者是一个督促，也是保证课程设计顺利进行的条件。

4. 展示与考评

评价也是学习中的一个重要环节，通过对最终成果的评价使学习者对知识有更深的理解，并通过对学习者学习过程的评价，对学习者作出更加准确的综合评价。在项目结束后，每个小组应对所完成的项目作一个总结报告，推选一名同学进行汇报展示，由指导教师对本项目作出评价，给出成绩。其他学生也都可以参与评判。

1.3 课程设计要求与考评

1.3.1 课程设计的要求

可以分为过程要求、文档要求和结果要求3种。

1. 过程要求

1）良好的态度及纪律

学生在课程设计实施过程中，应该有一个良好的学习和工作态度，积极主动承担设计任务，积极参与小组内设计难题的解决，并遵守考勤制度，不无故迟到、早退及缺勤。

2）严格按开发计划完成任务的情况

在项目实施初期，对设计过程及任务分配作过一个详细的实施计划，小组及其成员应严格按照此计划进行项目的开发，包括进度的保证、时间节点的掌控、任务不折不扣地完成等。

3）小组成员间的交流协作

课程设计开发过程中，小组成员间要经常进行交流，共同讨论解决所遇到的问题。小组成员是否积极参与这种交流与协作，是否善于这种交流与协作，也是课程设计这种教学模式需要锻炼和考评的一项内容。

2. 文档要求

开发文档是在开发过程产生的重要工程技术文件，它是有关系统需求、设计、编码、测试、运行维护等方面的技术文件，没有开发文档，就不能表示设计结果，也就不能称为设计产品，因此开发文档非常重要，锻炼文档写作能力，也是本课程设计的一项重要目标。

本课程设计的内容，基本属于计算机软件开发的范畴，因此可参照计算机软件文档的国家标准的文档种类与格式编写，当然，考虑到课程设计的时间及要求，可以适当精简。

建议本课程设计，各小组应完成以下文档。

项目开发计划：说明项目目标、任务及工作分解、任务进度安排、人员角色与工作分配。

项目需求分析文档：对系统功能及系统数据处理进行描述。

项目系统设计文档：描述系统模块结构、系统数据库、系统界面以及关键算法。

项目代码：系统的详细实现代码。

用户手册：描述本软件系统的操作、使用方法。

测试文档：描述对软件主要功能和页面链接的测试用例（测试的输入、测试的步骤、测试的期望结果与实际结果）。

以上文档由小组成员共同完成，在课程设计结束以后，每位小组成员还应该单独完成一份总结报告，描述在项目中自己承担的任务以及自己的设计思想与实施方案，并对参加本次课程设计的收获与体会进行总结。

各种报告应该使用统一的格式，例如，采用以下格式：

(1) 统一的封面及内页。封面包括课程设计名称、文档名称、项目小组（专业、班级、成员）、指导教师、日期等；内页，采用统一的页眉，包括项目名、文档名、项目小组等。

(2) 目录。

(3) 报告正文。

(4) 参考文献。

3. 结果要求

开发的系统应具备所给题目要求的功能及性能，界面友好、美观，操作方便。开发的软件进行了封装与打包。应能在不同的机器上安装并演示。

1.3.2 课程设计考评

评价也是一种学习，课程设计考评的目的是，通过考评，给学生一次展示自己成果的机会，锻炼其展示自身的能力；通过考评，使学习者能学习他人的设计，认识到自己的不足，开拓自己的思路；通过考评，给各学习者一个合理的成绩。

课程设计结束后，可进行集体的演示和汇报，各小组可推荐一名同学，对本小组的项目完成情况进行汇报，并演示完成的系统，然后小组成员集体接受老师和同学的提问。

每位小组成员的分数可由教师根据各人在课程设计过程中的表现给出。由于课程设计是一个小组集体完成的，所以考评成绩应综合考虑小组集体的完成情况及特定成员在小组中的工作情况，并分别给予一定的权重，比如，小组的成果占50%，个人的成果占50%，等等，这样，同一小组中的成员，其小组成果是一样的，因此其50%权重的分数是一样的，其余50%权重的分数则要看个人的工作情况了。

在实际操作过程中，教师可以根据每次项目的实际情况设计评分标准，也可以参考以下评分标准：

小组技术文档(20%)

系统整体制作情况(30%)(以上两项同组成员分数相同)

个人部分的设计情况(30%)

个人研制报告(10%)

个人平时表现情况(10%)

个人平时表现情况包括学习者态度、个人在小组中担任的角色、完成的积极性和提出的建议重要程度等。

1.4 网络教育资源概述

随着信息时代的到来，网络深刻地影响了人们工作、学习、生活等各个层面。信息技术更是在教育领域内引发了一场关于学习的全方位的革命。网络教育作为一种能够延伸拓展学习时空的教育形式，越来越受到教育界人士的普遍关注。作为一种全新的学习方式，网络教育使教育资源的共享变为现实，为学习者提供了个性化的学习条件，有力促进了教育社会化和学习社会化。本课程设计的项目题材均为网络教学资源与平台。因此，有必要首先对网络教育相关问题进行讨论。

1.4.1 网络教育

1. 网络教育的定义

什么是网络教育(e-Learning 或 web-based education 等)？有代表性的观点包括两种：一种观点认为，网络教育是一种新的教育方式；另一种观点认为，网络教育是一种教育理念。前一种观点较为普通和流行，它关注的是网络教育的过程展开、管理与实施等具体行为；后一种观点则强调的是通过网络等新媒体自由地发布知识、获取知识这样一种抽象观念。本书采用前一种观点。

一般认为，Jay Cross 于 1997 年首先提出 e-Learning 的说法，认为 e-Learning“是使用 IT 技术和网络，使学习自主权由企业转移到个人的活动”。美国教育部《教育技术白皮书》(2000 年度)指出“e-Learning”可以指利用通过因特网进行的教育及相关服务，也可以指利用包括计算机网络、多媒体、专业内容网站、信息搜索、电子图书馆、远程学习与网上课堂等新的沟通机制的一种教育方式，欧洲委员会把网络学习定义为“通过促进利用资源与服务的机会以及远距离的交流与合作，用新的媒体技术与互联网改进学习的质量。”

在中国，“e-Learning”一词有几种相似的翻译：网络化学习(或网络教育、网络教学)、电子化学习和数字化学习。何克抗先生认为，“e-Learning 是指主要通过因特网进行的学习与教学活动，它充分利用现代信息技术所提供的、具有全新沟通机制与丰富资源的学习环境，实现一种全新的学习方式；这种学习方式将改变传统教学中教师的作用和师生之间的关系，从而根本改变教学结构和教育本质。”

总之，网络教育是在以网络技术为代表的信息技术充分发展以后涌现出来的一种新的教育形态。这种教育形态，以网络作为交互媒介和资源载体，来实现各类教学活动，包括知识传递、学习活动组织以及其他学习支持服务等。

2. 网络教育的特点

基于对 e-Learning 的理论研究和应用实践，可总结出 e-Learning 相较于传统的学习方式所表现出的几项突出特点：

(1) 学习的自主性，指整体的学习活动主要由学习者自行安排、自行控制，所谓 e-Learning 学习的“3A”属性(Anytime、Anywhere、Anybody)，即是其表现形式。这是由于网络的完全开放性所带来的极大便利。

(2) 学习的个性化，例如学习者可自行确定学习的进度、内容、次序，自行选择利用何种学习媒体与资源等。

(3) 新的交互形式，即主要基于网络和虚拟平台的双向交互，这意味着学习者之间、学习者与教师及管理者之间(如果有的话)，在物理世界里是时空相隔的。

(4) 丰富的多媒体数字化学习资源。

3. 网络教育的发展

经过近二十年的发展，网络教育已成为一种重要的教与学的方式。纵观国内外网络教育的发展及应用，可以归纳出以下几种应用形态：

1) 主要基于网络教育的高等学历教育

我国的网络学历教育以现有高校为依托开展。自 1999 年以来已有 68 所高校取得开办网络学历教育的资格，学生人数从当初的几千到现在的千万数量级，速度之快在我国高等教育发展历史中前所未有。迄今批准的 68 所普通高校和中央广播电视大学，共开设 396 个专业，专业点 2292 个，覆盖 11 个学科门类；建设校外学习中心和教学点 9000 多个，累计注册学生 1000 多万人。网络教育为推进高等教育大众化作出了重要贡献。

国际上，一种新型的以开放为基本特征的大学——开放大学——也已出现。这种大学没有围墙，利用远程教育技术，通过整合社会上的优质教育资源，向大众提供学习机会和服务，是高等教育多样化的一种具体体现。著名的开放大学是1969年成立的英国开放大学，该开放大学秉承对学习者开放、学习地点开放、学习方法开放和观念开放的理念，为人们进入大学学习提供了更多的机会和途径，保证开放大学的充足生源，而且极大地推动了大学教育的机会均等。此外，类似的开放大学还有UOC，诞生于加泰隆尼亚的一所完全虚拟的大学，可提供19种官方认证的专业和一些研究生课程等，其注册学员达2万多；位于美国亚特兰大的一所开放大学AIU，学生遍及180多个国家，可以为成人提供本科、硕士、博士等的学位教育。国际上11所享有盛名的远程教学开放大学（包括UKOU、CNED、CTVU等），已经为近300万学生提供远程教育。

2）正规学校教育的辅助教学手段

我国正在积极地推进优质网络教育资源的建设与共享，实现资源规模、质量的双提升。"新世纪网络课程建设工程"建设了320门优秀网络课程及资源库，高等教育"质量工程"已评审出209门国家级网络教育精品课程。参与校内共享课程8200门，参与校际共享课程5928门。优质教育资源的广泛共享为教育公平奠定了基础。不光是高等教育，很多中小学也将课外网络学习作为重要的学习补充予以开发，例如，北大附中附小远程教育网，以提高学生自主学习能力，拓展学生的知识面，提高学生的实践能力为目标，为学生提供快乐、快捷的教育课程。

国际上，一些知名高校，也在推动将课程材料上网的计划，例如，早在2001年，麻省理工学院就宣布将在10年内把几乎所有的课程材料上网，供全世界的人们免费自由下载，同时宣布麻省理工学院开放课件OCW（MIT Open CourseWare）计划启动。在马德里，包括马德里理工大学在内的6所大学加入了建设远程开放课堂（ADA）的项目中，该项目旨在通过参与机构之间的远程教育学科交流来创建"大学间的教室"。

3）企业培训

据统计，通过网络进行学习的美国企业员工正以每年300%以上的速度增长，超过60%的企业通过在线学习方式进行员工培训和继续教育，美国早已有60%的企业通过网络形式培训员工。例如，美国戴尔计算机公司已使员工在网上获得更多的正规培训，在戴尔公司的某一新产品投放市场之前，员工就可以从网上获得关于该产品的图文并茂的详细说明，从中可以了解如何安装使用新产品。而通用汽车的员工培训也重视以网络学习和远程教育为代表、融入现代科技元素的新兴培训方式，提高了培训的效率。

4）个人的业余非正式学习

在当今知识经济的时代，终身学习是个人发展的重要条件。正式学习和非正式学习都是学习的重要形态，而非正式学习具有场合、时间和形式上的灵活性。尤其是对于离开校园走上工作岗位的成人来说，非正式学习成为主要形态。每年发布的中国互联网络发展状况统计报告揭示出我国网民规模、结构特征、网络应用等都在迅速壮大和发展，互联网的快速普及为个人业余学习提供了良好的环境。

1.4.2 网络教育资源

1. 网络教育资源的含义[①]

教育资源有广义和狭义之分。广义的教育资源是一系列提供学习、支持学习和改善学习的事物的总称，它不仅包括学习内容和学习资料，还包括人、媒体、策略、方法以及环境条件等要素。狭义的教育资源仅指学习内容和学习材料。

根据我国教育信息化技术标准 CELTS(Chinese E-Learning Technology Standards)的定义，教育资源是以数字信号在互联网上进行传输的教育信息，它属于学习对象的一个子集，学习对象定义为用于学习、教育或培训的数字或非数字的任何实体。

根据 ISO/IEC JTCI SC36 ITLET"信息技术 学习 教育 培训"国际标准的定义，数字资源(digital resource)是指通过信息技术系统传送、存取的任何类型的资源，学习资源(learning resource)是指能够为学习、教育、培训目的被参考和应用的任何实体[ISO/IEC 2382-36:2006(36.05.01)]。

在本书中，可以把网络教育资源狭义地理解为网络环境下的教育信息资源以及为达到某种教学目的的教学支撑系统软件与资源管理软件系统等，包括数字视频、数字音频、多媒体教学软件、教育网站、电子邮件、在线学习管理系统、计算机模拟、在线讨论、数据文件、数据库等。通常所说的网络教育资源更多的是指这种资源。

2. 网络教育资源的分类

网络教育资源可以从不同角度进行分类，这样做的目的是便于人们更好地认识和了解、组织和检索、管理和使用网上教育资源。

1) 按资源的组织形式划分

在我国教育信息化技术标准《教育资源建设规范(CELTS-41)》中定义的教育资源类型主要包括以下几类：媒体素材、试题、试卷、课件、案例、文献资料、常见问题解答、资源目录索引。

媒体素材是指传播教学信息的基本材料单元，可分为 5 大类：文本类素材、图形/图像类素材、音频类素材、视频类素材、动画类素材。

试题是指测试中使用的问题、选项、正确答案、得分点和输出结果等的集合。

试卷是用于进行多种类型测试的典型成套试题。

课件是对一个或几个知识点实施相对完整的用于教育、教学的软件，根据运行平台划分，可分为网络版的课件和单机运行的课件，网络版的课件需要能在标准浏览器中运行，并且能通过网络教学环境被大家共享。单机运行的课件可通过网络下载后在本地计算机上运行。

案例是指由各种媒体元素组合表现的有现实指导意义和教学意义的代表性事件或现象。

文献资料是指有关教育方面的政策、法规、条例、规章制度，对重大事件的记录、重要文章、书籍等。

网络课程是通过网络表现的某门学科的教学内容及实施的教学活动的总和，它包括两

① 王继新，张屹. 远程教育原理与技术. 北京：北京大学出版社，2008.

个组成部分：按一定的教学目标、教学策略组织起来的教学内容和网络教学支撑环境。

常见问题解答是针对某一具体领域最常出现的问题给出全面的解答。

列出某一领域中相关的网络资源地址链接和非网络资源的索引。

2）按使用对象划分

按使用对象划分，网络教育资源可分为学习资源、科研资源和备课资源。在网络环境下，电子邮箱、搜索引擎、电子图书馆、虚拟实验室是各类人员共用的资源。

学习资源是供学习者使用的，包括各个学科的课程、讨论、试题库、教学软件、网上教程等。

科研资源是指供教育管理部门、教育科研工作者使用的教育信息资源，包括教育方面的政策法规、各种教育新闻、教育统计信息等。网络上丰富的资源和强大的搜索引擎为科研人员查找信息提供了方便，更具有节省时间、内容准确、信息新等优势。

备课资源是供教师备课使用的教育信息资源，包括各种课程资料、教学软件、指导教案、学术会议资料、交流心得等。网络为教师制作各种教学材料提供了丰富的教学资源，有助于优化教学设计。

3）课题研究中6类教育资源分类

在"十一五"教育部重点课题《国家基础教育信息资源服务体系架构与共享机制研究》[①]中，根据教育资源发展特别是目前在教育实际应用中的情况，将教育资源分为六类：

标准化资源，如主题资源、网络课程。这是公司或教育单位制作的，需要资源库管理系统(LCMS)进行资源管理。

课堂(生成的)全息资源(由优秀教师课堂生成)，通过电子白板、课堂实录，自动地录制及发布该生成的资源。

挖掘(社会性)资源，利用Google、百度等搜索引擎工具搜索到以Blog、Wiki、BBS等形式存在的资源。

特色资源，提供开放性服务，分为新品种和搭载服务，外部服务可用Webservice调用，可放在门户频道中，如利用开源Sakai系统实现资源门户。

个人参与所上传的资源，中间将视频转化为Flash视频，如Youtube、土豆网等提供的视频服务。

直接参与的实时在线服务资源，利用直播系统，教师进行的实时讲课、辅导等，它是一种在线服务资源。

4）按网络信息资源的存取方式划分

模拟非网络环境中信息存取方式的方法，分为邮件型、电话型、揭示板型、广播型、图书型、书目型等六类。这种分类法从存取的方面体现了网络教育资源的特点。

5）按人类信息交流的方式划分

按人类信息交流的方式将网络信息分为非正式出版物、半非正式出版物、正式出版物。体现了网络将非正式的、半非正式和正式的信息交流汇集一起的特点。

6）按信息传播的手段和环境划分

网络环境中的信息传播只是非网络环境中信息传播功能的延伸和发展，两者所要实现

---

① 王民.上海教育资源库知识管理研究.上海：上海交通大学出版社，2009.

的基本目标和功能在本质上是一致的，只是实现的手段和环境不同，进而将网络教育资源分为不稳定信息资源和稳定性信息资源。

7）其他划分依据及其类型

根据媒体类型划分，网络教育资源可分为文字、图像、音频、视频等教育信息；根据信息的流向划分，网络教育资源可分为：单向信息（一般的Web网页只是一种单一的信息接收）与交互式信息（如E-mail，BBS等，可进行交互式信息传递）；根据信息的时效不同，网络教育资源可分为网上出版物、动态信息、联机馆藏书目数据库、国际联机数据库。

以上仅是一些常用的分类标准，不同属性之间又相互交叉，在对网络教育资源进行组织时，要以多属性划分，做到合理、直观。

3. 网络教育资源的设计与开发流程

网络教育资源的设计与开发是一项系统工程，它的设计方法、开发过程跟计算机教学软件的设计方法、开发过程有很多相同之处，但是前者还要跟网络教育的特点联系起来，要符合网络教育资源建设规范。一般来说，网络教育资源的设计与开发主要包括计划与分析、设计、制作、集成、测试和应用与维护6个阶段。以下将具体介绍各个流程及各阶段的任务。

1）计划与分析阶段

本阶段包括可行性分析和需求分析两部分。

其中，可行性分析是目前社会上普遍采用的一种研究工程项目是否可行的技术。它通过各种有效的方法，对工程项目进行分析，从技术、经济、财务等方面加以评价，最终给投资决策者提供是否选择该项目进行投资的依据。它需要考虑技术可行性、操作可行性、法律可行性、调度可行性和经济可行性。在此阶段的任务是：形成网络教育资源的开发方案及选择标准；决定哪种方案是合理可行的；制定资源开发制作的时间表、经费预算和教学效益等。

在软件工程中，需求分析指的是在建立一个新的或改变一个现存的计算机系统时描写新系统的目的、范围和定义时所要做的所有的工作①。需求分析的任务是借助于当前系统的物理模型导出目标系统的逻辑模型，解决目标系统“做什么”的问题，所要做的工作是深入描述软件的功能和性能，逐步细化对软件的要求，给软件开发提供一种可以转化为数据设计、结构设计和过程设计的数据与功能表示。网络教育资源的需求分析就是要对网络教育资源的内容、用途、使用对象、资源类型、应用环境等各方面的条件进行分析，以确定教育资源开发的目标和规模，估计教育资源的成本和效益，并据此制定教育资源的开发计划。

2）设计阶段

本阶段包括教学设计和技术设计两部分。把网络和教学充分地融合在一起，是网络教育资源设计的出发点，因此需要综合考虑教学设计和技术设计两个部分。

网络教育资源设计中的教学系统设计主要包括以下几个方面：学习需要分析、学习内容分析、学习者分析、学习目标的阐明、学习评价方式的确定、教学策略的制定、教学媒体的选择与运用和教学系统设计成果的评价等②。

（1）学习需要分析：学习需要分析是教学设计的前端分析中的一个重要组成部分。学

① 百度百科 http://baike.baidu.com/view/111493.htm.

② 杨九民，范官军.教学系统设计原理.武汉：湖北科学技术出版社，2005.

习需要是指学生目前的学习状况与期望他们达到的学习状况之间的差距。学习需要分析要深入调查研究，分析教学中需要解决的问题；通过分析该问题产生的原因，确定解决该问题的必要途径；分析现有的资源条件和制约因素，明确设计教学方案以解决该问题的可行性。

(2) 学习内容分析：学习内容分析是在确定好总的教学目标的前提下，借助归类分析法、信息加工分析法等方法，分析学习者要实现总的教学目标，需要掌握哪些知识、技能或形成什么态度。

(3) 学习者分析：学习者分析就是要了解学习者的一般特征、学习风格、分析学习者学习教学内容之前所具有的初始能力，并确定教学的起点。

(4) 学习目标的阐明：通过前期分析，可以确定学习者通过教学活动所要达到的学习结果或标准。这种结果或标准的具体化、明确化就是学习目标的阐明。

(5) 学习评价方式的确定：该阶段要制定对学习者学习活动的过程及其结果进行评价的方式方法。

(6) 教学策略的制定：该阶段需要对完成特定的教学目标而采用的教学顺序、教学活动程序、教学方法、教学组织形式和教学媒体等因素进行综合考虑。

(7) 教学媒体的选择与运用：制定好教学策略以后，需要借助一定的教学媒体来传递教学信息。

(8) 教学系统设计成果的评价：依据前面确定的教学目标，运用形成性评价和总结性评价等方法，分析学习者对预期学习目标的完成情况，对教学方案和教学材料的修改和完善提出建议，并以此为基础对教学设计各个环节的工作进行相应的修改。

网络教育资源设计中的技术设计主要包括体系结构设计、数据设计、人机交互界面设计和过程设计四部分。

(1) 体系结构设计。软件体系结构的设计过程是一个具有多个步骤的过程，它考虑了应用系统将采取的体系结构风格，建构系统的构件的配置和性质以及应用系统的所有构件之间存在的相互关系，其主要任务是从信息需求中综合整理出数据结构、程序结构、接口特征和过程细节。

(2) 数据设计。数据是软件系统中的重要组成部分，在设计阶段必须对要存储的数据及其结构进行设计。传统方法主要根据需求阶段所建立的实体—关系图(E-R 图)来确定软件涉及的文件系统的结构及数据库的表结构。面向对象方法根据类设计导出数据设计。目前，大多数设计者都会采用成熟的关系数据库管理系统(DBMS)来存储和管理数据，这样在应用开发中，在数据存储和管理方面能省去很大的开发工作量。

(3) 人机交互界面设计。人机交互界面是人机交互的主要方式，用户界面的质量直接影响到用户对软件的使用，对用户的情绪和工作效率也会产生重要影响，也直接影响用户对软件产品的评价。在网络教育资源设计中，人机交互界面的设计主要包括页面屏幕的设计，如页面的统一风格设计、系统功能的统一图标设计、标题设计等；导航设计，即全局导航系统和局部导航系统的设计；交互设计，如交互按钮、图标、热字、热区等的设计。

(4) 过程设计。过程设计也称为详细设计，它的任务是设计实现每个模块功能的详细步骤，即算法。软件设计工具可分为图形、表格和语言 3 类。这 3 类工具各有所长，设计者应根据需要选用适当的工具。除了保证软件的可靠性之外，使将来编写出的程序可读性好、易于理解、容易修改和维护，并具有较高的效率，是过程设计最重要的目标。

3）制作阶段

本阶段的任务是按照资源的设计要求进行制作，主要包括素材的制作和编码的实现两部分。

在进行网络教育资源的开发时，要用到大量的文本、图像、声音、动画、视频等素材，这些素材的选择和制作要符合教学内容的要求和媒体选择的原则，不能选择那些不符合教学内容和教学规律的素材。

（1）文本。常用的文本格式包括：HTML 超文本标记语言稿本和其他文本格式，如 Adobe Acrobat(. PDF 文件)、Common Text(. TXT、. DOC、. RTF)。

（2）图像。网络上常用的图像格式有. GIF、. JPEG、. BMP、. TIF 等。常见的图像制作工具包括 CorelDraw、Adobe Photoshop、Adobe Illustrator、Paint Shop Pro 等。

（3）声音。网络上常用的声音格式包括. WAV、. AU、. MPEG、. MIDI、. RA 等。常用的音频制作处理软件有 CoolEdit、GoldWave、SoundEdit Pro 等。

（4）动画。网上动画格式包括 GIF89a、Java 小动画、Shockwave 动画、FLI 与 FLC 动画等。常用的动画制作软件有 GIF Construction Set、Cool3d、Director、Flash、Authorware、Autodesk Studio、Autodesk Animator 等。

（5）视频。网上常用的视频格式包括. MOV、. AVI、. MPEG 等。常用的制作软件有 Premiere、Director、MovieStar Maker 等。

编码实现时，可以采用用于页面制作的编程语言如 JavaScript、VBScript 脚本语言和 ASP. NET 等。开发静态网页可以使用网页制作工具 Dreamweaver、FrontPage 等；开发动态网站可以使用 PHP、ASP、JSP 等；建立需要的数据库可以使用 Access、MySQL 等数据库系统软件。

4）集成

在完成素材的制作和编码实现以后，就可以进行教育资源的集成了。将涉及的网页页面、多媒体素材和程序集成到 HTML 或者 XML 页面中。最后开发完成的网络教育资源还要集成到网络教学平台上运行。

5）测试

通过测试判断资源是否达到预期目标，测试资源的可靠性、稳定性等技术指标。测试的目的是为了发现运行过程中的错误，尽可能多地暴露程序存在的问题。测试包括每个模块中的所有细节错误，如文本、图片、链接、交互等，也包括个模块间的引用是不是正确。

6）应用与维护

在整个资源开发完成并进行测试无误之后，就可以发布，正式投入运行、应用。由于网络教育资源与传统的教育资源不同，支持它的网络教学环境是动态开放的，在网络教育资源运行过程中，会产生很多有价值的教学资源，这些教学资源通过相应的管理系统的管理，本身就可以纳入到网络课程中并成为网络课程的重要组成部分；而且，网络教育资源的设计也不可能一步到位，这就需要在资源运行过程中，不断收集教师与学生的反馈意见，并根据这些意见对原来的开发成果进行修改。

第2章 网络教育资源设计与开发基础知识

本章提要：

本章的主要内容是对本书中各项目需要使用的动态网页技术、.NET架构、C#与VB.NET语言、ASP.NET技术、SQL Server数据库技术等内容进行介绍。熟悉这些内容的读者可以跳过本章。在后面各章中，还会对某个课程设计项目用到的一些具体技术做进一步补充说明。

本章重点：

- C#与VB.NET语言基础。
- ASP.NET基础知识简介。
- SQL Server数据库基础。
- IIS的配置。

本书所有的课程设计均采用Visual Studio 2010开发工具，运用ASP.NET技术，选择C#或VB.NET语言进行开发，后台数据库使用SQL Server 2008。

众所周知，设计与开发基于Web的网络教育资源系统是对学生综合知识和综合技能的考验。开发过程中不仅会用到.NET编程技术，也不可避免地会涉及HTML、JavaScript、CSS、AJAX、Web Service和数据库等知识以及面向对象编程思想与软件工程实施方法等等。本书假定读者在阅读本书之前，已经初步了解和掌握了静态和动态网页设计方法、ASP.NET以及数据库基础知识，并至少懂得一种ASP.NET架构下的开发语言(C#或VB.NET)。不过考虑到对上述某些知识尚不十分了解，而对网络教育资源设计较感兴趣，愿意为此投入时间和精力的读者的需要，本章将对课程设计中用到的各种技术进行初步的介绍。限于本章篇幅，不可能对以上各种技术一一详述，读者可以先大致了解这些技术的基本概念，然后再查阅专门针对某项技术的书籍资料，深入学习相关知识。

2.1 静态网页与动态网页

网页根据其生成方式，可分为静态网页和动态网页两类。静态页面是页面要显示的内容是完全确定的，访问者只能被动地浏览网站设计者提供的网页内容，不能实现和浏览网页的用户之间的交互。动态网页是指网页根据浏览者的请求即时动态地生成所需网页，以满足用户管理、查询、购物车等网站实际需要。

从技术上讲，静态网页是动态网页的基础，动态网页最终生成给用户的内容仍然是“静态网页”。从功能上讲，虽然动态网页具有实际应用所必需的灵活性，但静态网页由于不需要实时生成，其效率更高，适于展示并发访问量较大的静态内容，如新闻、产品介绍等。因此，目前大部分网站都采取动态网页为主，动态与静态网页相结合的构建方案。

1. 静态网页

静态页面完全是由HTML(Hyper Text Markup Language，超文本标记语言)代码构成，早期的网站一般都是由静态网页制作的。在浏览者访问静态网页之前，网页的创建者已经用HTML代码完全确定了页面要显示的内容。

静态网页具有如下特点：静态网页每个网页都有一个固定的URL，且网页URL以.htm、.html、.shtml等常见形式为后缀；网页内容一经发布到网站服务器上，无论是否有用户访问，每个静态网页的内容都是保存在网站服务器上的，也就是说，静态网页是实实在在保存在服务器上的文件，每个网页都是一个独立的文件；静态网页的内容相对稳定，因此容易被搜索引擎检索；静态网页没有数据库的支持，在网站制作和维护方面工作量较大，因此当网站信息量很大时完全依靠静态网页制作方式比较困难；静态网页的交互性在功能方面有较大的限制。

通常，对静态网页的访问过程如下：

(1) 客户在浏览器中输入Web服务器的URL申请页面。

(2) 服务器找到相应的页面。

(3) 服务器直接向客户送回被申请的页面。

(4) 在客户端下载并在浏览器上显示页面。

(5) 断开客户与服务器之间的连接。

其访问过程如图2.1所示。

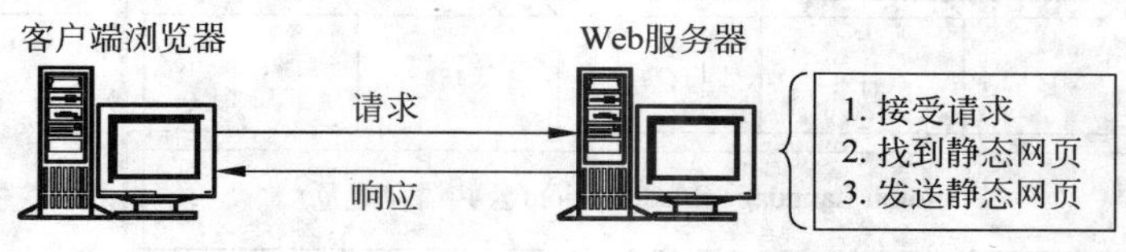

图2.1　静态网页访问过程

静态网页也有专门的制作工具，如Micromedia公司的Dreamweaver和Microsoft公司的FrontPage等，Dreamweaver和FrontPage都被视为是所见即所得、功能强大的HTML代码生成器。

提示：读者可以到各公司的主页上下载此类软件，并参考相关资料进行深入学习。

2. 动态网页

动态网页是指浏览者所访问的网页根据客户端请求的情况即时动态地生成所需网页。一般满足以下几点特征：动态网页以数据库技术为基础，可以大大降低网站维护的工作量；采用动态网页技术的网站可以实现更多的功能，如用户注册、用户登录、在线调查、用户管理、订单管理等等。动态网页实际上并不是独立存在于服务器上的网页文件，只有当用户请求时服务器才返回一个完整的网页；在服务器端运行的程序、网页、组件，会随不同客户、不同要求返回不同的页面，网站管理员无须手动更新网页文档，可以大大节省网站管理的工作量。

访问动态网页的过程如下：

(1) 客户在浏览器中输入Web服务器的URL，申请动态页面。

(2) 服务器找到相应的动态页面。

(3) 服务器执行动态网页脚本。

(4) 将动态网页代码的处理结果转换成 HTML,并发送回客户端。

(5) 在客户端下载并在浏览器上显示页面。

(6) 断开客户与服务器之间的连接。

其访问过程如图 2.2 所示。

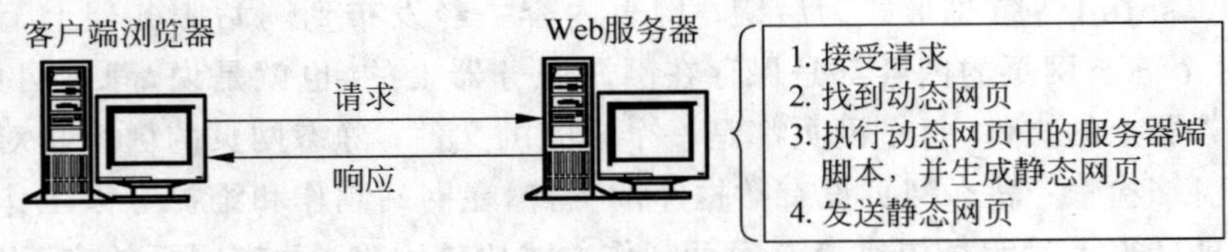

图 2.2　动态网页访问过程

2.2　.NET 技术基础

2.2.1　.NET 架构

.NET Framework(.NET 框架)是支持生成和运行下一代应用程序和 XML Web Services 的内部 Windows 组件。.NET Framework 的层次如图 2.3 所示。

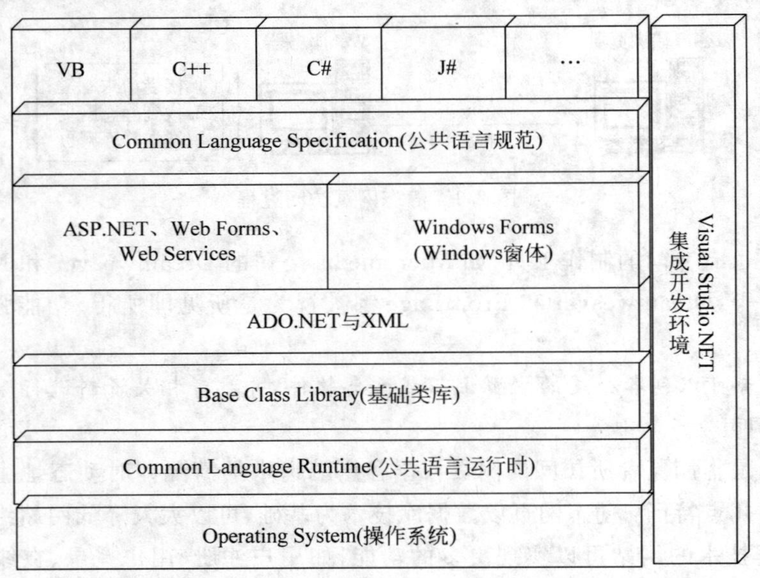

图 2.3　.NET 框架

.NET Framework 具有两个主要组件：公共语言运行库和.NET Framework 类库。

公共语言运行库(Common Language Runtime,CLR)是.NET Framework 的基石。公共语言运行库提供内存管理、线程管理和远程处理等核心服务,因此可以把它看作执行时管理代码的代理。在.NET 中,无论是用 C#、VB.NET 还是 C++ 等编程语言都会先被 CLR 编译成 Microsoft 中间语言(IL),存储在程序集中。只有当应用程序执行时,才由 CLR 把

IL 编译为操作系统和目标机器专用的代码执行。在代码运行时,CLR 还托管该程序,自动完成内存管理、线程执行、代码安全验证等工作。

.NET Framework 的另一个主要组件是类库,它是一个综合性的面向对象的可重用类型集合,可以使用它开发多种应用程序,这些应用程序包括传统的命令行或图形用户界面应用程序,也包括基于 ASP.NET 所提供的创新的应用程序(如 Web 窗体和 XML Web Services)。该类库是面向对象的、内容丰富的托管代码类集合,它可以完成以前需要通过 Windows API 完成的绝大多数工作。这不但使.NET Framework 类型易于使用,而且还减少了学习.NET Framework 的新功能所需要的时间。

.NET Framework 类库包括:

(1) IL 提供的核心功能,如基本数据类型等;

(2) Windows GUI 和控件;

(3) Web 窗体(ASP.NET);

(4) 数据访问(ADO.NET 和 XML);

(5) 目录访问;

(6) 文件系统与注册表访问;

(7) 网络;

(8) COM 互操作性;

(9) Windows 操作系统的其他功能。

2.2.2 .NET 的版本

自从.NET Framework 在 2002 年首次发布以来,该系列产品一直在不断地改进和升级,先后历经了 1.0、2.0、3.5 和 4.0 这 4 个重要版本,.NET 的开发框架、工具支持和生态体系也逐渐走向成熟和完善。

从.NET Framework 1.0 到.NET Framework 4.0,虽然微软保持了其一贯的向上兼容性,即.NET Framework 1.0 的程序仍可以在.NET Framework 4.0 下运行,但是,.NET Framework 2.0 相比于.NET Framework 1.0,.NET Framework 4.0 相比于.NET Framework 2.0,无论是开发语言本身、控件、API 和类库,抑或是开发架构方面,均有较大程度的完善和提高,微软官方甚至开始提供 ASP.NET AJAX 和 ASP.NET MVC 等开源框架。

因此,读者在选择补充阅读材料时,应尽可能选择那些介绍较新.NET 版本的材料,以便更加充分全面地了解.NET 的各种功能,更好地、更加高效地完成开发工作。

限于篇幅,以下只给出简单的.NET Framework 版本与功能对照。

1. .NET Framework 1.0(2003 年发行)

它是.NET Framework 的首个版本,以一个独立的可重新分发的包的形式或在一个软件发展工具包集中被获得。

2. .NET Framework 2.0(2005 年发行)

相对于之前的版本,此版本主要新增了如下功能:

(1) 增加了对范型的支持和大量的 API,提供了用于高级控制的新 API(多线程、内容分配、动态装载等)。

(2) 增加了 partial 类和匿名方法,完善了对 64 位处理器支持。

(3) 增加了许多 ASP.NET 控件和 ASP.NET 主题、皮肤、Web Part 等新特性。

(4) 增加了数据绑定控件。

3. .NET Framework 3.5(2008 年发行)

相对于之前的版本,此版本主要新增了如下功能:

(1) 扩展方法属性,用于对扩展方法提供支持。

(2) LINQ 支持,包括 LINQ to Object、LINQ to ADO.NET 和 LINQ to XML。

(3) ADO 同步 API,用于同步缓存和数据库中的数据。

(4) 用于生成 WCF 服务的全新 Web 协议支持,包括 AJAX、JSON 等。

(5) 增加了 WF、WCF 和 WPF 等重要组件。

(6) Lambda 表达式的使用。

4. .NET Framework 4.0(2010 年发行)

(1) 改进 JavaScript 用户界面模板和 AJAX 中的数据绑定功能。

(2) 改进 ASP.NET 的图表控制。

(3) 对服务器控件的 ID 的增强控制。

(4) 在 WPF 中增加 Windows 7 多触控、Ribbon 控制、任务栏扩展功能支持。

(5) Windows Workflow(WF)中的改进让开发者能够更好地控制工作流程。

(6) 提供了新的 WCF 功能,例如服务发现、路由器服务、简化配置、REST 支持、诊断和性能提升等。

2.2.3 C# 与 VB.NET 语言基础

C#是一种简洁、类型安全的面向对象的语言。C#用来构建在.NET Framework 上运行的各种安全、可靠的应用程序。使用 C# 可以创建传统的 Windows 客户端应用程序、Web 应用程序、XML Web Services、分布式组件和数据库应用程序等。Visual C# 提供了高级代码编辑器、用户界面设计器、集成调试器和许多其他工具,使开发人员可以更容易在 C#语言 4.0 版和.NET Framework 4.0 版的基础上开发应用程序。

VB.NET 是从 Visual Basic 语言演变而来的,是一种为高效地生成类型安全和面向对象的应用程序而设计的语言。VB.NET 虽然是 VB 的升级版本,但并不是简单的功能改善。它的核心技术得到重新设计,以便让开发人员可以针对 Windows、Web 及移动设备进行开发。

C#是从 C/C++继承而来,作为一个全新组建的语言,它天生就是下一代网络编程和 Web 服务开发的语言。C#语法规范接近于 C++,设计理念类似 Java。如果读者已经掌握了 C++或者 Java,学习 C# 并不困难。而 VB.NET 则担负着留住几百万忠诚的 VB 程序员、兼容无数 VB 代码和组件、逐渐帮助他们完成从桌面应用到 Web 应用、Web 服务和移动应用过渡的重担。在历经多个版本后,VB.NET 已经与 C# 越来越相似,实际上只是同一编程框架的两种不同语法呈现。

以下将用比较和示例的方法,对 C# 和 VB.NET 的语法进行简要介绍。

提示: 此部分是本章学习的重点内容,C# 和 VB.NET 是最常用的编程语言,读者需要掌握这两种语言的基本语法,因此须认真学习。

1. 编程结构

分别用C#和VB.NET两种语言实现一个HelloWorld的控制台应用程序。

(1) C#

```
using System;
public class HelloWorld
{
public static void Main()
    {
Console.WriteLine("Hello World");
    }
}
```

(2) VB.NET

```
Imports System
    Module Module1
        Sub Main ()
            System.Console.WriteLine("Hello VB.NET World!")
        End Sub
    End Module
```

2. 命名空间

命名空间组织和简化了层次结构中的对象引用。它是命名约定和程序集的结合,将对象的集合组织起来,防止在对象引用中出现混淆。命名空间通常是在几个物理程序集中实现的,但从引用的角度来讲,它是将这些程序集捆绑在一起。

创建命名空间:

(1) C#

```
namespace N1
{
}
```

(2) VB.NET

```
Namespace N1
End Namespace
```

导入命名空间:

(1) C#

```
using N1;
```

(2) VB.NET

```
Imports N1
```

3. 数据类型

按数据在内存中的管理方式,.NET的数据类型可以分为两个基本类别,即值类型和引用类型。值类型在其内存空间中包含实际的数据,而引用类型中存储的是一个指针,该指针指向存储数据的内存位置。值类型在栈上分配内存,开销较小,访问速度快,但受到栈大小的限制;引用类型在堆上分配内存,开销较大,访问速度稍慢。

为了方便不同语言间的交互,C#和VB.NET都利用了.NET Framework定义的标准类型。不过由于传统习惯和输入程序简便的需要,通常还是采取类似C++和VB.NET风格的类型定义方法,但两种语言的类型之间的确存在一一对应关系,如表2.1所示。

表2.1 C#和VB.NET数据类型

C#类型	VB.NET类型	.NET Framework类型	说明
byte	Byte	System.Byte	字节型
short	Short	System.Int16	短整型
int	Integer	System.Int32	整型
long	Long	System.Int64	长整型
float	Single	System.Single	单精度型
double	Double	System.Double	双精度型
decimal	Decimal	System.Decimal	小数型
bool	Boolean	System.Boolean	布尔型
char	Char	System.Char	字符型
string	String	System.String	字符串型

4. 变量

C#变量名一般都是小写字母,如果变量名比较长,可以将第二个单词首字母大写,变量按如下的方式声明:

```
访问修饰符　数据类型　变量名称;
```

例如:

```
static int x;
```

在VB.NET中,声明变量可以使用Dim语句和Private语句,但在过程中必须使用Dim语句。

例如:

```
Dim a As Long　声明长整型变量
Private x As Date, y As Byte　声明1个日期型和1个字节型变量
```

5. 运算符与表达式

1) 运算符

运算符是一个术语或符号,可以接受一个或多个表达式(操作数)作为输入并返回值。

C#提供了大量的运算符,大致可以分为赋值运算符、算术运算符、关系运算符、条件运算符、复合运算符和其他运算符6类。下面详细介绍各种运算符的操作。

(1) 赋值运算符(如表2.2所示)。

表2.2 C#赋值运算符

运算符	说明	示例	结果
=	赋值	a=5	把5赋给a

(2) 算术运算符(如表 2.3 所示)。

表 2.3 C#算术运算符

运算符	说明	示例	结果
+	加	x=1+2	3
-	减	x=3-2	1
*	乘	x=2*4	8
/	除	x=8/2	4
%	求余	x=8%3	2

(3) 关系运算符(如表 2.4 所示)。

表 2.4 C#关系运算符

运算符	说明	示例	结果
>	大于	2>5	假
<	小于	5<8	真
==	等于	4==9	假
!=	不等于	6!=7	真
>=	大于等于	4>=8	假
<=	小于等于	4<=8	真

(4) 条件运算符(如表 2.5 所示)。

表 2.5 C#条件运算符

运算符	说明	示例	结果
?:	(条件表达式)?(条件为真时的表达式):(条件为假时的表达式)	x=5<8?5:8	5

(5) 复合运算符(如表 2.6 所示)。

表 2.6 C#复合运算符

运算符	说明	示例	结果
+=		x+=2	x=x+2
-=		x-=2	x=x-2
*=		x*=2	x=x*2
/=		x/=2	x=x/2
%=		x%=2	x=x%2
++		x=++y	x=y+1
--		x=--y	x=y-1

(6) 逻辑运算符(如表 2.7 所示)。

表 2.7 C#逻辑运算符

<table>
<tr><th>运算符</th><th>说明</th></tr>
<tr><td>&</td><td>逻辑与运算</td></tr>
<tr><td>|</td><td>逻辑或运算</td></tr>
<tr><td>~</td><td>逻辑非运算</td></tr>
<tr><td>^</td><td>逻辑异或运算</td></tr>
</table>

2）表达式

表达式由运算符和操作数组成，可以完成某种操作或者通过运算产生一个结果，例如：sex="girl"；。

VB.NET 运算符包括算术运算符、赋值运算符、连接运算符、比较运算符和逻辑运算符。由于 VB.NET 运算符和 C#运算符很相近，下面只列出不同部分的运算符。

(1) 算术运算符(如表 2.8 所示)。

表 2.8　VB.NET 算术运算符

符　号	说　明
^	幂
\	取整除法
Mod	取模(求余数)

(2) 连接运算符(如表 2.9 所示)。

表 2.9　VB.NET 连接运算符

符　号	说　明
&	一般常用 & 表示，也可以用+运算符，这时表示字符串的连接

(3) 逻辑运算符(如表 2.10 所示)。

表 2.10　VB.NET 逻辑运算符

符　号	说　明
Not	逻辑非
And	逻辑与
Or	逻辑或
Xor	逻辑异或
Eqv	逻辑等价
Imp	逻辑隐含

6. 流程控制

控制语句用于控制程序的流程，C#的控制语句可以分为 3 类：条件语句、循环语句和跳转语句，VB.NET 的控制语句主要有条件语句和循环语句两种，下面详细介绍各种语句的用法结构。

1）条件语句

(1) C#if 语句。

```
if(表达式)
{
    //表达式的值为真时的运行程序
    }else
    {
    //表达式的值为假时的运行程序
}
```

(2) C# switch 语句。

```
switch(caseSwitch)
{
    case 1:
    Console.WriteLine("Case 1");
    break;
    case 2:
    Console.WriteLine("Case 2");
    break;
     ⋮
    default:
    Console.WriteLine("Default case");
    break;
}
```

(3) VB.NET if 语句。

```
If Condition Then Statement[Else statement]
```

(4) VB.NET If…Then…Else 语句。

```
If Condition1 Then
Statements
ElseIf Condition2 Then
Statements
 ⋮
Else
Statements
End If
```

(5) Select Case 语句。

```
Select Case Variable
    Case Value1
    Statements
    Case Value2
    Statements
    Case Value3
    Statements
     ⋮
End Select
```

2) 循环语句

(1) C# for 循环。

```
for(初始值表达式; 循环条件表达式; 操作表达式)
{
    //执行的语句块
}
```

(2) C# while 循环。

```
while(表达式)
{
```

```
    //执行的语句块
}
```

(3) C# do…while 循环。

```
do
{
//执行的语句块
}
while(表达式);
```

(4) foreach 循环。

```
foreach(类型  变量名  in  集合)
{
    //执行的语句块
}
```

(5) VB. NET For…Next 循环。

```
For Variable = start To end
Statements
Next[variable]
```

(6) VB. NET Do 循环。

```
Do [{While|Until} condition]
    Statements
    [Exit Do]
Loop
```

(7) VB. NET While 循环。

```
While condition
Statements
[Exit While]
Statements
End While
```

(8) VB. NET For Each…Next 循环。

```
For Each element in group
Statements
Next element
```

3) 跳转语句(针对 C#)

(1) break 语句：用于循环语句或条件语句中，终止一条循环语句，控制流程跳转到下一条语句。

(2) continue 语句：只能用在循环语句，不是中断循环语句，而是终止当前迭代的循环，进入下一次的循环。

(3) return 语句：用于终止所执行的方法并将控制返回给调用方法，还可以返回一个可选值。

提示：流程控制是C#和VB.NET编程语言中最基本的语法知识，也是此节的重难点内容。

7. 函数与参数

1) C#

在C#中，函数是一种方法，可提供在应用程序中的任何一处执行的代码块。函数定义由以下几部分组成：

(1) 关键字static和void。

(2) 函数名后面必须跟上圆括号，如Read()。

(3) 要执行的代码块，放在{}中。

当函数接受参数时，就必须指定下面两点内容：

(1) 函数在其定义中指定接受的参数列表，以及这些参数的类型。

(2) 在每个函数调用中匹配的参数列表。

一个函数可以有任意个参数，每个参数都有一个名称和一个类型，参数之间必须用逗号分隔开。

2) VB.NET

VB.NET包含内置的或内部的函数，如MsgBox等，同时还可以用语句编写自己的Function过程。用Function声明函数的语法如下：

```
Function functionname ([argument1[, …, argument n]])
[Statements]
[Return value]
[Statements]
End Function
```

在调用函数的时候，如果没有明确的指明，所有的参数都是通过值进行传递的。

8. 面向对象编程

面向对象编程(Object Oriented Programming，OOP)是创建计算机应用程序的一种相对新的方法，它解决了传统编程带来的各种问题。使用OOP技术通常要使用很多的代码模块，每个模块都有它们特定的功能，并且都是孤立的。这种模块化编程方法在一定程度上增加了代码的重用机会。本节在接下来的内容中将分别简要介绍OOP的相关概念。

1) 类

类(Class)用来描述具有相同属性和方法的对象的集合。它定义了该集合中每个对象所共有的属性和方法。类提供了用于动态创建类实例的定义即对象。同时，类支持继承和多态。在C#中，类是最基础的类型。

使用类声明可以创建新的类，类声明以一个声明头开始：首先指定类的特性和修饰符，接着是类名，基类名，以及被该类实现的接口名。声明头后面就是类体，它由一组包含在大括号中的成员声明组成。类的成员可以是静态成员(类)，也可以是实例成员(对象)。

2) 对象

对象(Object)是对现实实体的抽象，可以认为一个对象就是一个把数据(属性)和程序(方法)封装在一起的实体，这个程序产生该对象的动作或对它接受到的外界信号的反应。对象是个动态的概念，其中的属性反映了对象当前的状态。对象是类的实例。

C#中对象是OOP应用程序的一个组成部件，这个组成部件封装了部分应用程序，这部分程序可以是一个过程、一些数据或一些更抽象的实体。C#对象是从类型中创建的，可以使用类的定义实例化对象，表示创建该类的一个实例，“类的实例”和对象表示相同的含义。

VB.NET中对象是一些把属性、字段、方法、事件作为一个单独的数据类型进行处理的实体。编程时对象需要满足和支持下面3个特性：封装性、继承性和多态性。VB.NET使用New语句来创建对象。用户可以在代码的任何地方使用New。例如：

```
Dim a As Student
a = New Student()
```

3）接口

接口就是把隐式公共方法和属性组合起来，以封装特定功能的一个集合。接口一旦定义，就可以在类中实现它。但要注意的是，接口只是一个抽象概念，它不能单独存在，不能像实例化类一样实例化接口。另外，接口只能定义成员本身，而不能包含实现其成员的任何代码。同时，一个类可以支持多个接口，多个类也可以支持相同的接口。

4）继承

继承是OOP重要特性之一，任何类都可以从另一个类中继承，也就是说它可以拥有它继承的类的所有成员。被继承的类称为基类，C#中的对象只能直接派生于一个基类，同时基类也可以有自己的基类。需要注意的是，派生类不能访问基类的私有成员，但可以访问公共成员。类可以是密封的，密封的类不能用作基类，所以没有派生类。

5）多态

多态性是允许将父对象设置成为和一个或多个它的子对象相等的技术，多态性使得能够利用同一类（基类）类型的指针来引用不同类的对象，以及根据所引用对象的不同，以不同的方式执行相同的操作。

继承和接口都允许使用多态，可以定义两个或多个类，每一个类都定义了一个具有相同名字的方法或属性，当客户端运行该方法或属性时，可以根据情况选择不同的类的方法和属性。

9. 数组

数组是相同类型对象的集合，它可以是任意长度，但其大小在创建数组时就应该确定下来。数组分为一维数组和多维数组。

在C#中，数组声明中的[]必须紧跟在数据类型的后面，使用以下的语法来声明整数类型的数组：

```
int[] MyArray;
```

一旦声明了数组，就可以用关键字New来设置它的大小：

```
int[] MyArray;
MyArray = new int[10];
```

由于VB.NET对每一个索引值都分配空间，所以不用声明一个太大的数组。在VB.NET中，所有的数组都是以“0”为起始长度的。有了一个数组后，通过提供一个索引值（值的范围是 0 到最大值)，就可以访问数组中的元素，索引的最大值应该比数组的长度小 1。

例如：

```
Dim aa(10) As Single(aa 数组实际上是含有 11 个元素)
```

VB. NET 还引进了一个数组列表(ArrayList)对象来代替原来的集合(Collection)对象，集合对象的长度计数总是从 1 开始的，数组列表的长度可以是不定的。

10. 集合与泛型

1) 集合

C＃中的集合类一般用于处理对象列表，它的功能是通过实现 System. Collections 命名空间中的接口获得的。集合的功能可以通过接口来实现，该接口不限制用户使用基本集合类，而且用户还可以自己创建定制集合类。C＃中的数组实现为 System. Array 类的实例，它们只是集合类中的一种。

在使用集合时要先加入 System. Collections 命名空间，它提供了支持各种类型集合的接口及类。集合本身也是一种类型，由于 C＃面向对象的特性，管理数据对象的集合同样被实现成为对象，而存储在集合中的数据对象则被称为集合元素。

VB. NET 集合是. NET Framework 在每个部分基本上都会用到的，在开发人员需要对一列项进行处理时，需要用到集合，并且集合能以同一种方式进行工作，而不管存储了什么内容。使用数组列表的开发人员并不能保证列表中的每一项都是同一类型的，所以要创建强类型的集合，强类型的集合是一个只包含特殊类型对象的类，创建强类型集合的最好方法是从 System. Collections. CollectionBase 中派生出一个新类，再添加 Add 和 Remove 两个方法和一个 Item 属性。

2) 泛型

C＃泛型将类型参数的概念引入. NET Framework，通过泛型可以定义类型安全的数据结构，而不必使用实际的数据类型，这能够显著提高性能并得到高质量的代码。在概念上，泛型类似于 C++模板，但是在实现和功能方面存在很大差异。泛型类是以实例化过程中提供的类型或类为基础建立的，它可以对对象进行强类型化。泛型允许灵活地创建类型，这些类型是在实例化时确定的，否则就使用泛型类型。使用泛型类型可以最大限度地重用代码、保护类型的安全以及提高性能。泛型最常见的用途是创建集合类。

VB. NET 泛型类型是可适应对多种数据类型执行相同功能的单个编程元素。定义 VB. NET 泛型类型时，使用一个或多个数据类型将其参数化。这样可允许使用代码定制数据类型以满足其要求。代码可以通过泛型元素声明若干个不同的编程元素，每个元素可使用一组不同的数据类型，它们均执行相同的逻辑。

11. 异常处理

无论编码技术多好，程序都必须能够处理可能出现的错误，如网络中断等，在这种情况下，会返回错误提示，C＃语言则需要处理这种意外情形，这种处理工具机制就称为异常处理。

C＃语言的异常处理功能提供了处理程序运行时出现的任何意外或异常情况的方法。异常处理使用 try、catch 和 finally 关键字来尝试可能未成功的操作，处理失败以及在事后清理资源。异常可以由公共语言运行库、第三方库或使用 throw 关键字的应用程序代码生成。

```
try{
        程序语句 1
}catch(异常类){
        程序语句 2
}finally{
        程序语句 3
}
```

VB. NET 中的出错处理是使用 exceptions 语法来实现的，Visual Basic 现在提供一个结构化的出错处理过程，使用 Try…Catch…Finally 表述。结构化的出错处理过程是和 exceptions 有关的。这使得程序的代码更具有健壮性，可以进行更加复杂的错误处理。exceptions 的运行机理是这样的，当有错误出现时，错误处理过程就会屏蔽掉使得在 Try 模块中产生错误的运行代码，并且使用 Catch 表述来获取错误，语法如下：

```
Try
程序语句 1
Catch as Exception
程序语句 2
Finally
程序语句 3
End Try
```

首先，运行 Try 模块中的代码，如果没有错误的话就接着运行 Finally 模块里的代码，如果有错误的话，就运行 Catch 模块里的代码，在 Catch 模块里用户可以做出一些出错处理，然后接着运行 Finally 模块里的代码并退出整个模块。

12. Lambda 表达式

Lambda 表达式为编写匿名方法提供了更简明的函数式的语法，在编写 LINQ 查询表达式时变得非常有用。在 C# 中，一个 Lambda 表达式在语法上写成一个参数列表，使用 => 符号，后面是表达式在调用时要运算的表达式或语句块：

```
参数列表 =>表达式或语句块
```

例如：

```
s => s.sex == "girl"
```

Lambda 表达式参数类型可以是显式类型或隐式类型，在显式列表中，每个参数的类型显式指定，在隐式列表中，参数的类型由 Lambda 表达式出现的语境自动推断。

Lambda 表达式的参数列表可以有一个或多个参数，或者无参数。

2.2.4 ASP. NET 简介

ASP. NET 是 Visual Studio. NET 中的一个重要组成部分，它是一个 Web 开发平台，提供了构建企业级应用所需的服务、编程模型和软件基础结构，广泛应用于创建 Web 站点和 Web 应用，具有开发效率高、安全性强等优势，是程序员开发 Web 应用的有效工具。ASP. NET 使用 IIS 来传送内容，以响应 HTTP 请求。

提示：以下是学习的重点，ASP. NET 的相关基础知识在这里都一一进行了介绍，读者也可借助其他资料进行深入研究。

1. 目录组织结构

1）App_Code

App_Code文件夹位于Web应用程序根目录下，存储所有应当作为应用程序的一部分动态编译的类文件。这些类文件自动链接到应用程序，而不需要在页面中添加任何显式指令或声明来创建依赖性。App_Code文件夹中放置的类文件可以包含任何可识别的ASP.NET组件——自定义控件、辅助类、业务类、自定义提供程序、HTTP处理程序等。

2）App_Data

App_Data文件夹位于Web应用程序根目录下，应该包含应用程序的本地数据存储。它通常以文件(Microsoft Access或XML文件、文本文件以及应用程序支持的任何其他文件)形式包含数据存储。该文件夹也是ASP.NET提供程序存储自身数据的默认位置。

3）aspx/aspx.cs(aspx.vb)

每个创建一个动态页面，通常会生成aspx和aspx.cs(如果使用C#语言才会生成aspx.cs，如果使用VB则会生成aspx.vb)两个文件。文件的格式跟ASP类似，既包含HTML标签内容，也包含ASP.NET自定义标签内容，不过它的编程方法和ASP有很大的不同。页面程序逻辑控制部分尽可能地被放到aspx.cs文件中加以处理，而aspx文件则更多地完成页面呈现功能。

4）web.config

web.config文件是一个XML文件，它用来储存ASP.NET Web应用程序的配置信息，通常一个Web应用程序只有一个web.config文件，存储于Web应用程序根目录下，用于保存连接字符串、用户权限、个性化信息、主题与皮肤、ASP.NET提供程序等配置信息以及其他自定义配置信息。当然也可以根据需要出现在应用程序的每一个目录中。子目录会继承上级目录的配置设置。如果用户要想修改子目录的配置设置，则可以在该子目录下新建一个web.config文件，它可以提供除从父目录继承的配置信息以外的配置信息。

2. 事件回传机制

事件回传机制是ASP.NET与其他Web开发技术最大的区别。从某种意义上说，它使得Web程序的开发变得和桌面应用开发非常类似，从而简化了程序员理解Web开发的难度。简而言之，事件回传机制就是ASP.NET可以保存页面各个控件的状态数据，通过控件的操作使页面表单提交到本页时，虽然经过了浏览器和服务器之间的往返，这些状态数据仍然可以保持。根据这些状态的变化，服务器端可以决定是否触发指定控件的事件，并执行相应的事件处理方法。

由于HTTP协议是无状态协议，每次用户所获得的页面其实都是服务器重新生成的。因此为了实现透明状态保存，所有控件的状态数据无论是否发生改变，都被ASP.NET保存在页面表单的名称叫做“ViewState”的隐藏标签中参与每次传输。这也使得大量不必要的信息来回在服务器和客户端之间传递，无疑增加了传输和处理的负担。

3. 数据源控件与数据绑定控件

数据源控件是一种服务器控件，它是数据绑定体系结构的一个关键部分，能够通过数据绑定控件来提供声明性编程模型和自动数据绑定行为。简而言之，数据源控件概括了一个数据存储和可以针对所包含的数据执行的一些操作。

ASP.NET提供了数据源对象，用于为数据绑定控件构建一个公共接口框架，数据源控件可实现对不同数据源的数据访问，主要的数据源控件有5种，如表2.11所示。

表2.11 ASP.NET数据源控件

数据源控件名	说　明
SqlDataSource 控件	用在表示绑定到数据绑定控件的SQL关系的数据库中，可以检索数据以及对数据进行编辑，可以访问OLE DB、ODBC和Oracle
ObjectDataSource 控件	使用用户自定义的类，将方法输出到与数据绑定的控件相关联
XmlDataSource 控件	特殊的数据源控件，是专门连接和访问XML数据源中的数据
AccessDataSource 控件	使用Microsoft Access数据库的数据源，并且通过使用SQL语句对数据库记录实现操作
SiteMapDataSource 控件	能够在逻辑上实现Web站点的导航

数据绑定是一种允许用户使用从数据库中检索数据的机制。数据绑定控件也是一种服务器控件，用于在Web页面中显示数据，并且以表格的形式显示数据库中的数据，使用数据绑定控件只需要配置一些简单的属性，就能够在几乎不编写代码的情况下进行数据绑定。

数据绑定控件提供了数据源控件和用户之间的链接，这些控件以表格的形式显示数据库中的数据，可以执行编辑和排序等操作，这种控件主要有6种，如表2.12所示。

表2.12 ASP.NET数据绑定控件

数据绑定控件名	说　明
DataList 控件	以表的形式显示数据，可以使用不同的布局来显示数据记录，可以自定义模板，显示数据比较灵活
GridView 控件	可以不编写任何代码，只设置该控件属性即可实现数据的排序、分页等功能，主要数据结构是表
DetailsView 控件	将数据源中单条记录的值显示在表中，它的一个数据行表示该记录的一个字段，一次只显示一条数据记录
FormView 控件	完全使用模板，必须手动将命令按钮包含在适当的模板中，显示单条记录，提供默认结构
ListView 控件	用于显示数据源中数据的值，使用用户自定义的模板而不是行字段来显示数据，通过DataPager控件来实现分页功能
DataPager 控件	主要用于ListView控件的分页

4. 外观控制——母版、主题与皮肤

1）母版

使用ASP.NET母版页可以创建能用于网站中选中的网页或者所有网页的页面布局。创建具有一致外观的网站时，使用母版页可以快速地简化任务。

Master页面能够为ASP.NET应用程序创建统一的用户界面和样式，它能够把通用的布局代码放到一个单独的文件中，然后使其他内容页面在外观上继承于它。母版是提供模板的一种简单方法，该模板可以由应用程序中任意多个ASP.NET页面使用。在使用Master页面时，要创建一个master文件，该文件是由子页面或内容页面引用的模板。Master页面使用.master文件扩展名，而内容页面使用aspx文件扩展名。应该把需要在模板中共享的内容放在.master文件中。

2）主题

主题是属性设置的集合，使用这些设置可以定义页面和控件的外观，然后在某个 Web 应用程中的所有页、整个 Web 应用程序或服务器上的所有 Web 应用程中一致地应用此外观。主题可以包含定义 ASP.NET Web 服务器控件的属性设置的外观文件，还可以包含级联样式表和图形。使用主题功能可以轻松建立并维护整个网站外观的一致性。

主题由一组元素组成：外观、级联样式表(CSS)、图像和其他资源，主题至少包含外观。主题是在网站或 Web 服务器上的特殊目录中定义的。

3）皮肤

皮肤文件具有文件扩展名.skin，它包含各个控件(Button、Label、TextBox 或 Calendar 控件)的属性设置。控件外观设置类似于控件标记本身，但只包含用户要作为主题的一部分来设置的属性。下面是一个 button 的皮肤设置：

```
<asp:button runat = "server" BackColor = "gree" ForeColor = "red" />
```

在主题文件夹中创建.skin 文件。一个.skin 文件可以包含一个或多个控件类型的一个或多个控件外观。可以为每个控件在单独的文件中定义外观，也可以在一个文件中定义所有主题的外观。

5. 认证与授权

用户身份认证和授权是很多 Web 站点和基于浏览器的应用程序的重要功能。身份认证是确定用户身份的过程，在通过身份认证后，开发人员就可以确定已认证的用户身份能继续进行操作。授权是确定通过身份认证的用户是否可以访问应用程序的所有部分或者是特定部分。

Login 控件显示用于执行用户身份验证的用户界面，它包含用于用户名和密码的文本框和一个复选框，使开发人员通过简单的拖放操作就可以向页面添加登录功能。它通过允许未认证的用户提供能在某种数据库中通过认证的登录凭证，把他们转变成认证用户。使用 Login 控件的第一步就是创建一个新的 Web 页面 Login.aspx，这是重定向未认证用户，以获取其凭证的默认页面。此外还可以修改 Login 控件的外观和操作方式。

在 ASP.NET 中使用 Provider 模型并配合成员和角色管理来解决网络安全问题，成员资格和角色管理都使用基于提供程序的模型设计。成员服务涵盖了应用程序的认证的所有方面，角色管理服务涵盖的是授权。在 ASP.NET 4 中提供了两个类用于成员管理：Membership 和 MembershipUser，它们位于 System.Web.Security 命名空间下。其中 Membership 包含一系列静态方法，用于创建、删除、更改等操作。

6. ADO.NET

ADO.NET 是一组向.NET Framework 程序员公开数据访问服务的类。ADO.NET 为创建分布式数据共享应用程序提供了一组丰富的组件。它提供了对关系数据、XML 和应用程序数据的访问，是.NET Framework 中不可缺少的一部分。ADO.NET 支持多种开发需求，包括创建由应用程序、工具、语言或 Internet 浏览器使用的前端数据库客户端和中间层业务对象。

ADO.NET 是一组允许基于.NET 应用程序访问数据库以及其他数据存储来读取和更新信息的类，使用这些类要引用 System.Data 命名空间。ADO.NET 包含两个核心组件 DataSet 和.NET Framework 数据提供程序，.NET Framework 数据提供程序用于连接数据源、执行 SQL 语句命令和检索数据。

ADO. NET 中有五个主要组件：Connection 对象、Command 对象、DataAdapter 对象、DataSet 对象和 DataReader 对象。其中 Connection 对象、Command 对象、DataAdapter 对象和 DataReader 对象被称为数据操作组件，它们主要负责建立联机和数据操作，当作 DataSet 对象以及数据源之间的桥梁。

表 2.13　ADO. NET 主要组件

对象名称	说　明
Connection 对象	创建与数据源的链接，代表 ASP. NET 程序与数据源的唯一对话，在建立链接后可以对数据库进行更新、插入和删除等操作
Command 对象	使用 Connection 对象执行 SQL 查询，也可以传递参数并返回值，也可以被明确地界定，或者调用数据库中的存储过程
DataAdapter 对象	ADO. NET 托管提供程序组成部分，用于在数据源和数据集之间交换数据
DataReader 对象	一个只向前的只读光标，只能读取而不能写入，占用内存小速度快，需要与数据源的实时连接，不能直接实例化
DataSet 对象	ADO. NET 支持断开式数据访问的核心组件，提供了与数据源断开连接时管理数据的机制，是一种容器，可以由从数据适配器执行的 SQL 命令或存储过程所填充，不直接绑定到数据源，可以缓存来自多个数据源的数据

7. LINQ

语言集成查询 LINQ(Language Integrated Query)是. NET Framework 新增的一类简洁的数据操作语法，在对象领域和数据领域之间架起了一座桥梁。它提供了一条更便捷的途径，使. NET Framework 可以创建适用于各种不同类型数据源的具有多种用途的语法查询语句，这是比向开发语言和运行时添加一些关系数据特性或者类似 XML 特性更好的方式，这些语法特性就叫做. NET Language Integrated Query(语言集成查询)。

LINQ 通过提供一种跨各种数据源和数据格式使用数据的一致模型，在 LINQ 查询中始终会用到对象。LINQ 最明显的语言集成部分是查询表达式，借助于 LINQ，查询现在已经是高级语言构造，查询表达式必须以 from 子句开头，并且以 select 或 group 子句结尾。在第一个 from 子句和最后一个 select 或 group 子句之间，查询表达式可以包含一个或多个可选子句。

表 2.14 列出了 3 种 LINQ 查询方法及其简要的介绍。

表 2.14　LINQ 查询方法

名　称	介　绍
LINQ To Object	指直接对任意 IEnumerable 或 IEnumerable＜(Of＜(T＞)＞)集合使用 LINQ 查询，无须使用中间 LINQ 提供程序或 API，表示一种新的处理集合的方法
LINQ To XML	最新的 XML 编程方法，提供文档对象模型 DOM 的内存文档修改功能，支持 LINQ 查询表达式，并且是面向各种开发人员的，一种启用 LINQ 的内存 XML 编程接口，使用它在. NET Framework 编程语言中处理 XML
LINQ To SQL	一个组件，提供了用于将关系数据作为对象管理的运行基础结构，关系数据的数据模型映射到由开发人员所用的编程语言表示的对象模型。应用程序运行时，会将对象模型中的语言集成查询转换为 SQL，然后将它们发送到数据库进行执行

8. Web 服务

Web 服务是 Web 服务器上的一些组件，客户端应用程序可通过 Web 发出 HTTP 请求来调用这些服务。Web 服务是 Web 服务器所提供的一个应用程序或可执行代码的程序块，其功能可以通过标准的 XML 协议展示。它是一种应用程序，可以使用标准的互联网协议将功能纲领性地体现在互联网和企业内部网上，可将 Web 服务视为 Web 上的组件编程。

通过 ASP. NET 用户可以创建自定义的 Web 服务或使用内置的应用程序服务，并从任何客户端应用程序调用这些服务。在用 ASP. NET 创建 Web 服务时，Web 服务不一定要派生于基类 Web Service。只有要用 Web Service 类的属性访问 HTTP 内容时，才需要该基类。ASP. NET 使用. asmx 文件提供 XML Web Service 支持。. asmx 文件是类似于. aspx 文件的文本文件。这些文件是包含. aspx 文件的 ASP. NET 应用程序的一部分。与. aspx 一样，这些文件是 URI 可寻址的。

9. ASP. NET 的 AJAX

AJAX 即 Asynchronous JavaScript and XML(异步 JavaScript 和 XML)，AJAX 并非缩写词，并非一种技术，实际上是由几种蓬勃发展的技术以新的强大方式组合而成的。它提供与服务器异步通讯的能力，从而使用户从请求/响应的循环中解脱出来。AJAX 的核心是 JavaScript 对象 XmlHttpRequest，它是一种支持异步请求的技术。

ASP. NET AJAX 主要由 Microsoft Ajax Library、ASP. NET Extensions Preview 和 AjaxControlToolkit-Framework 3 个部分组成。ASP. NET AJAX 的设计目标有两点：一是对现有的 ASP. NET 服务器端模型进行扩展，让其可以生成实现客户端的 JavaScript 代码；二是为 ASP. NET 增加客户端编程模型，让纯粹的客户端编程变得更加简单。ASP. NET AJAX 的基本控件如表 2.15 所示。

表 2.15 ASP. NET AJAX 基本控件

AJAX 基本控件	介 绍
ScriptManager 控件	用来处理页面上的所有组件以及页面局部更新，生成相关的客户端代理脚本，以便能够在 JavaScript 中访问 Web Service
ScriptManagerProxy 控件	在有母版页时，若要在 Master 页和 Content 页中引入不同的脚本，这时要在 Content 页中使用此控件
UpdatePanel 控件	用来创建丰富的局部更新 Web 应用程序，不编写任何客户端脚本，只要在一个页面上添加几个 UpdatePanel 控件和一个 ScriptManager 控件就可以自动实现局部更新
UpdateProgress 控件	用于在页面异步更新数据时为用户显示提示信息，该信息可以是文本、图片等
Timer 控件	负责以用户事先设置的时间间隔向服务器发送同步或异步的请求，与 UpdatePanel 控件结合起来实现定时异步更新页面的部分功能

2.2.5 Visual Studio

Visual Studio 是微软开发的集成了 Visual C++、Visual C#、Visual Basic 等编程语言、.NET Framework 环境、SQL Server Express 精简数据库引擎、Cassini 精简 Web 服务器及其他各种开发、调试、配置、发布和团队协同工具的集成开发环境。使用 Visual Studio 可以高效开发 Windows 应用。设计器中可以实时反映变更，提供所见即所得的友好界面开发模式，代码编辑器中集成的智能感知功能可以提高开发效率。Visual Studio 不仅可以高效开发 Web 应用，还可以开发 Windows 应用程序、Windows Phone 移动应用、XBox 游戏及 Azure 云平台应用等。与.NET Framework 版本更新同步，Visual Studio 也相继发布了2003、2005、2008、2010 等多个版本。

Visual Studio 2010 的界面如图 2.4 所示。

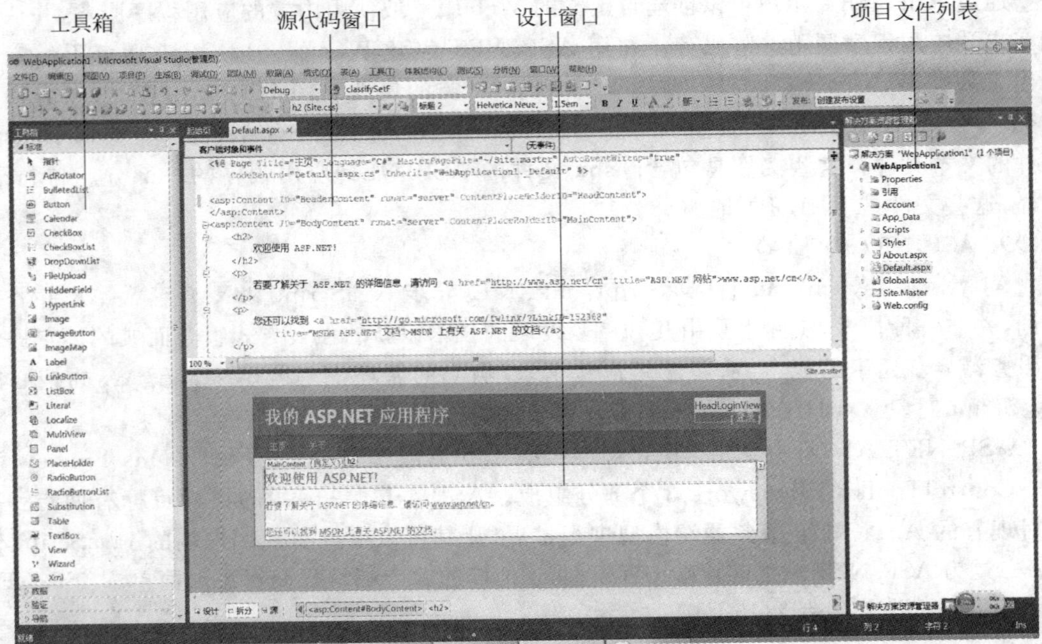

图 2.4 Visual Studio 2010 界面

Visual Studio 的界面是高度可配置的。可以拖动不同的窗口并将它们停靠在 Visual Studio 主窗口的某个位置。同样，一些窗口会自动隐藏在主窗口侧面，一旦将鼠标移动过去，它们就会再次出现。如果打算固定这些窗口，只需要单击窗口右上角的图钉图标即可。Visual Studio 2010 主要窗口的描述如表 2.16 所示。

表 2.16 Visual Studio 窗口描述

窗　口	描　述
工具箱	拥有 ASP.NET 自带的服务器控件以及加入到工具箱的第三方控件或者用户自己开发的用户自定义控件。可以使用任何语言来编写，并且可以被任何语言来调用
解决方案资源管理器	将 Web 应用程序中的文件和子文件夹列出
服务器资源管理器	允许用户访问数据库、系统服务以及其他服务器端的资源
宏资源管理器	允许用户看到所有用户自己创建的宏并执行它们，宏允许用户来完成一些自动化的任务例
错误列表	报告 Visual Studio 在代码中检测所发现的、尚未解决的错误
任务列表	列出以一个已预定义的标记名称开始的注释，以便用户能跟踪要迅速改变并要跳到适当位置的代码部分
文档	允许用户在解决方案资源管理器中通过拖放来设计网页以及编辑代码文件
属性	允许用户来配置当前所选择的元素
类视图	显示了应用程序里面所有用户创建的类等

2.3　SQL Server 数据库基础

SQL Server 数据库是微软公司生产的关系数据库产品，目前应用比较广泛。作为微软系列产品之一，它尤其适合作为在 Windows 环境下运行，以 ASP. NET 开发的系统的后台数据库。为方便读者的理解和使用，下面对其进行简要介绍。

提示：以下内容是本章学习的重点，数据库是 ASP. NET 开发系统的后台支撑者，因此也是非常重要的内容，读者必须掌握此部分内容才能熟练地进行系统开发。

2.3.1　关系数据库简介

数据库是存储在一起的相关数据的集合，这些数据是结构化的，并为多种应用服务；数据的存储独立于使用它的程序；对数据库插入新数据，修改和检索原有数据均能按一种公用的和可控制的方式进行。随着信息技术和市场的发展，数据管理不再仅仅是存储和管理数据，而转变成用户所需要的各种数据管理的方式。数据库有很多种类型并且在各个方面得到了广泛的应用。

数据库的若干基本概念如下。

1. 关系模型

关系模型把世界看作是由实体(Entity)和联系(Relationship)构成的。

所谓实体就是指现实世界中具有区分与其他事物的特征或属性并与其他实体有联系的对象。在关系模型中实体通常是以表的形式来表现的。表的每一行描述实体的一个实例，表的每一列描述实体的一个特征或属性。

所谓联系就是指实体之间的关系，即实体之间的对应关系。联系有下面 3 种：一对一的联系；一对多的联系；多对一的联系。

通过联系就可以用一个实体的信息来查找另一个实体的信息。

关系模型把所有的数据都组织到表中。表中的行表示数据的记录，表中的列表示记录中的域。

2. E-R 图

E-R 图也即实体-联系图(Entity Relationship Diagram)，提供了表示实体型、属性和联系的方法，用来描述现实世界的概念模型。

构成 E-R 图的基本要素是实体型、属性和联系，其表示方法如下。

(1) 实体型(Entity)：具有相同属性的实体，具有相同的特征和性质，用实体名及其属性名集合来抽象和刻画同类实体；在 E-R 图中用矩形表示，矩形框内写明实体名。

(2) 属性(Attribute)：实体所具有的某一特性，一个实体可由若干个属性来刻画。在 E-R 图中用椭圆形表示，并用无向边将其与相应的实体连接起来。

(3) 联系(Relationship)：联系也称关系，信息世界中反映实体内部或实体之间的联系。实体内部的联系通常是指组成实体的各属性之间的联系；实体之间的联系通常是指不同

实体集之间的联系。在 E-R 图中用菱形表示，菱形框内写明联系名，并用无向边分别与有关实体连接起来，同时在无向边旁标上联系的类型(1∶1,1∶n 或 m∶n)。

2.3.2 Transact-SQL 基础

Transact-SQL 译为事务 SQL，它是 SQL Server 在 SQL 的基础上添加了流程控制语句后的扩展，是标准 SQL 的超集。Transact-SQL 是对 SQL 的扩展，在 SQL 的基础上增加了变量、运算符、函数、流程控制和注释等语言元素，使得其功能更加强大。Transact-SQL 对 SQL Server 十分重要，SQL Server 中使用图形界面能够完成的所有功能，都可以利用 Transact-SQL 来实现。需要注意的是，SQL 是几乎所有的关系型数据库都支持的，而 Transact-SQL 是 SQL Server 系列产品独有的。

1. 数据类型

简要描述一下 SQL 中的 5 种数据类型：字符串型、整数型、位型、二进制型和日期时间型。

1）字符串型

varchar 或者 char 或者 text。

varchar 型和 char 型数据都是用来储存字符串长度小于 255 的字符。

varchar 型对比于 char 型来说占用更少的内存和硬盘空间。但是 varchar 型的读取效率却低于 char，对于一定字符长度的字段来说，选择用 char 型可以获得更快的读取速度。

当需要存储大串的字符时，应该使用 text 型数据。注意文本型数据没有长度。

2）整数型

int 或者 smallint 或者 tinyint。

它们的区别只是字符长度：

int 型数据的表示范围是从－2 147 483 648 到 2 147 483 647 的整数。

smallint 型数据可以存储从－32 768 到 32 768 的整数。

tinyint 型的字段只能存储从 0 到 255 的整数，不能用来储存负数。

3）位型

bit。

bit 型是 0 或者 1 的整型数据，可以取值为 0、1 或者 NULL。

4）二进制型

binary 或者 varbinary。

binary 型为固定长度的二进制数据，其最大长度为 8000 个字节。

varbinary 型为可变长度的二进制数据，其最大长度为 8000 个字节。

5）日期时间型

datetime 或者 smalldatetime。

一个 datetime 型的字段可以存储的日期范围是从 1753 年 1 月 1 日第一毫秒到 9999 年 12 月 31 日最后一毫秒。

smalldatetime 能表示的日期和时间范围比 datetime 型数据小，而且不如 datetime 型数据精确。一个 smalldatetime 型的字段能够存储从 1900 年 1 月 1 日到 2079 年 6 月 6 日的日期，它只能精确到秒。

2. 建表

Create Table 语句是 Transact-SQL 中提供的创建表的语句。

Create Table 语句语法如下：

```
Create Table table_name(
  column1 datatype [not null] [not null primary key],
  column2 datatype [not null],
  …)
```

说明：

datatype 表示数据类型。

not null 表示数据是否为空。

primary key 表示本表的主键。

3. 查询、插入、修改、删除

SQL 语言中的数据查询分为四种基本类型：

SELECT：要求数据库返回指定结果的数据集合；用户可以用这一语句检索数据库中保存的信息。

INSERT：用来给数据表增加新一行数据。

DELETE：从用户的数据库中删除若干行数据。

UPDATE：修改数据库内的现有数据。

1）查询

SELECT 语句将从一个或多个表中返回特定列所对应的所有数据行，并允许从一个或多个表中选择一个或多个行或列。SELECT 语句的主要子句如下：

```
SELECT select_list
    [ INTO new_table ]
    FROM table_source
    [ WHERE search_condition ]
    [ GROUP BY group_by_expression ]
    [ HAVING search_condition ]
    [ ORDER BY order_expression [ ASC | DESC ] ]
```

计算列出在 FROM 中的所有元素，如果声明了 WHERE 子句，那么在输出中消除所有不满足条件的行。如果声明了 GROUP BY 子句，输出就分成匹配一个或多个数值的不同组里。如果出现了 HAVING 子句，那么它消除那些不满足给出条件的组。

2）插入

INSERT 命令用来在表中插入数据，语法如下：

```
INSERT [INTO] <table_name> [(column_list)] VALUES (value_list)
```

value_list 是和在 column_list 中列相应的值。这些值可以是常量、TSQL 变量或 SQL Server 内部函数。值的顺序应和 column_list 中列的顺序相对应。如果没有定义 column_list，则值的顺序应和表中列的顺序对应。

3）修改

UPDATE 语句用来修改行，语法如下：

```
UPDATE <table_name> SET <column_name> =<value> [,<column_name> = <value>_n]
WHERE <search_condition>]
```

serach_condition 是要修改的行应满足的条件。没有 WHERE 子句的 UPDATE 语句将修改表中的所有行。在 UPDATE 语句中也可使用连接。

4）删除

DELETE 语句用来从表中删除行。语法如下：

```
DELETE [FROM] <table_name>
[WHERE <search_condition>]
```

serach_condition 是删除行要满足的条件。一个无条件 DELETE 语句将删除表中的所有行。在 DELETE 语句中也可使用连接。

4. 较复杂的数据查询

student 表是学生基本信息表，其中有 Sno、Sname、Sbirth、Sex、Sclass 和 Sgrade 这些信息，下面的内容就是以 student 为例进行说明。

(1) 聚合：合并查询结果。

如：

```
SELECT * FROM student
WHERE Sname like '王%'
UNION [ALL]
```

注意：like 为模式匹配查询。

(2) 分组 group：常用于统计。

如按性别分组查学生总数：

```
select Sex,count(Sno)
from student
group by Sex
```

(3) 排序：指定结果如何排序，升序：ASC；降序：DESC。

```
Select * from student order by Sname ASC
Select a.Sno, a.Sname, b.Cname, b.score from Student a,Course b where a.Sno = b.Sno order by a.
Sname, b. Score DESC
```

(4) 嵌套：一个 SELECT-FROM-WHERE 查询语句块可以嵌套在另外一个查询快的 WHERE 字句中。

① 用关键字 IN。

如查询在一班的学生：

```
select * from student
where Sclass in (select Sclass from student where Sclass = '一')
```

② 使用关键字 EXISTS。

例如：

```
select * from student
```

```
where Sno in (select Sno from grades where Cno = 'A3')
select * from student where exists
(select * from grades where
grades.Sno = student.Sno AND Cno = 'A3')
```

提示：Transact-SQL 是学习的难点，本书只是概括地进行了介绍，读者还需要积极地进行练习才能熟练掌握相关操作。

2.3.3 SQL Server 数据库基本操作

运行 SQL Server 2008 光盘，出现如图 2.5 所示的界面，单击“安装”-“全新 SQL Server 独立安装或向现有安装添加功能”选项，按照提示进行安装。

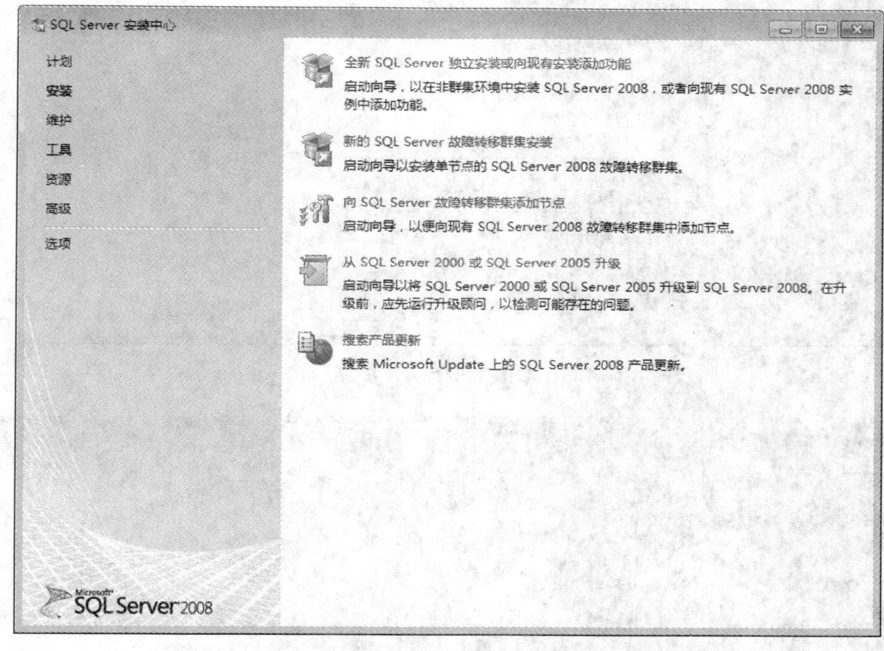

图 2.5　运行 SQL Server 2008 光盘

在 SQL Server 完成了安装环境验证等安装前的准备工作后，会要求用户选择需要安装的功能。要使 SQL Server 正常运行，至少需要安装“数据库引擎服务”，为了便于用户管理数据库，还应该至少选择“管理工具”。其他功能用户可以根据需要选择安装，如图 2.6 所示。

接下来为安装的数据库引擎指定实例 ID，建议选择默认实例 MYSQLSERVER，如图 2.7 所示。随后指定配置，为 SQL Server 的各种服务选择账户名，账户名可以从安装程序提供下拉列表框中选择，通常为 SYSTEM 或者 NETWORK SERVICE，如图 2.8 所示。

如果 SQL Server 数据库用户认证方式默认是采用 Windows 集成认证，即登录到本地 Windows 操作系统的用户才有权访问数据库。如果需要改成通过 SQL Server 认证，则在安装进行到出现如图 2.9 所示的“身份验证模式”界面时，设置身份验证模式为“混合模式”，在“输入密码”和“确认密码”文本框中输入默认的系统管理账户 sa 的密码。也可以在安装完成后通过管理工具进行修改。

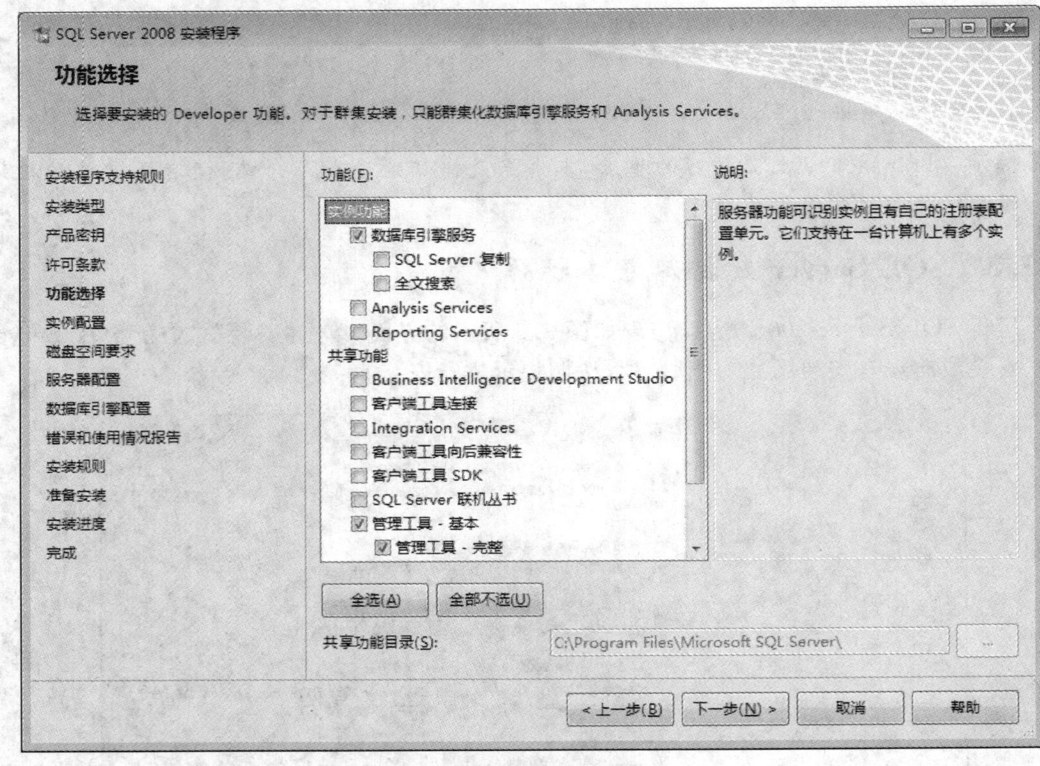

图 2.6　选择安装功能

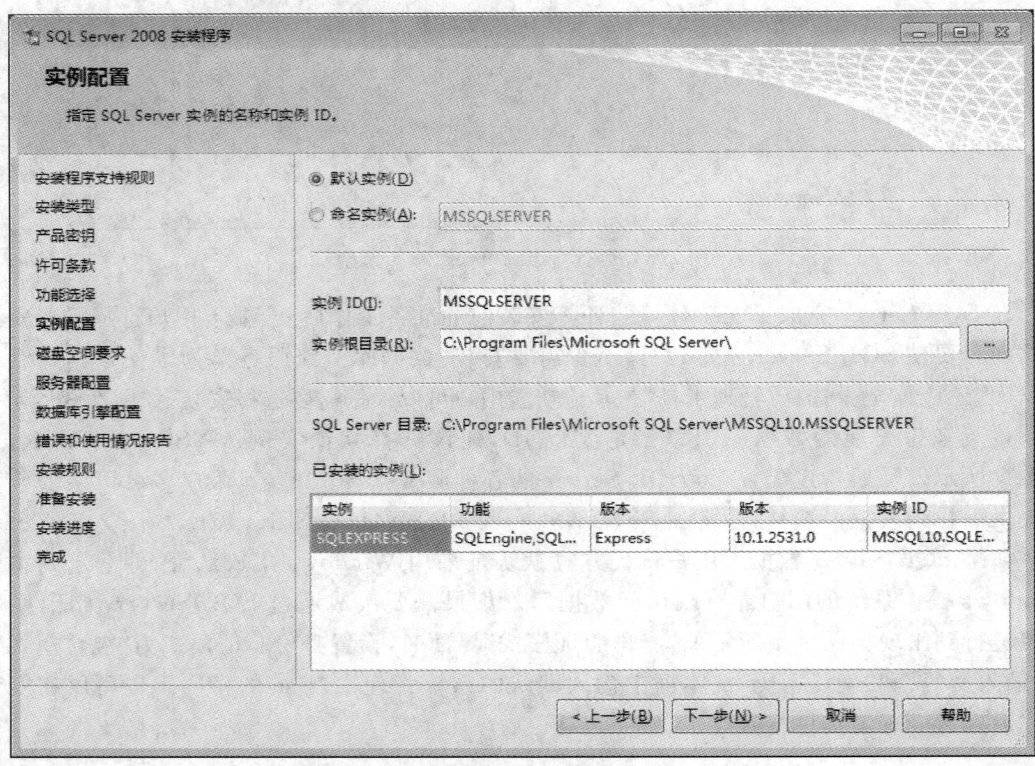

图 2.7　指定实例名称

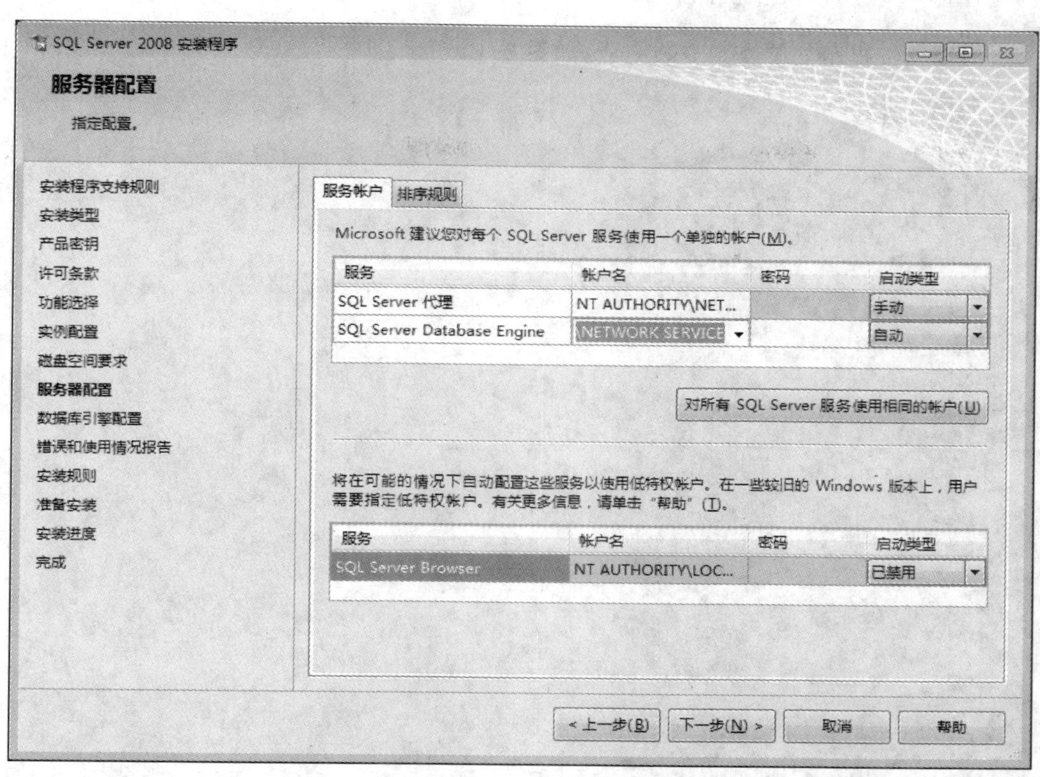

图 2.8　指定配置

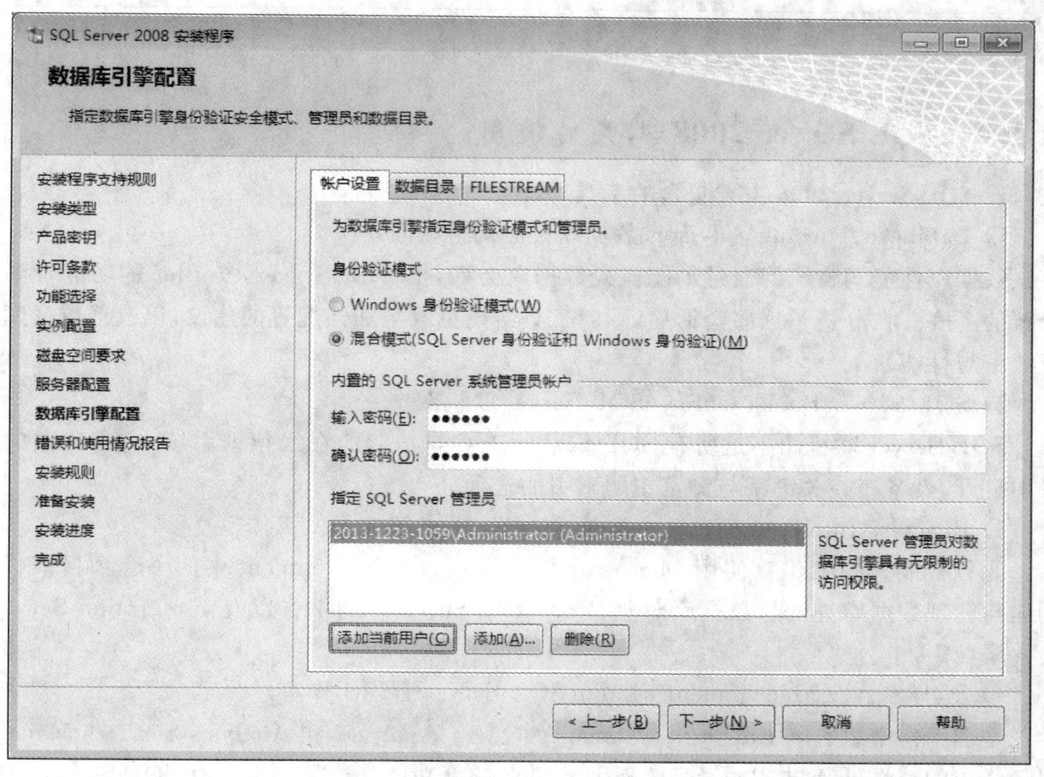

图 2.9　“混合模式”设置

之后继续按提示安装直到安装完成，如图 2.10 所示。

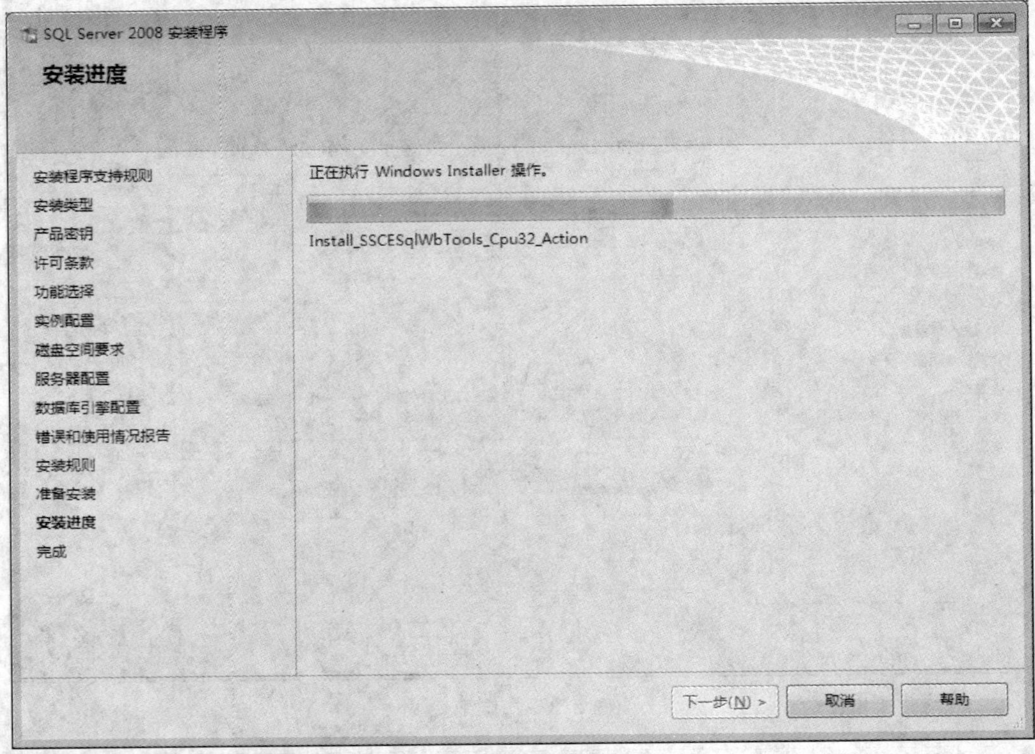

图 2.10　安装进度

2.3.4　SQL Server 2008 工具的使用

1. SQL Server 2008 主要包含的工具

1) Database Turning Advisor(数据库性能调整顾问)

数据库性能调整顾问通过动态监视数据库会话，把 SQL Server Profiler 的功能带到一个新的高度。在分析了这些会话后，顾问工具给出更改与加强配置的建议，以改善数据库运行效率与性能。

2) SQL Server Books Online(SQL Server 联机图书)

SQL Server 联机图书是所有 SQL Server 工具与功能的在线帮助系统，它在独立的窗口中打开，具备查找关键字与浏览主题索引的选项。

3) Business Intelligent Development Studio(业务智能开发工作室)

业务智能开发工作室使用 Microsoft Development Environment 中的一套项目模板来创建与管理数据库查询与数据库对象、Reporting Services 的报告以及 Integration Services 的程序包。

4) SQL Server Management Studio(SQL Server 管理工作室)

管理工作室组合了 Enterprise Manager、Query Analyzer 和 Analysis Services Manager 中最优秀的特性，同时加入了 SQL Server 2008 的新功能。这是一个所有 SQL Server、数据

库、对象和许多不同类型的查询的中央管理与设计界面。

5）Report Manager（报表管理器）

报表管理器是 Reporting Services 的主 Web 浏览器界面。它同时用于报表管理与文件夹管理以及报表查看。报表服务器管理员使用这个应用程序来定义安全性、设置服务器配置。用户可以浏览、查看报表、创建订阅、创建报表快照，并且以多种格式导出报表。

6）SQL Computer Manager（SQL 计算机管理）

SQL 计算机管理取代了许多以前的 SQL Server 版本中的工具，通过它，管理员可以配置网络库和服务，并且可以维护任务。

7）Profiler（事件探察器）

事件探察器是一个广泛的查错和优化工具。它可用于监视范围广泛的数据库活动，它可以捕捉、记录各种操作，以便以后回放。事件与活动可以脚本或者日志的形式被记录下来，保存在文本文件或者数据库中。

2. 启动 SQL Server 服务器

1）在 SQL Server Management Studio 中启动服务器

确保服务器已经正常关闭的情况下，执行下列步骤：

启动 SQL Server Management Studio，在如图 2.11 所示的面板中选择服务器，单击鼠标右键，选择“启动”选项。

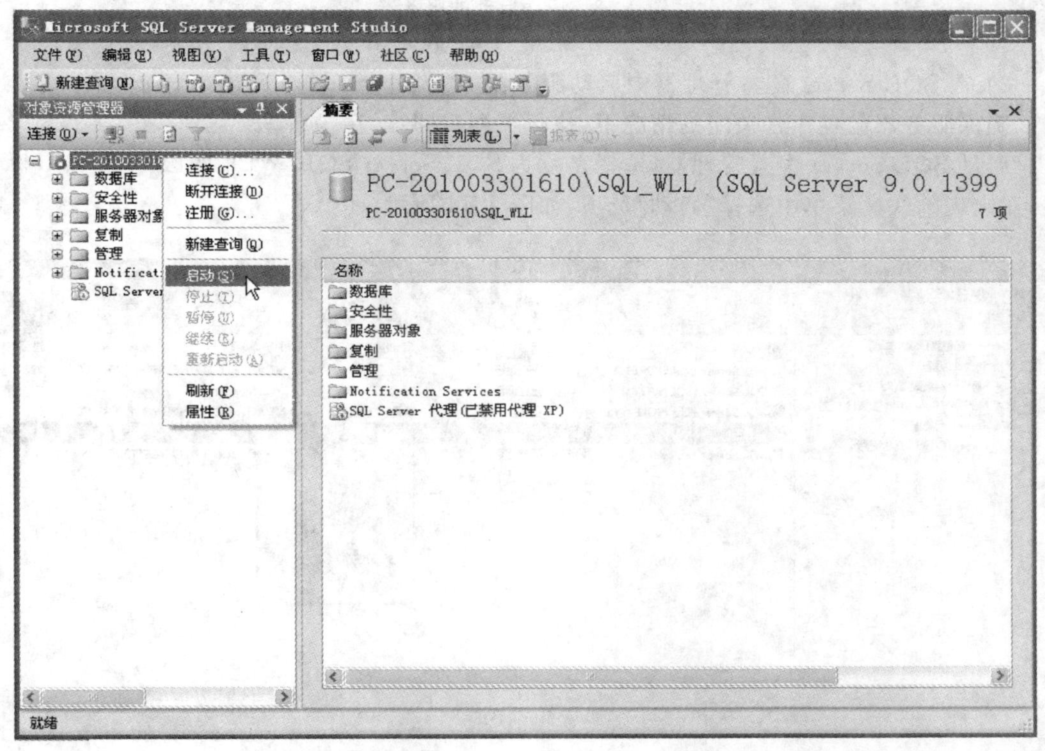

图 2.11　启动 SQL Server Management Studio

出现如图 2.12 所示提示对话框，单击“是”按钮。

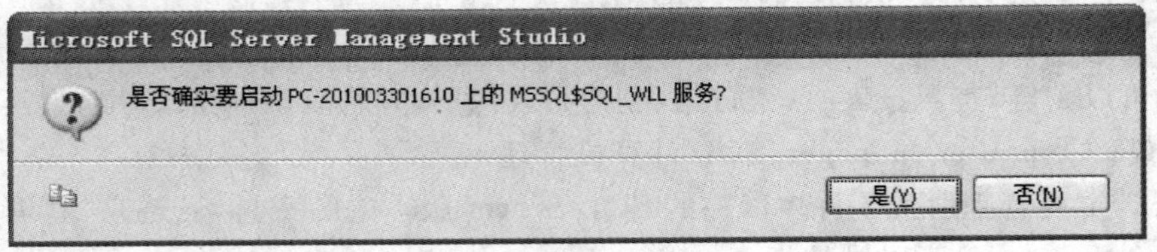

图 2.12　提示对话框

成功启动的服务器如图 2.13 所示。

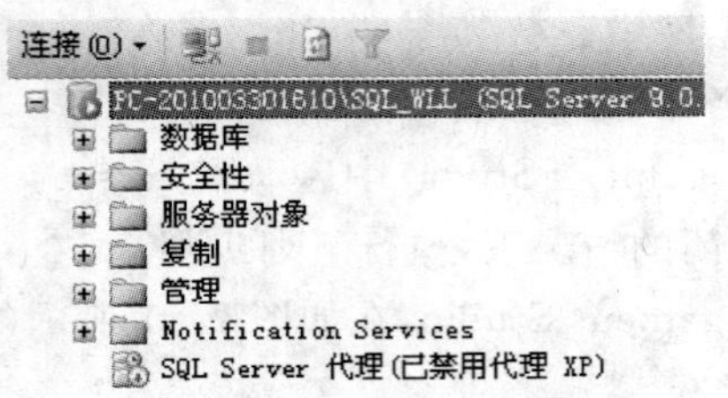

图 2.13　成功启动的服务器

2）在 SQL Server 配置管理器中启动服务器

确保服务器已经正常关闭的情况下，执行下列步骤：

启动 SQL Server 配置管理器，选择名称为 SQL Server SQL_WLL 的服务，单击鼠标右键，在出现的快捷菜单中选择“启动”选项，如图 2.14 所示。

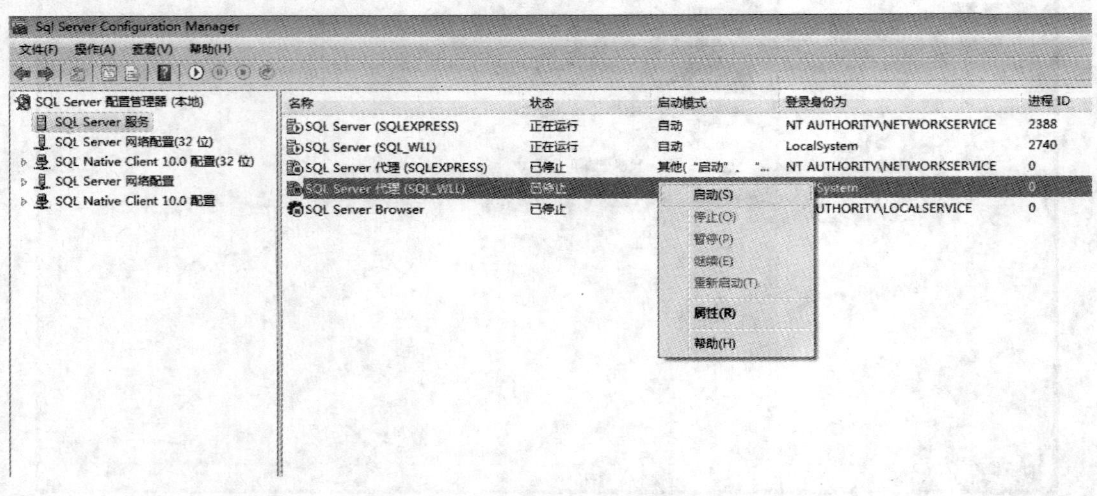

图 2.14　启动 SQL Server 配置管理器

成功启动的服务器如图 2.15 所示。

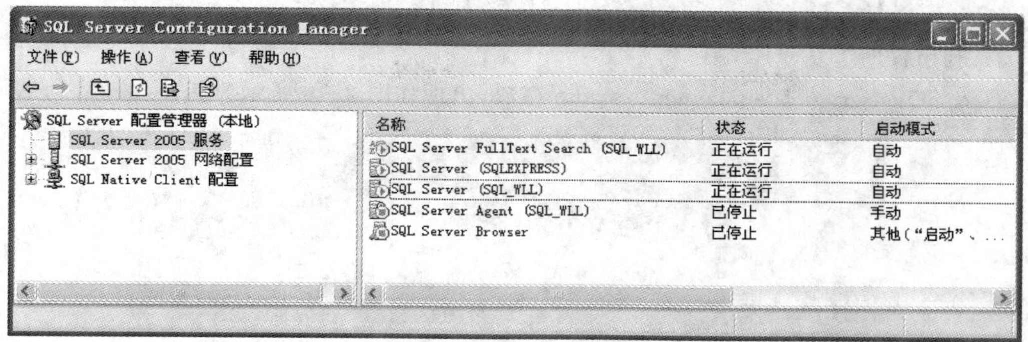

图 2.15 成功启动的服务器

3. 管理工具

客户机的安装结果体现为一组图形化的管理工具(Management Studio),如图 2.16 所示。

图 2.16 客户机的安装结果

Management Studio 是 SQL Server 中最重要的管理工具,是一个集成的管理平台。SQL Server Management Studio 是 SQL Server 的可视化集成管理环境,用于访问、配置和管理所有 SQL Server 组件,如图 2.17 所示。

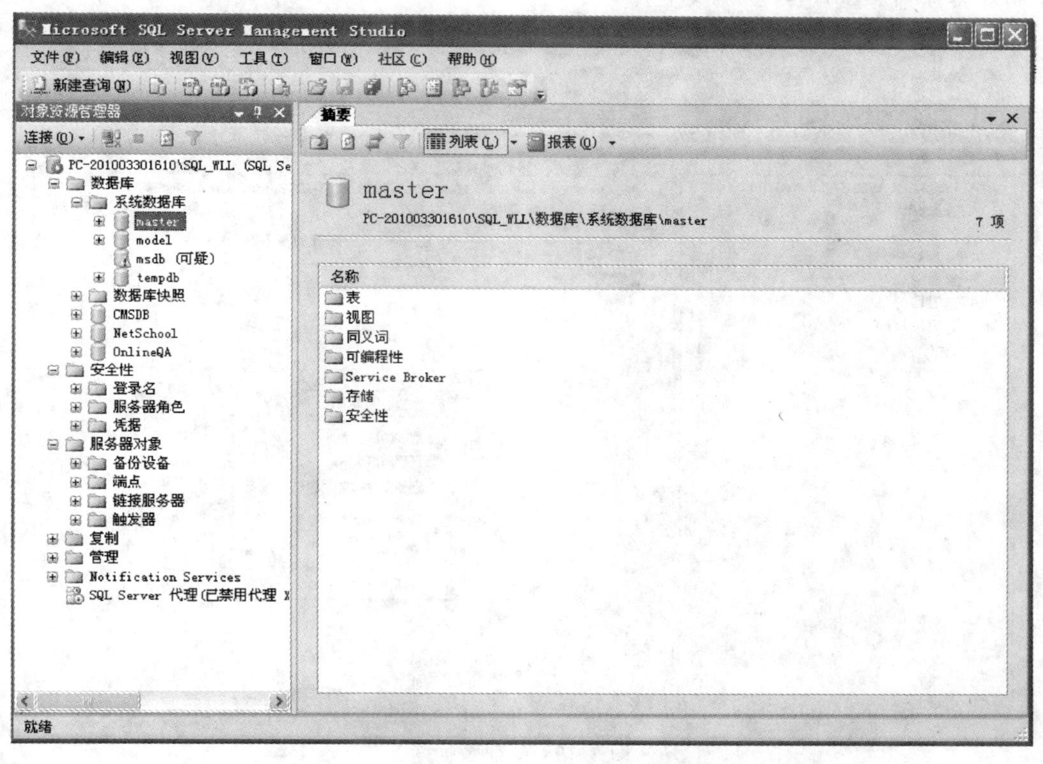

图 2.17 Management Studio 界面

2.3.5 SQL Server 图形界面下的基本数据操作

1. 利用管理工具建库

进入 SQL Server Management Studio 窗口，出现如图 2.18 所示界面。

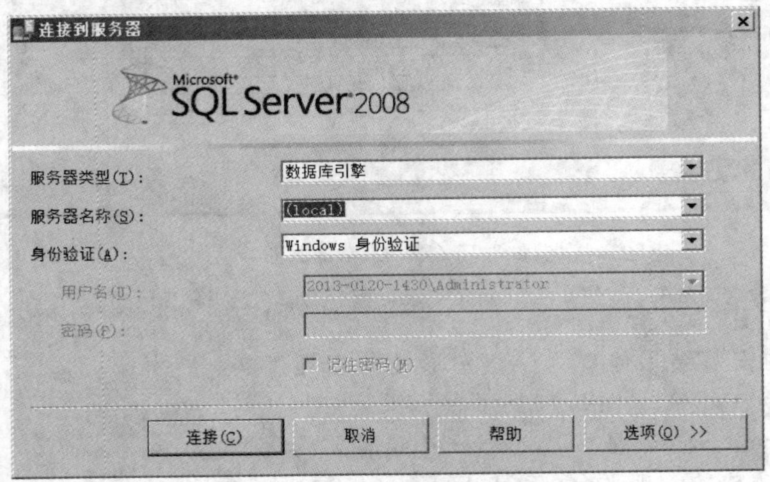

图 2.18 SQL Server Management Studio 窗口

单击“连接”，进入到管理工具窗口，双击“数据库”，然后在窗口右侧空白处单击右键，选择“新建数据库”，如图 2.19 所示。

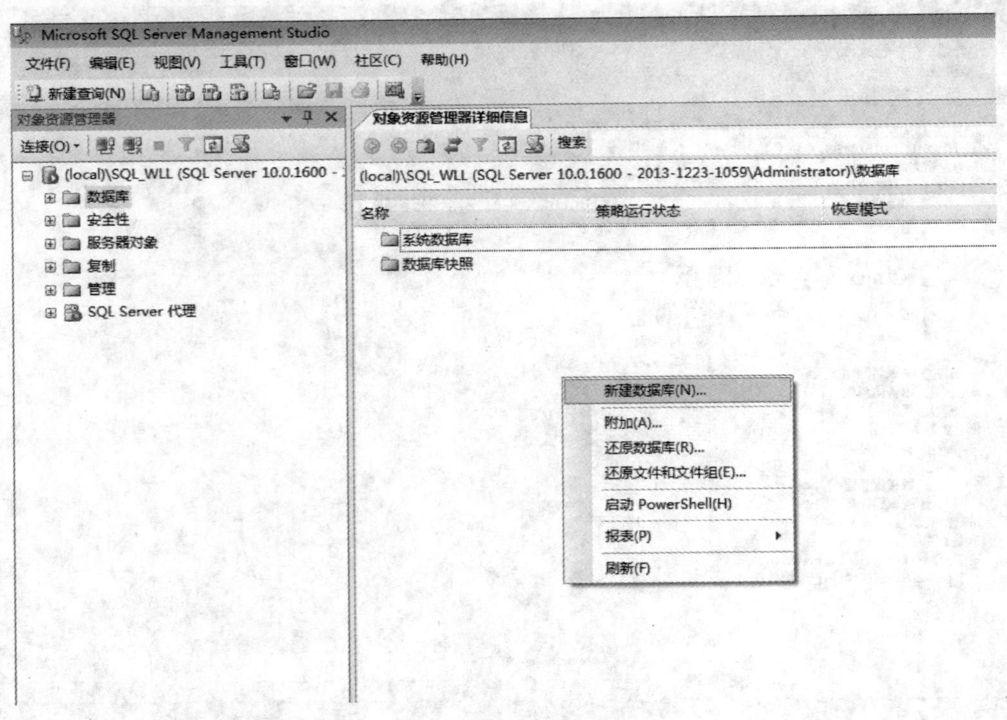

图 2.19 新建数据库

接着出现“新建数据库”对话框，输入数据库名称，单击“确定”即可，如图 2.20 所示。

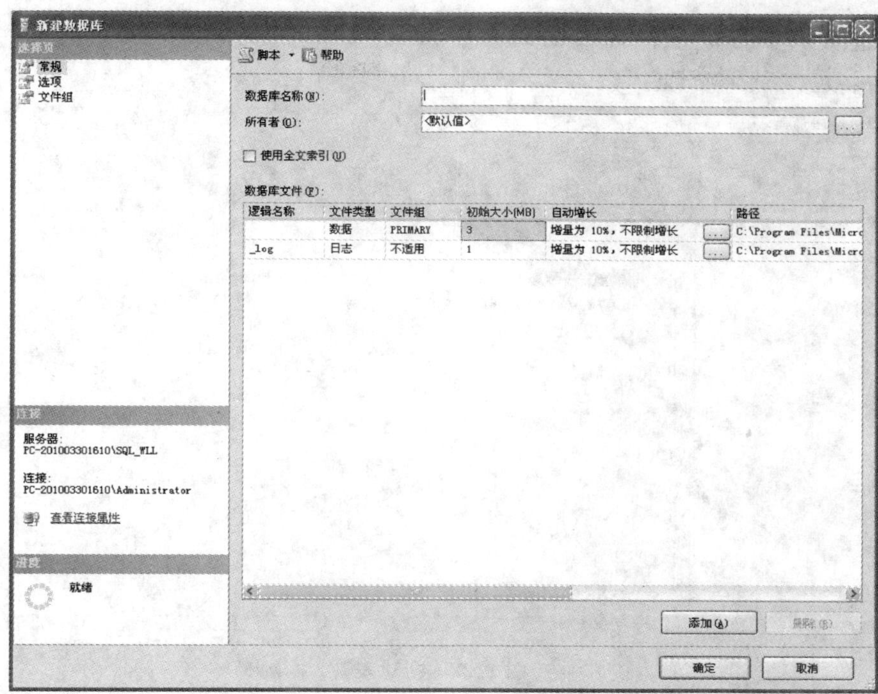

图 2.20　数据库基本设置

2. 建表

双击 TestDB(新建的一个数据库)，如图 2.21 所示。

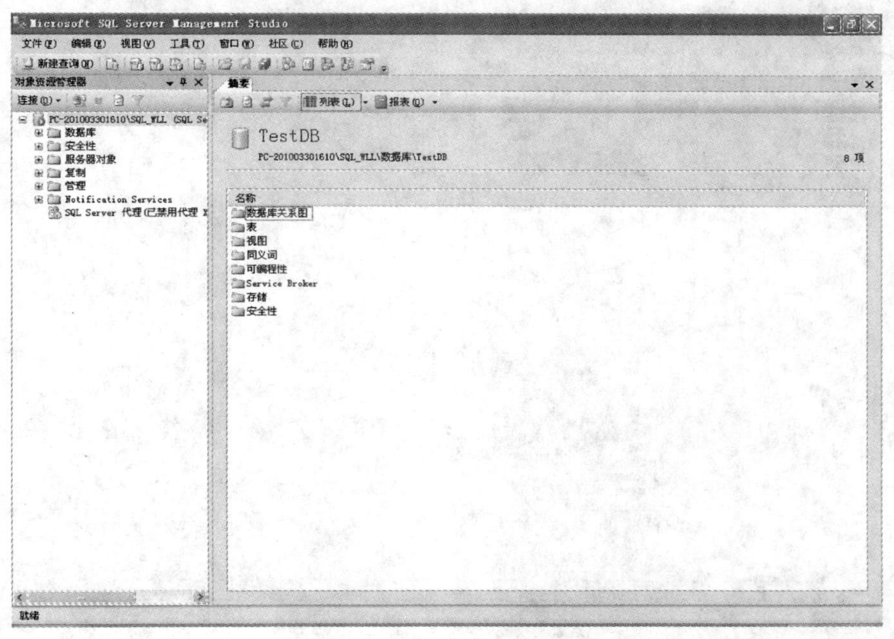

图 2.21　进入 TestDB 数据库

双击表，在空白处单击右键，选择“新建表”选项，如图 2.22 所示。

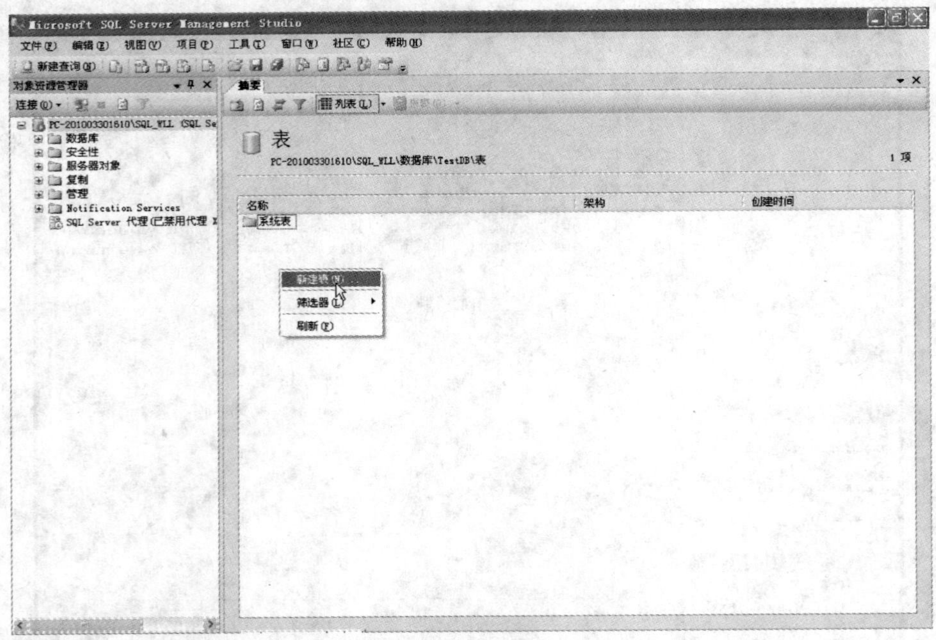

图 2.22　新建表

新建一个名为 student 的表，在列名和数据类型中输入适当的内容即可，如图 2.23 所示。

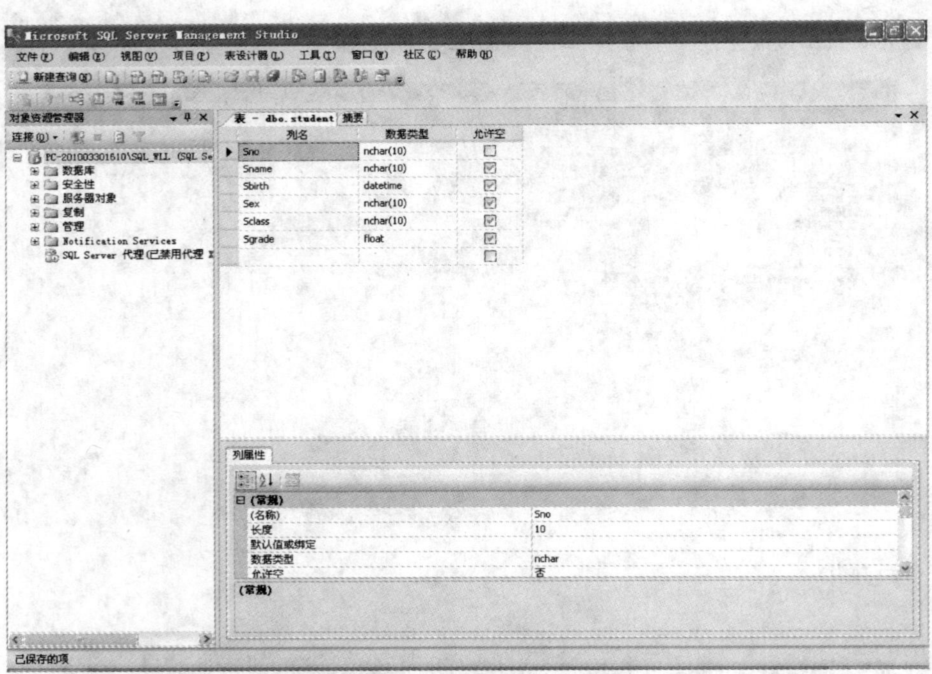

图 2.23　student 表基本信息

3. 录入数据

找到 student 表，右击 student 表，选择“打开表”选项，如图 2.24 所示。

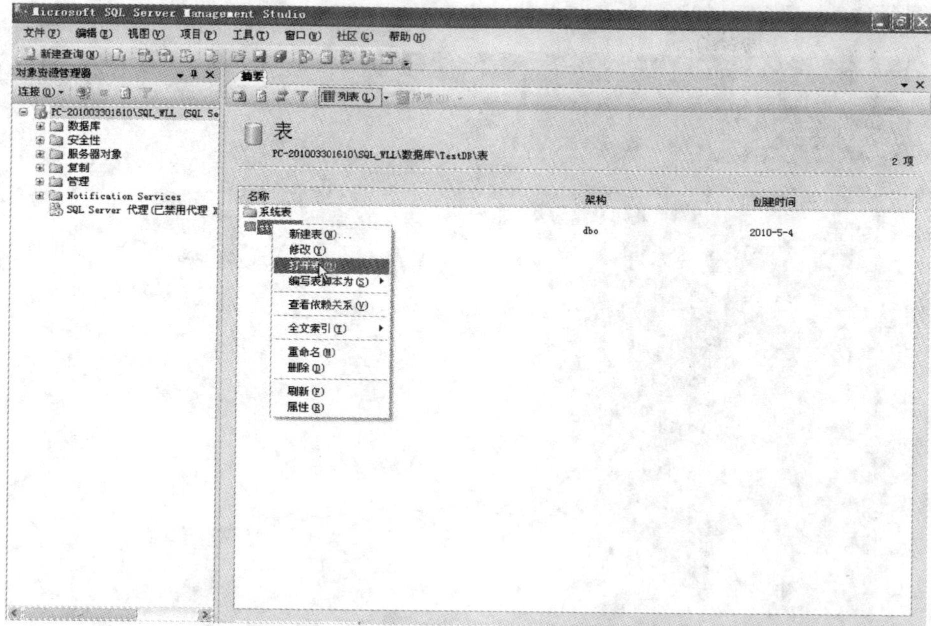

图 2.24　打开 student 表

接着在 student 表中输入数据即可完成数据录入，如图 2.25 所示。

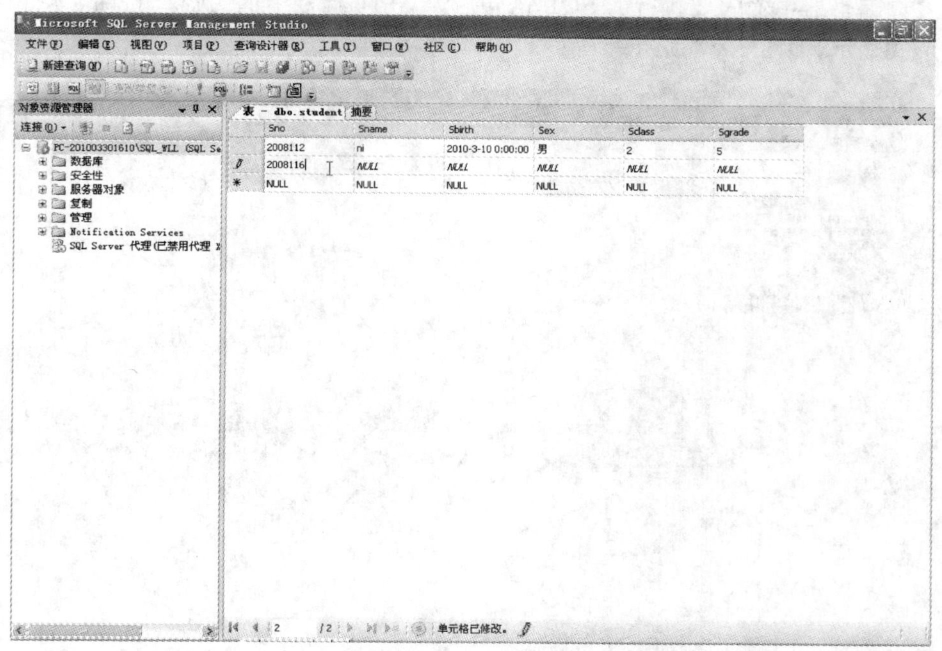

图 2.25　在 student 表中录入数据

4. 查询数据

在 SQL Server Management Studio 的“准备”工具栏上，单击“新建查询”按钮，如图 2.26 所示。

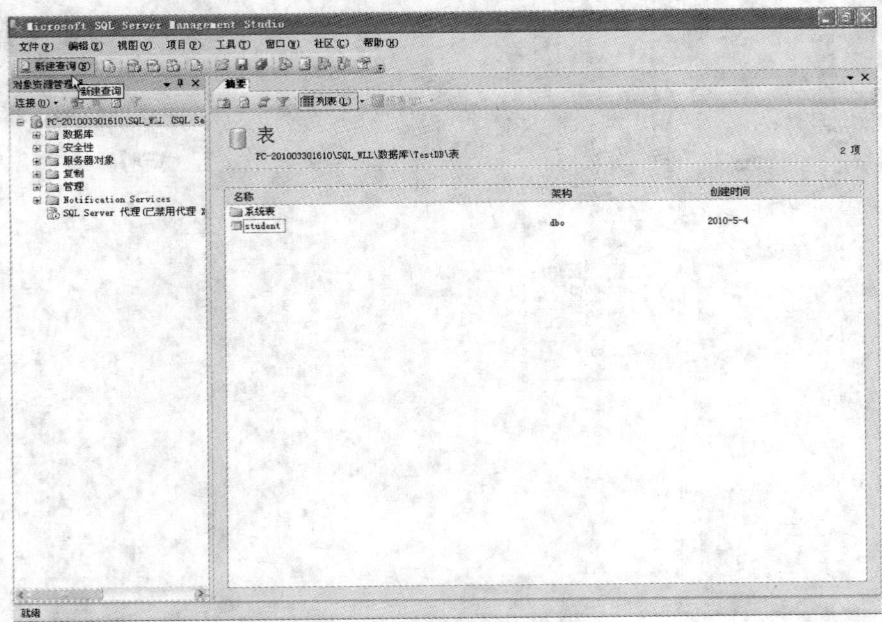

图 2.26 单击“新建查询”按钮

在查询编辑器中输入要执行的 SQL 语句后，单击工具栏中的“执行”按钮，运行结果以网格的形式显示，如图 2.27 所示。

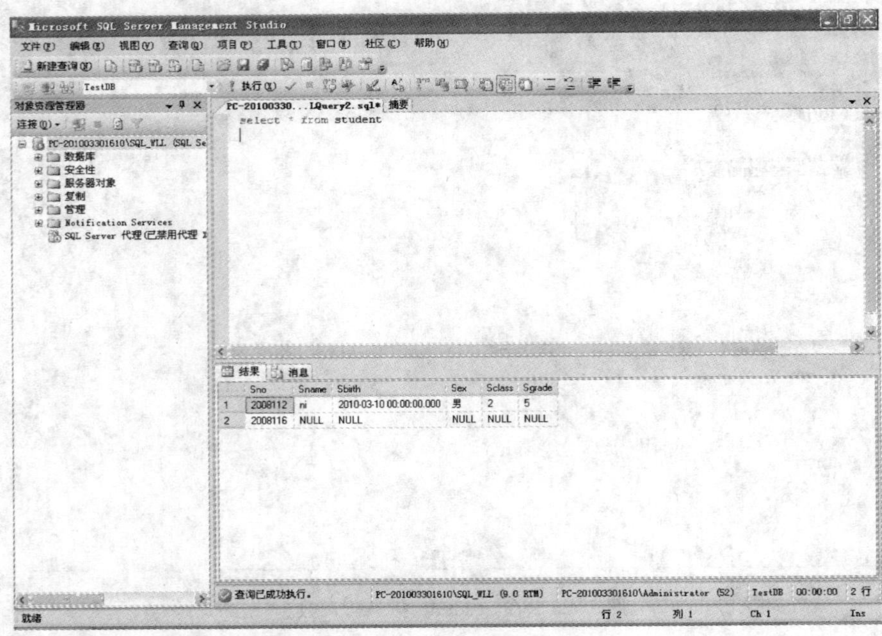

图 2.27 输入要执行的 SQL 语句

提示：此小节是本章学习的难点，读者需要进行实践操作才能真正掌握基本的数据操作。

2.4 ASP.NET 网站部署

2.4.1 Web 服务器简介

Web 服务器也称为 WWW(World Wide Web)服务器，主要功能是处理 HTTP 请求，提供网上信息浏览服务。

在 UNIX 和 Linux 平台下使用最广泛的免费 HTTP 服务器是 ASF 的 Apache 服务器和 W3C 类服务器，而 Windows 平台 NT/2000/2003 下更多使用 IIS 的 Web 服务器。在选择使用 Web 服务器应考虑的本身特性因素有：性能、安全性、日志和统计、虚拟主机、代理服务器、缓冲服务和集成应用程序等。

Apache 是世界上用得最多的 Web 服务器，市场占有率达 60%左右。世界上很多著名的网站都是 Apache 的产物，它的成功之处主要在于它的源代码开放、有一支开放的开发队伍、支持跨平台的应用(可以运行在几乎所有的 UNIX、Windows、Linux 系统平台上)以及它的可移植性等方面。

IIS(Internet Information Server)是微软 Windows 自带的 Web 服务器。由于它与各种微软产品，如 Windows、ASP.NET 及 SQL Server 的天然联系，在同时使用这些产品时可以获得最大的兼容性和较好的性能，因此 IIS 也是目前非常流行的 Web 服务器产品之一。IIS 提供了一个图形界面的管理工具，称为 Internet 服务管理器，可用于监视配置和控制 Internet 服务。

2.4.2 IIS 配置

IIS(Internet Information Services)的主要功能是响应使用者的请求，将所要浏览的网页内容传输给客户端；管理及维护 Web 站点、FTP 站台和 SMTP 虚拟服务器等。IIS 意味着用户能发布网页，并且由 ASP(Active Server Pages)、Java、VBScript 产生页面，有着一些扩展功能。本书介绍的 IIS 版本为 IIS 5.1。实际网站如果部署在 Windows Server 系列产品上，可以使用更高版本的 IIS 以获得更多功能和更好的安全性。本书开发的各个系统并不受 IIS 版本的影响。

提示：IIS 配置是本章学习的重点，下面会详细介绍安装 IIS 的步骤，读者可以根据提示进行操作。

1. 安装 IIS

打开控制面板，双击"添加或删除程序"图标，单击窗口左侧的"添加/删除 Windows 组件"图标，弹出如图 2.28 所示的"Windows 组件向导"对话框，选中"Internet 信息服务(IIS)"复选框，然后单击"下一步"按钮，按向导指示完成对 IIS 的安装。

2. 启动 Internet 信息服务(IIS)

双击"控制面板"中的"管理工具"中的"Internet 信息服务"图标，打开"Internet 信息服务"对话框，即可启动"Internet 信息服务"管理工具，如图 2.29 所示。

图 2.28 “Windows 组件向导”对话框

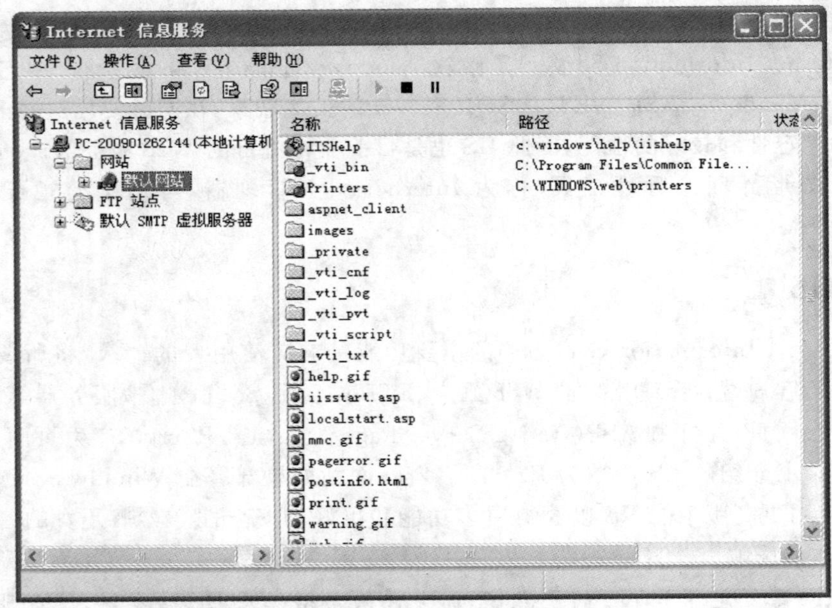

图 2.29 启动 Internet 信息服务(IIS)

右击“默认网站”，选择“浏览”菜单项，或者在浏览器中输入地址：http://localhost/iishelp/misc/default.asp，弹出如图 2.30 所示网页，说明 IIS 安装成功。

3. 配置 IIS

在安装完 IIS 以后，需要对 IIS 进行配置，目的是使服务器在最优的环境下运行。右击“默认网站”，在弹出的快捷菜单中选择“属性”菜单项，打开“默认网站属性”对话框，如图 2.31 所示，可以在该对话框中完成对站点的主目录、文档等的设置。

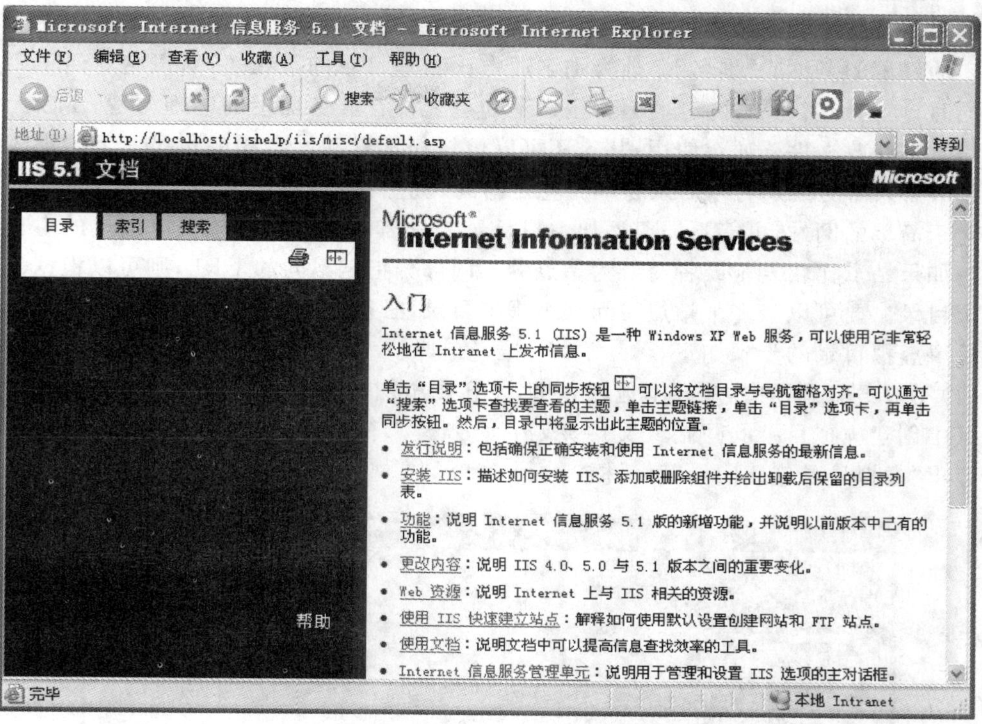

图 2.30　IIS 安装成功

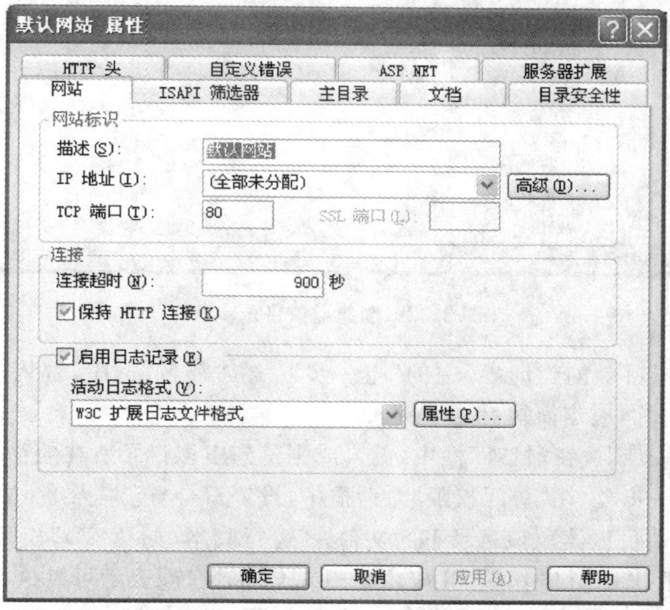

图 2.31　“默认网站 属性”对话框

4. 设置虚拟目录

虚拟目录是为服务器硬盘上不在主目录下的一个物理目录或者其他计算机上的主目录而指定的好记的名称或“别名”。因为别名通常比物理目录的路径短,所以它更便于用户输入。同时,使用别名还更加安全,因为用户不知道文件在服务器上的物理位置,所以无法使用该信息来修改文件。通过使用别名,还可以更轻松地移动站点中的目录。无须更改目录的 URL,而只需更改别名与目录物理位置之间的映射。

对于简单的网站,可能不需要添加虚拟目录。只需将所有文件放在该站点的主目录中即可。如果站点比较复杂或者需要为站点的不同部分指定不同的 URL,则可以根据需要添加虚拟目录。要可以从多个站点访问某个虚拟目录,必须为每个站点添加虚拟目录。

设置虚拟目录的步骤如下:

(1) 在 IIS 管理器中,展开本地计算机,展开要添加虚拟目录的网站或 FTP 站点,右击要在其中创建虚拟目录的网站或文件夹,指向“新建”,然后单击“虚拟目录”,如图 2.32 所示。弹出“虚拟目录创建向导”对话框。

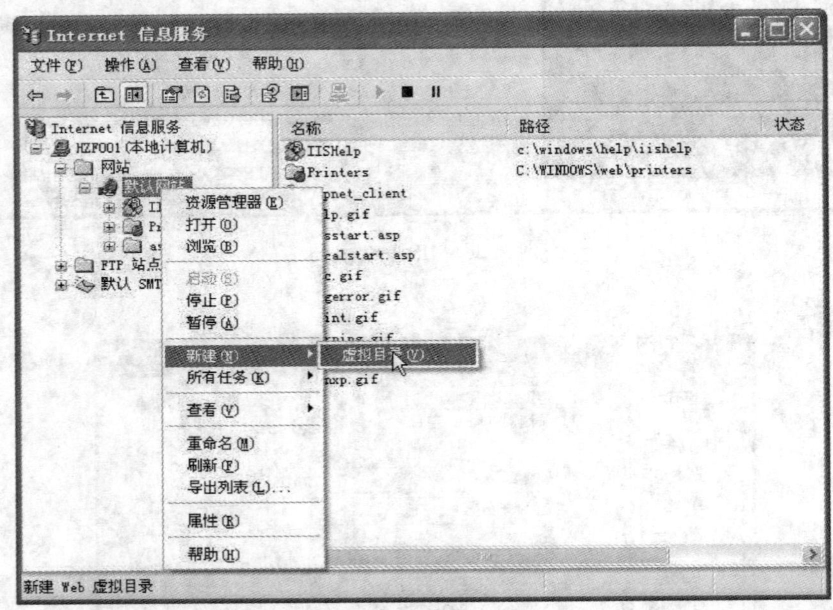

图 2.32 创建虚拟目录步骤

(2) 单击“虚拟目录创建向导”中的“下一步”。在“别名”框中,键入虚拟目录的名称。这是用户键入的名称,应当简短且易于键入。

(3) 单击“下一步”。在“目录”框中,键入或浏览到虚拟目录所在的物理目录。

(4) 单击“下一步”。在“访问权限”对话框中,设置符合自己需要的访问权限。其中“读取”权限表示客户端可以读取该目录下的文件;“运行脚本(如 ASP)”权限表示可以运行该目录下的脚本程序;“执行(如 ISAPI 应用程序或 CGI)”权限表示可以执行该目录下的应用程序;“写入”权限表示用户可以对该目录进行写权限;“浏览”权限表示用户可以从远程浏览该目录中的内容。一般选择默认的权限设置,如图 2.33 所示。

(5) 单击“下一步”,然后单击“完成”。在当前选定的级别下面将会创建虚拟目录。

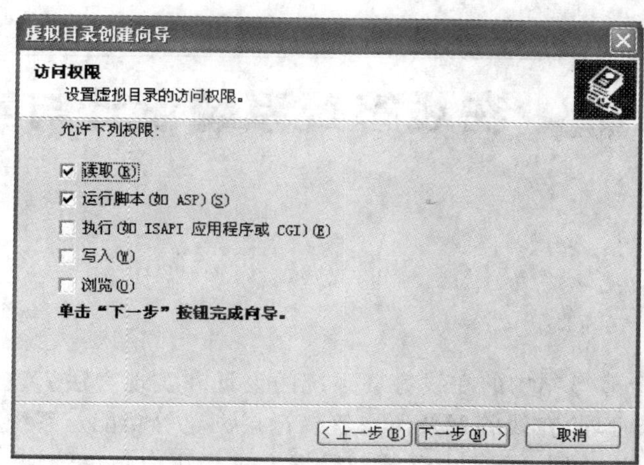

图 2.33　访问权限设置

2.5　小　　结

本章对基于 Web 的网络教育资源设计需要用到的技术,如.NET 架构、C# 与 VB.NET 语言、ASP.NET 技术、SQL Server 数据库技术以及 IIS 配置等进行了简单的介绍。限于篇幅,未能详述这些技术,读者可以查阅相关资料做进一步学习。以下各章节将开始介绍具体的课程设计项目,希望通过课程设计案例,读者能够在实践中运用、体会和掌握这些技术,培养项目设计开发能力,并将这种能力应用到将来的工作中去。

第3章 在线答疑系统设计与实现

本章提要：

本章介绍了一个B/S结构的在线答疑系统的设计和实现方法。该系统实现了包括用户登录与注册、权限管理、在线答疑及历史答疑记录浏览等功能。系统采用ASP.NET和SQL Server进行开发，使用.NET内置管理数据库进行用户角色管理，通过母版页控制同一的展现界面，利用AJAX技术实现页面的无刷新更新效果。

本章重点：

- 利用.NET内置管理数据库(ASPNET.MDF)实现用户角色管理以及个性化配置。
- 常用ASP.NET AJAX控件的使用，如ScriptManager、UpdatePanel及Timer控件的创建方法和使用技巧等。
- 本章答疑系统内涉及系统数据的及时更新，在数据更新的处理上，本项目采取了两种不同的方法，即利用ASP.NET AJAX控件实现数据更新以及客户端脚本调用Web Service实现更新，这两种方法各有所侧重，应用的场合也有所不同。

3.1 本项目背景及要求说明

本章将介绍一个简单的在线答疑系统的设计与实现方法。在线答疑系统旨在为教师和学生搭建一个在线互动以及问答讨论的平台，它不仅可以有效地支持网络教学和远程教育，也可以作为传统课堂教学的补充。其主要功能是让师生进行在线答疑交流，并记录下答疑信息以便需要时查询，当然也包括基本的用户注册和权限管理等功能。为了方便用户使用，该系统支持浏览器直接访问，无须安装客户端或浏览器插件。

3.2 本项目需求分析

随着互联网的普及和网络通信技术的发展，基于Web技术的网上教学系统得到了广泛的重视和迅猛的发展。在线答疑是网络教育中不可缺少的一个重要环节，网络教学平台通常都需要一个在线答疑系统，用以解决网络教学这种非面对面教学形式中学生与教师之间交流的问题。对于在线答疑系统而言，需要提供以下功能：

用户注册：系统提供用户注册功能，只有注册为系统合法的用户之后，才能够使用答疑系统的各种功能。

权限管理：普通用户在进入系统后可以参与答疑，查看历史答疑记录，修改个人信息等；具有管理员权限的用户，可以对整个系统进行管理，包括查看历史答疑记录，修改用户权限等。

在线答疑：系统的核心功能。管理员和注册用户均可以登录答疑系统，参与实时的在线答疑。

历史答疑记录浏览：用户登录系统后，可以根据日期查询自己的答疑记录。

在对在线答疑系统进行进一步的设计之前，需要特别注意一个问题。与客户端/服务器方式的实时通信工具（如QQ、MSN）不同的是，纯粹基于浏览器/服务器方式的实时通信系统（不含插件）受其通信模式的限制，只能是用户通过浏览器从服务器"拉"数据，而不可能是服务器主动向用户"推"数据。因此，保证实时交流的唯一方法是：浏览器把用户想发送的消息告诉服务器，包括消息内容、发送方、接收方及发送时间等，服务器代接收方保存这些消息，而接收方的浏览器定时访问服务器，获取那些发给自己的信息，刷新页面显示给用户。

通过AJAX方式定时对页面进行局部刷新，而不是对整个页面更新，这样可以避免讨厌的浏览器屏幕闪烁，同时也能最大程度减少信息传输量。需要刷新的内容包括两部分：

① 用户列表的局部刷新：对于答疑系统而言，用户会经常更换，需要动态加载用户列表，删除超时用户等。

② 答疑消息列表的局部刷新：答疑系统内答疑记录是滚动变化的，需要随时更新答疑记录，使用户获取最新答疑的信息。

本章后面部分会详细介绍具体的页面局部刷新方法。

3.3 本项目系统设计

3.3.1 系统模块设计

该系统采用B/S(Browser/Server)结构，在客户端使用普通的Web浏览器即可。该系统主要包括答疑模块和用户管理模块。整个系统的模块框架图如图3.1所示。

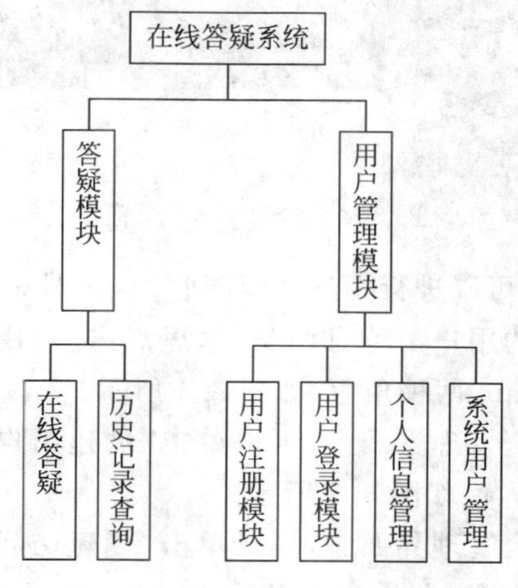

图3.1 系统功能模块图

3.3.2 系统数据库设计

在线答疑系统的数据库设计可以分为两部分，一是用户管理相关的数据库表，这部分内容交给 ASP. NET 提供的用户安全性和个性化引擎实现；二是答疑时用户交流的内容，这部分需要创建相应的数据库表。

首先来看用户管理。该系统主要有两类用户：普通用户以及系统管理员。这两类用户在登录进入系统后权限是不一样的。考虑到该答疑系统提供了登录-身份验证-授权架构，在系统数据库的设计时，采用. NET 提供的用户角色库 ASPNET. MDF 来管理系统数据。ASPNET. MDF 可以由使用者通过图形化向导的方式配置并自动生成。具体配置生成步骤如下：

(1) 在 Visual Studio 中打开网站项目，依次选择“项目”，“ASP. NET 配置”，如图 3.2 所示。

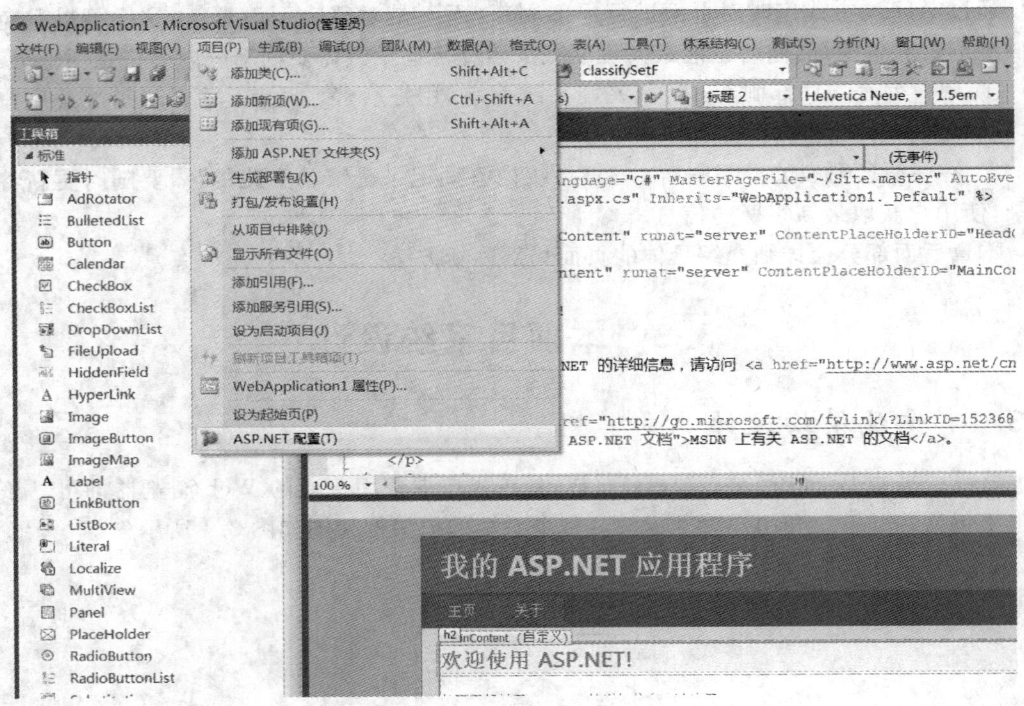

图 3.2 ASP. NET 配置

(2) 选择“安全”选项卡，可以进行用户和权限管理，如图 3.3 所示。

(3) 由于本项目中涉及的用户角色有两类，这里点击“启用角色”，单击“创建或管理角色”，分别创建 student 和 admin 两种角色，如图 3.4 所示。

(4) 在图 3.3 所示的安全管理界面中，可以单击“创建用户”和“管理用户”对网站的用户进行管理。添加新用户的界面如图 3.5 所示。

(5) 在图 3.3 所示的安全管理界面中，可以单击“创建访问规则”和“管理访问规则”对用户权限进行管理，即可以定义哪些用户可以看到站点的哪些内容。在这个步骤中，可以直接为用户添加权限。如图 3.6 所示，可以把所有的匿名用户的权限设置为“拒绝”，并单击“添加此规则”，这样匿名用户就不能够访问站点内容。

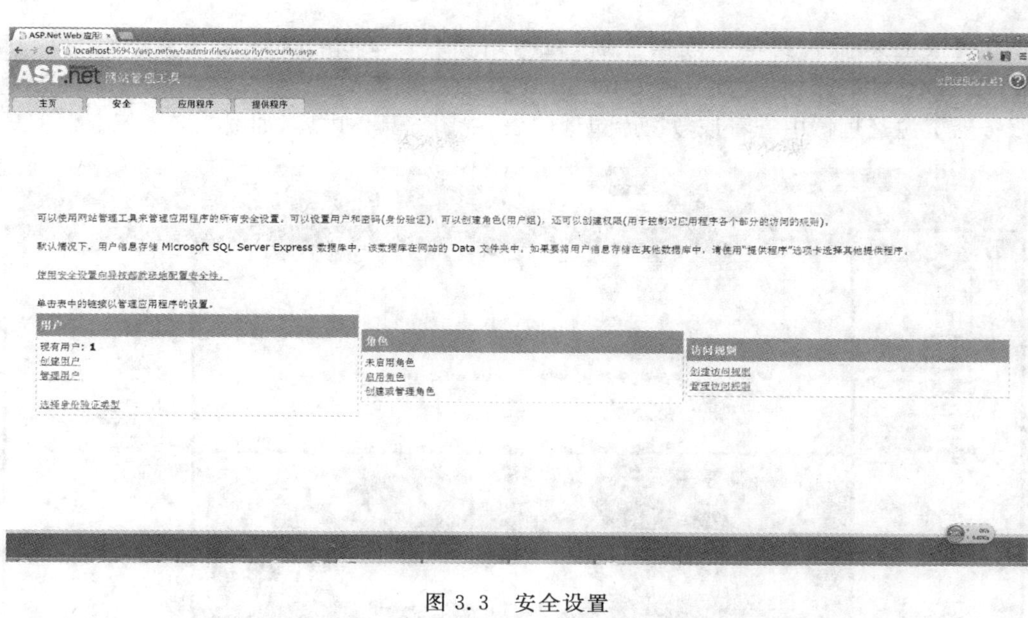

图 3.3　安全设置

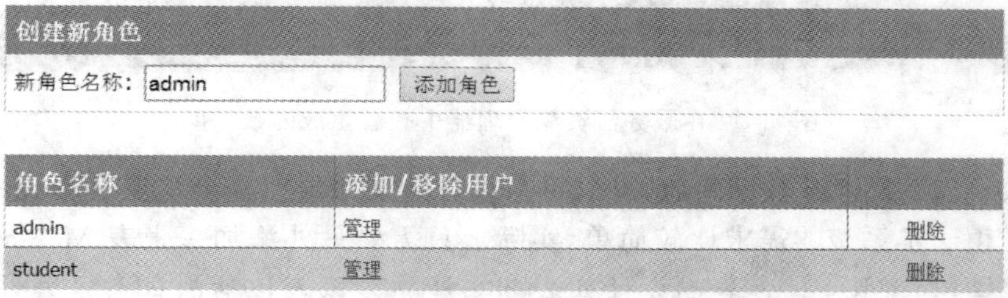

创建新角色

新角色名称：admin　添加角色

角色名称	添加/移除用户	
admin	管理	删除
student	管理	删除

图 3.4　定义角色

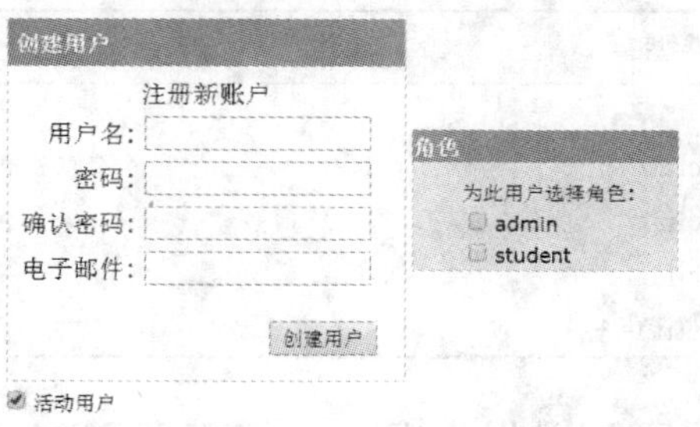

图 3.5　添加新用户

图 3.6　添加访问规则

在完成上述任一安全管理操作后，在网站项目的 App_Data 文件夹中会生成一个 ASPNETDB. MDF 文件，这是一个 Microsoft SQL 数据库文件，可以在 Visual Studio 左侧的服务器资源管理器中查看该数据库包含的表、视图等具体内容，如图 3.7 所示。

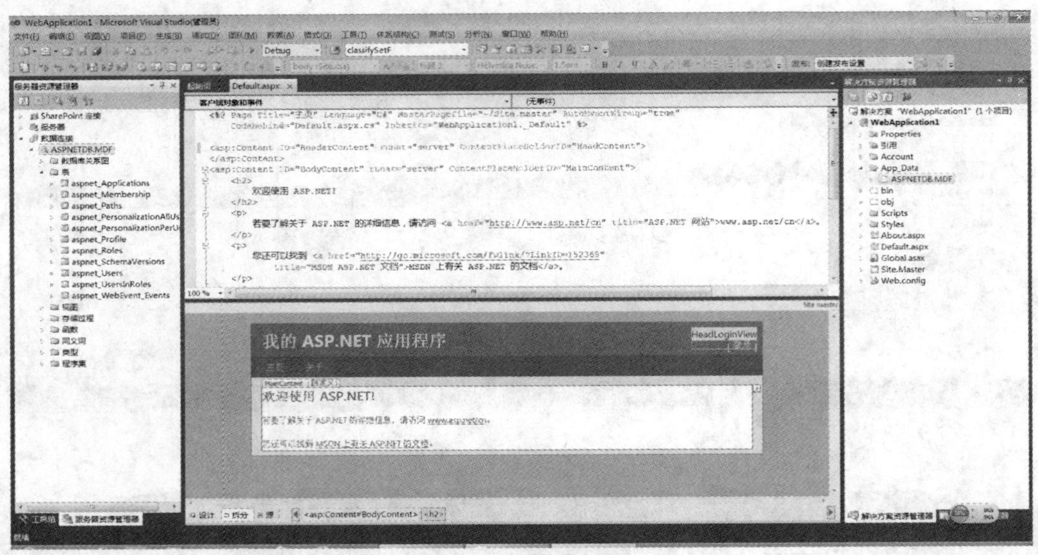

图 3.7　在服务器资源管理器中查看生成的数据库

在生成 ASPNETDB 数据库后，可以将在设计答疑系统时需要的其他数据表创建在该数据库中。由于本系统的需求比较简单，实际上只需要另外添加一张表 Messages，用来存储答疑信息即可。Messages 表的设计如表 3.1 所示。该表包括消息条目编号、消息发送者、消息接收者、消息内容和消息答疑时间，字段说明如表 3.1 所示。

表 3.1　Messages 表字段描述

字段	类型	长度	是否为空	描述
MsgID	int		否	自增 ID
Sender	varchar	50	否	消息发送者
Receiver	varchar	50	否	消息接收者
MsgContent	varchar	1000	是	消息内容
CreateDT	datetime		否	答疑时间

根据实际需要，在本项目中，总共应用到了 ASPNETDB. MDF 中的 5 张表，其中 aspnet 开头的数据表由 ASP. NET 生成，配合安全性和个性化控件与框架使用，Messages 表是自己添加的。这 5 张表作用分别为：

(1) aspnet_Roles：该数据表实现用户角色的管理；

(2) aspnet_Profile：该数据库表实现用户个性化配置；

(3) aspnet_Membership：该数据库表实现用户成员资格管理；

(4) aspnet_Users：该数据库表实现用户基本信息的管理；

(5) Messages 该数据库表实现对答疑记录的存储与管理。

系统数据库关系图如图 3.8 所示。

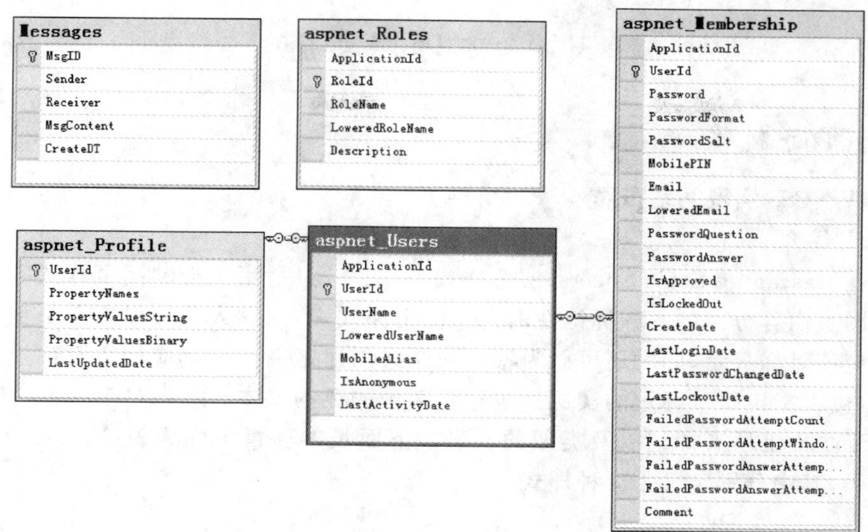

图 3.8　系统数据库关系图

3.3.3　系统界面设计

在线答疑系统的系统前台界面中主要采用了 DIV＋CSS 技术。考虑到该系统较多页面都有一些公共元素，在进行设计时，主要采用了 MasterPage 来实现。下面仅以答疑系统的答疑页面(Room. aspx，如图 3.9 所示)为例介绍具体实现过程。

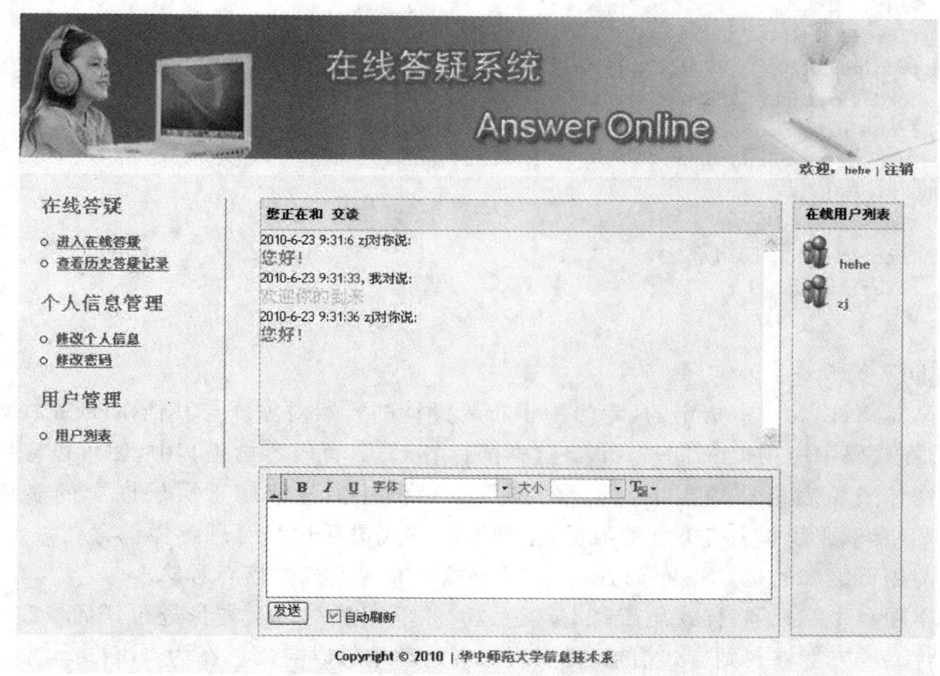

图 3.9　答疑页面

3.4 本项目实施

3.4.1 页面制作

1. DIV+CSS 实现网站布局

1) CSS 简介

CSS 是 Cascading Style Sheets(层叠样式表)的缩写,是用于控制网页样式并允许将样式信息与网页内容分离的一种标记性语言。使用样式表,开发人员可以定义页面上每种类型的元素应该怎样显示,同时还可以为特定的样式创建定义并将其应用于页面上的相关元素。例如,可以指定每个标记的实例都应包括某种颜色的文本,也可以定义一个样式类,然后将其用于页面上所有标记以及类似的元素。下面是本项目中样式表(\css\style.css)的一部分代码,其中分别定义了 3 种样式。

```
#sub_header {
    text-align: right;
    font-weight: bold;
    font-size: 10px;
    color: #005EA9;
    padding-right: 20px;
    padding-bottom: 20px;
}
.menu {
    width: 139px;
    float: left;
    padding: 0 20px 0 20px;
    border-right: #8C8484 1px solid;
    font-size: 12px
}
.menu_title {
    font-size: 18px;
    font-weight: bold;
    color: #005EA9
}
```

2) DIV 简介

DIV 是 XHTML 中指定的,专门用于布局设计的容器对象。与其他 XHTML 对象一样,只需在代码中应用<div></div>这样的标签形式,将内容放置其中,便可以应用 DIV 标签。在传统的表格布局当中,页面的排版布局设计主要依赖于层层嵌套的表格对象 Table。但对于那些非表格类型的数据,这种排版方式灵活性和可理解性都存在一定问题,因此目前用得更多的是 CSS 布局方式,DIV 是这种布局方式的核心对象。

在本项目中,为了将样式用于<div>元素,并不需要对元素本身进行任何修改;只要知道在什么地方能够找到样式信息,样式就可以自动地得以应用。在为<div>元素指定某个特定的自定义类样式时,可以使用该元素的 Class 属性和 ID 属性,例如,在页面 Room.aspx 中,<div>元素分别用到了上述 CSS 中定义的样式信息。

代码片段1,<div>使用ID属性引用定义样式：

```
<div id = "sub_header">
    <asp:LoginView ID = "LoginView1" runat = "server">
        <LoggedInTemplate>
            欢迎,<asp:LoginName ID = "LoginName1" runat = "server" /> |
            <asp:LoginStatus ID = "LoginStatus1" runat = "server" />
        </LoggedInTemplate>
    </asp:LoginView>
</div>
```

代码片段2,<div>使用Class属性引用定义样式：

```
<div class = "menu">
        <div class = "menu_title">在线答疑</div>
    <ul>
        <li><a href = "/XQA/Room.aspx" class = "menu_link">进入在线答疑</a></li>
        <li><a href = "/XQA/History.aspx" class = "menu_link">查看历史答疑记录</a></li>
    </ul>
        <div class = "menu_title">个人信息管理</div>
        <ul>
        <li><a href = "/XQA/ChangeUserInfo.aspx" class = "menu_link">修改个人信息</a></li>
        <li><a href = "/XQA/ChangePassword.aspx" class = "menu_link">修改密码</a></li>
    </ul>
</div>
```

2. Master和Content页面的简介

站点具有一致的外观有很多好处,在Internet上很少看到没有统一布局的站点。统一布局的站点通常包括以下内容：

一个公共标题和整个站点的菜单系统。

页面左边的导航条,提供一些页面导航选项。

提供版权信息的页脚和一个用户联系网管的二级菜单。

这些元素将显示在所有的页面上,它们不仅提供了最基本的功能,而且这些元素的统一布局也使得用户意识到他们仍处于同一个站点内。虽然这种外观可以使用在HTML中包含文件的方式创建,但是ASP.NET通过Master和Content页面机制提供了更强健的工具。

Master页面定义了所有基于该页面使用的布局。它是页面布局的最高控制,指定了每个页面上的标题应该有多大、导航功能应该放置在什么位置以及在每个页面的页脚中应该显示什么内容。Master页面包含了一些可用于站点中所有页面的内容,一旦定义好Master页面的标准特性之后,接下来将添加一些占位符(placeholder)—页面上的命名区域,这些区域将包含不同的页面。

每个Content页面都以Master页面为基础,开发人员将在这里为每个页面添加具体的内容。Content页面包含文本、HTML和位于<asp:content>标记内的控件。当关于某个Content页面的请求到达时,该Content页面将和它的Master页面的一个副本组合到一起,由Master页面中特定的占位符包含Content页面的内容。然后完整的页面将发送到浏览器,如图3.10所示。

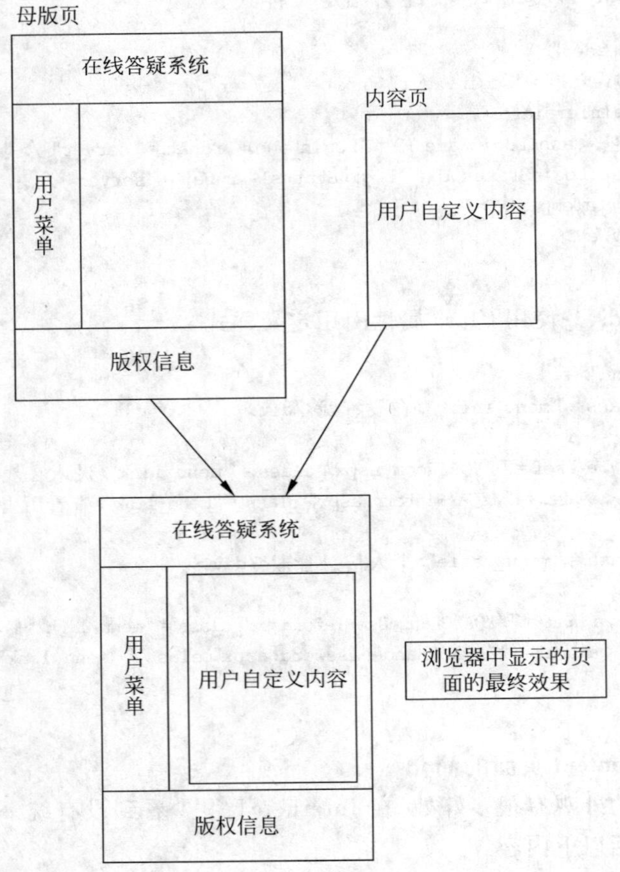

图 3.10　母版页原理

3. 创建 Master 页面

要创建 Master 页面，可以在 Visual Studio 的解决方案中右击网站根目录，选择“添加新项”，并将类型指定为母版页。本项目中母版页的名称是 Site. master，如图 3.11，图 3.12 所示。母版页由 3 部分组成。

首先是一些基本的标记(tag)和标志(例如 Master 页面的标志，DOCTYPE、xmlns、html 和 head 标记)，所有已显示出来的页面都会包含这些内容。这些内容在 Master 页面中输入一次，以减少重复工作。DOCTYPE 和 xmlns 指示服务器可以从何处查看页面中使用的标记定义。这些标记不会出现在 Content 页面中，如本项目中使用到的模板页 Site. master。

```
<%@ Master Language = "C#" AutoEventWireup = "true" CodeFile = "Site.master.cs" Inherits = "Site" %>
<!DOCTYPE html PUBLIC " - //W3C//DTD XHTML 1.0 Transitional//EN" "http://www.w3.org/TR/
xhtml1/DTD/xhtml1 - transitional.dtd">
<html xmlns = "http://www.w3.org/1999/xhtml">
```

其次，在本项目中的 Site. master 代码文件 Site. master. cs 中，存放着页面运行所需代码(例如，Page_Load 的代码，该事件在页面每次加载的时候都会运行)。

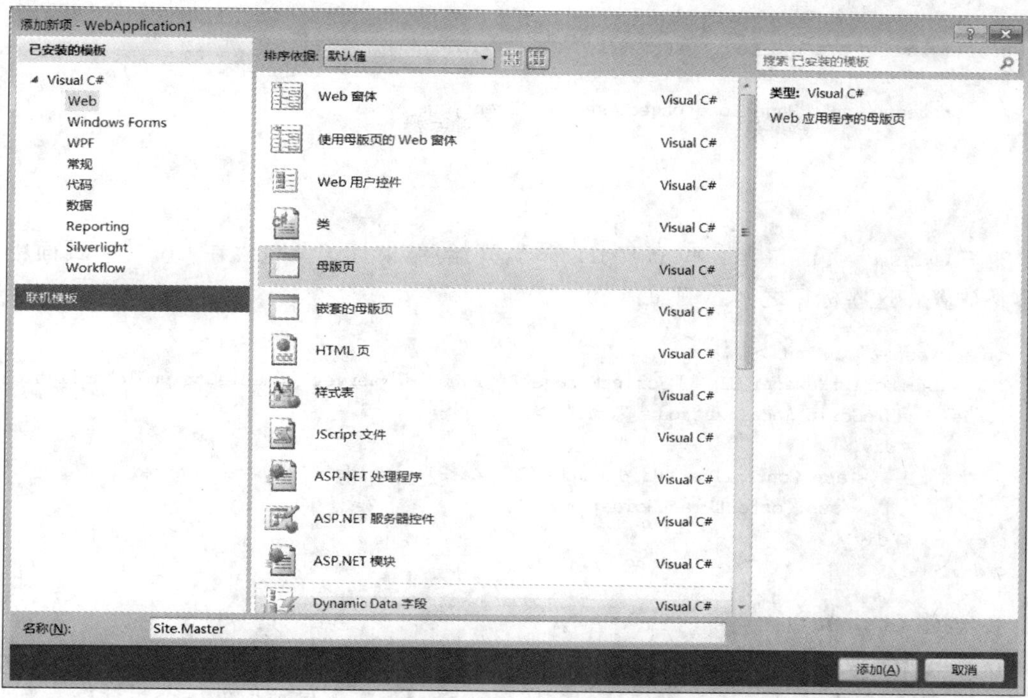

图 3.11　添加母版页

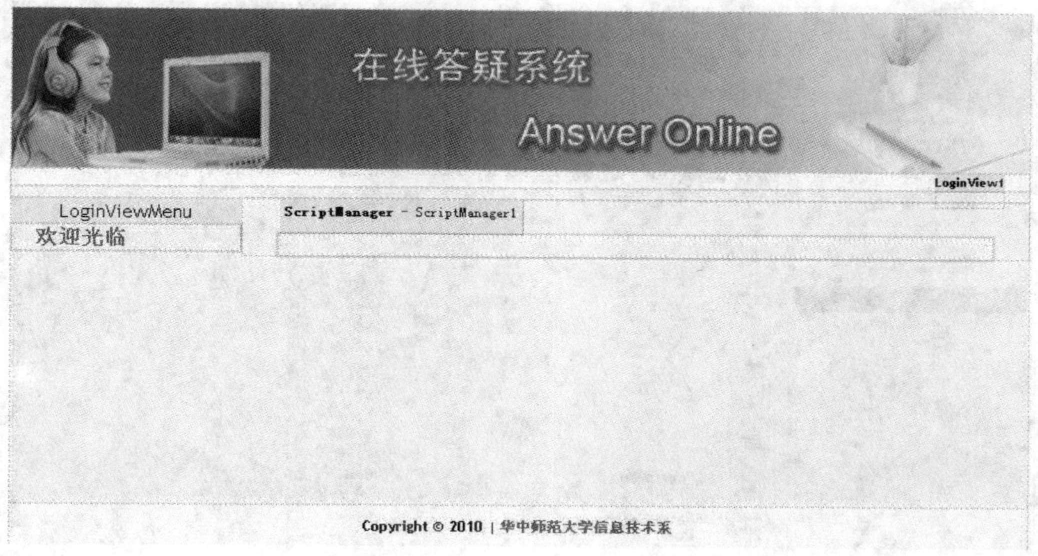

图 3.12　网站中用到的母版页

```
using System;
using System.Collections.Generic;
using System.Linq;
using System.Web;
using System.Web.UI;
```

```
using System.Web.UI.WebControls;
public partial class Site : System.Web.UI.MasterPage
{
    protected void Page_Load(object sender, EventArgs e)
        {
    }
}
```

第三，Master 页面包含一些 HTML 布局、开始/结束标记。包含在 Content 页面中的内容将放置在这些标记之间。例如：

```
<div class = "content">
    <asp:ScriptManager ID = "ScriptManager1" runat = "server" EnableScriptGlobalization =
"true" EnableScriptLocalization = "true" />
        <div>
            <asp:ContentPlaceHolder id = "ContentPlaceHolder1" runat = "server">
            </asp:ContentPlaceHolder>
        </div>
</div>
```

4. 创建 Content 页面

在解决方案资源管理器中，右击根目录并选择“添加新项”。选择“使用母版页的 Web 窗体”，如图 3.13 所示，单击“添加”按钮时，Visual Studio 将会显示另外一个对话框，询问为新的 Content 页面选择哪个 Master 页面。

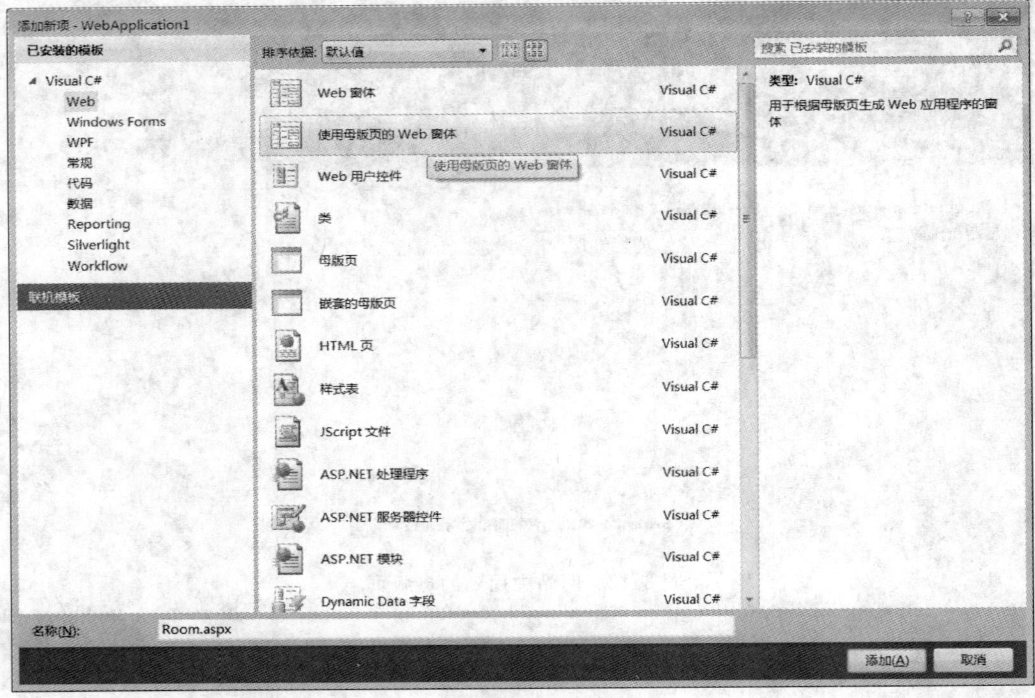

图 3.13　添加内容页

在如图 3.14 所示的对话框中，选中要使用的 Master 页面。单击“确定”按钮即可。

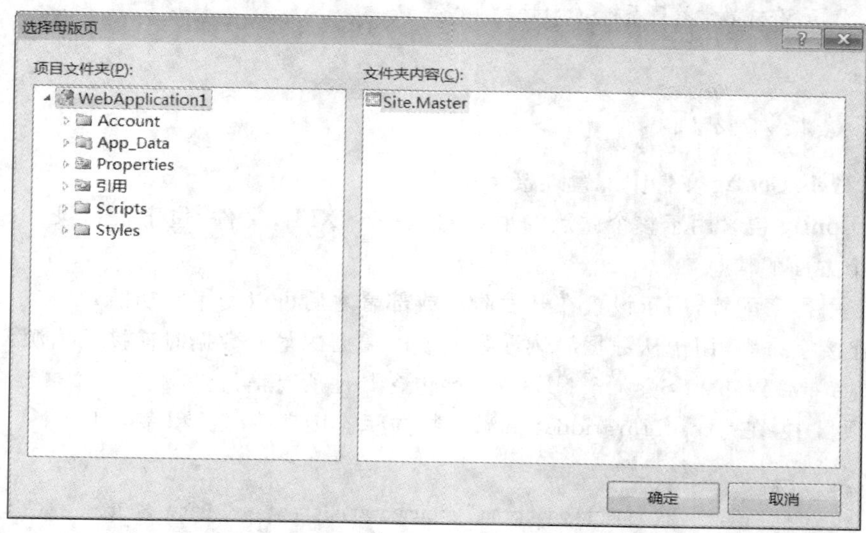

图 3.14　选择母版页

Visual Studio 在这个 Content 页面中设置了两个值。在设计视图中看不到这两个值，但切换到源视图就可以看到它们，如下面的代码所示。首先，所使用的 Master 页面将在第一条指令中说明。其次，Visual Studio 将在这个页面中放置一个<asp:content>控件，该控件的 ID 和 Master 页面中的占位符的 ID 相同。一个 Master 页面中可能会包含多个可以插入 Content 页面的位置。指示符表明哪个占位符将由这个特定的页面填充。

```
<% @ Page Title = "" Language = "C # " MasterPageFile = "~/Site. master" AutoEventWireup =
"true" CodeFile = "Room. aspx. cs" Inherits = "Room" %>
…
<asp:Content ID = "Content1" ContentPlaceHolderID = "head" Runat = "Server">
</asp:Content>
<asp:Content ID = "Content2" ContentPlaceHolderID = "ContentPlaceHolder1" Runat = "Server">
…
</asp:Content>
```

值得注意的是：Content 页面没有 HTML 的<! DOCTYPE HTML>标记和 XML 的<html xmlns=…>标记。

5. 在 Master 页面中使用级联样式表

在 Master 页面中声明级联样式表(Cascading Style Sheet，CSS)的链接是一个不错的选择。CSS 包含了页面各种样式的格式，因此页面在显示时，其上面的所有元素、文本和按钮以及链接的风格等等，都会根据 CSS 中定义的格式显示。有了 CSS，设计人员就可以少用(并维护)很多使用很频繁的单个样式格式标记。CSS 还可以加快页面的加载速度，因为 CSS 在浏览器中只加载一次，当需要重复使用时，可以直接使用保存在客户端缓存中的 CSS。在一个 Master 页面中，应该在<head>部分包含一个类似如下的链接，从而将页面和 CSS 链接在一起。

```
<head runat = "server">
```

```
    <link href = "css/style.css" rel = "stylesheet" type = "text/css" />
    <title>在线教学答疑系统</title>
</head>
```


3.4.2 数据库访问

1. 在 Web. Config 文件中配置连接字符串

Web. Config 包含用于整个站点的值。它是一个 XML 文件，位于根目录下，其节点主要包含 3 个方面的信息：

(1) 应用程序配置，用于设置在开发阶段或部署之后可以使用的功能。

(2) 连接字符串，用于从数据源读取数据或向数据源写入数据时连接数据源。

(3) System. Web 和 System. NET 设置，包含其他所有信息。

在本项目中，在<configuration>下添加数据库连接字符串。程序如下：

```
<connectionStrings>
        <add name = "ConnectionString" connectionString = "Data Source = .\SQLEXPRESS;
AttachDbFilename = |DataDirectory|\ASPNETDB.MDF; Integrated Security = True; User Instance =
True" providerName = "System.Data.SqlClient"/>
    </connectionStrings>
```

下面对连接字符串中的几个属性作简单介绍：

DataSource 属性：组织中的 SQL Server 实例的名称。如果不指定，则与本地计算机上的默认实例建立连接。用于设置在开发阶段或部署之后可以使用的功能。

Integrated Security 属性：接受 Windows 身份验证的值 SSPI。为 True 时，使用当前的 Windows 账户凭据进行身份验证，为 False 时，需要在连接中指定用户 ID 和密码用于从数据源读取数据或向数据源写入数据时连接数据源。

AttachDbFilename 属性：AttachDbFileName 属性指定连接打开的时候动态附加到服务器上的数据库文件的位置。这个属性可以接受数据库的完整路径和相对路径(例如使用|DataDirectory|语法)，在运行时这个路径会被应用程序的 App_Data 目录所代替。

User Instance 属性：该值指示是否将连接从默认的 SQL Server 实例重定向到在调用方账户之下运行并且在运行时启动的实例。当 UserInstance＝true 时，SQL Server Express 把数据库附加到新的实例，建立一个新的进程，在打开连接的用户身份下运行。

ProviderName 属性：指定值 System. Data. SqlClient，该值指定 ASP. NET 在使用此连接字符串进行连接时应使用 ADO. NET System. Data. SqlClient 提供程序。

2. 使用 ADO. NET 管理数据

ADO. NET 最早是在. NET Framework 1.0 的版本中引入的，它提供了扩展数组特性来实时处理数据(与数据库建立连接)或在与数据库断开连接的情况下处理数据。随着 ADO. NET 2.0 的引入，已扩展的特性列表变得更加强大了。新增的特性包括批量加载各种数据源中的大量数据，批处理对数据库的更新，且与数据库服务器之间的往返少，对多个操作重用一个实时连接以及对数据库进行异步访问。

ADO. NET 中提供的数据提供程序包含 Connection、Command、DataAdapter 和 DataReader 对象。在一般的 ADO. NET 编程中，首先创建 Connection 对象，给它提供需要的信息，例如

连接字符串。然后创建一个 Command 对象，给它提供要执行的 SQL 命令的细节。这个命令可以是内置的 SQL 文本命令、存储过程或对表的直接访问。如果需要，还可以为这些命令提供参数。在创建 Connection 和 Command 对象后，就必须确定命令是否返回结果集。如果命令不返回结果集，就可以通过调用几个 Execute 方法之一，执行命令。另一方面，如果命令返回结果集，就必须确定是否保留结果集，以备将来在不维持与数据库的连接的情况下使用。如果要保留结果集，就必须创建一个 DataAdapter 对象，用它填充 DataSet 或 DataTable 对象。这些对象可以在断开连接的模式下维护其中的信息。但是，如果不想保留结果集，只是要以快速方式执行命令，就可以使用 Command 对象创建 DataReader 对象。DataReader 对象需要与数据库实时连接，它只是一个向前的只读光标。下面将依次介绍上述对象。

1）使用 Connection 对象

Connection 对象创建了与数据源的连接。这个对象需要一些信息来查找数据源，并正确地登录到数据源上。这些信息通过连接字符串来提供。在本项目中，以 MessageManager.cs 为例，创建连接对象的代码如下：

```
private static string connStr = ConfigurationManager.ConnectionStrings["ConnectionString"].
ConnectionString;
  SqlConnection conn = new SqlConnection(connStr);

  …
```

2）使用 Command 对象

Command 对象使用 Connection 对象执行 SQL 查询。这些查询可以是内置文本、存储过程或对表的直接访问。如果 SQL 查询使用 Select 子句，它返回的结果集通常存储在 DataSet 或 DataReader 中。Command 对象提供了一些 Execute 方法，用于以各种方式执行 SQL 查询。如 MessageManager.cs 中代码所示：

```
SqlConnection conn = new SqlConnection(connStr);
conn.Open();
string sqlCmd = @"Insert Messages (Sender, Receiver,  MsgContent, CreateDT)
                  Values (@Sender, @Receiver, @MsgContent, @CreateDT);
                  select cast(scope_identity() as int);";
SqlCommand cmd = new SqlCommand(sqlCmd, conn);
```

3）使用 DataReader 对象

DataReader 对象是一个只向前的只读光标，它需要与数据源的实时连接，提供了循环和使用全部或部分结果集的高效方式。这个对象不能直接实例化，而必须调用 Command 对象的 ExecuteReader 方法，以获得有效的 DataReader 对象。在使用数据读取器完成任务后，可以调用 Connection 对象的 Close 方法关闭连接。否则，连接会一直打开，直到被明确关闭为止。

Connection、Command 和 DataReader 的具体使用方法以 MessageManager.cs 中的 GetMessages()代码为例：

```
public static List<Message> GetMessages(string receiver, DateTime last, DateTime now)
{
    List<Message> messages = new List<Message>();
```

```
    SqlConnection conn = new SqlConnection(connStr);
    conn.Open();
    string sqlCmd = @"select * from Messages
                    where Receiver = @Receiver
                    and CreateDT between @Last and @Now ";
    SqlCommand cmd = new SqlCommand(sqlCmd, conn);
    cmd.Parameters.Add("@Receiver", SqlDbType.VarChar).Value = receiver;
    cmd.Parameters.Add("@Last", SqlDbType.DateTime).Value = last;
    cmd.Parameters.Add("@Now", SqlDbType.DateTime).Value = now;
    SqlDataReader r = cmd.ExecuteReader();
    while (r.Read())
    {
        Message m = new Message();
        m.ID = (int)r["MsgID"];
        m.Sender = r["Sender"].ToString();
        m.Receiver = r["Receiver"].ToString();
        m.Content = r["MsgContent"].ToString();
        m.CreateDT = (DateTime)r["CreateDT"];
        messages.Add(m);
    }
    conn.Close();
    return messages;
}
```

3.4.3 主要功能模块的实现

1. 用户注册模块与个性化

浏览者可以通过用户注册功能成为在线答疑系统的用户，用户注册并登录后，就可以进入答疑系统进行交流了。当用户在登录页(Login.aspx)单击"注册"链接时，将进入用户注册的页面。用户注册页面(Register.aspx)如图 3.15 所示。

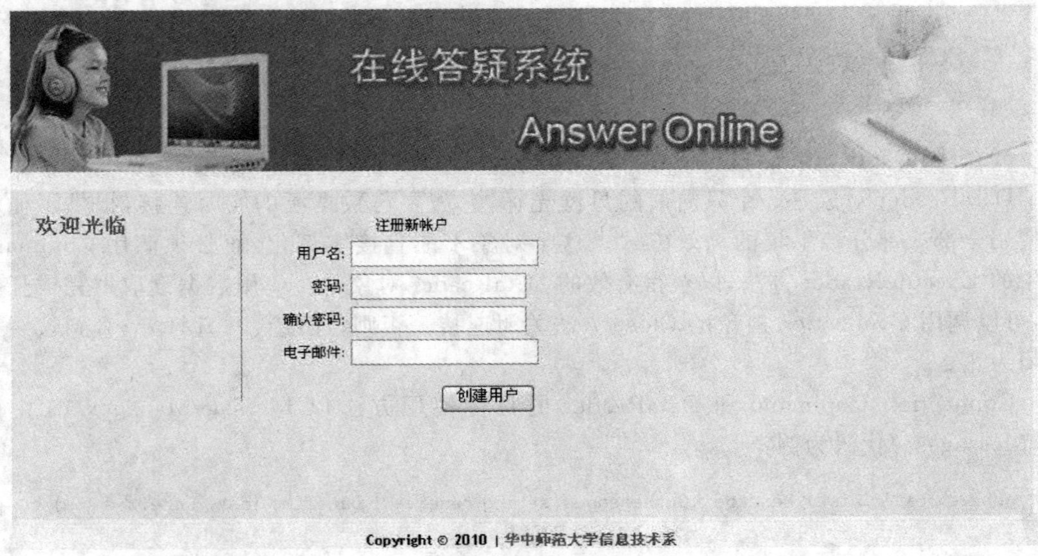

图 3.15 用户注册页

当用户填写完上述注册信息后，单击“创建用户”后，页面会呈现另外的3个注册信息项，用户可以选填，单击“完成”、“继续”，浏览者跳转到系统的答疑页面，如图3.16～图3.18所示。

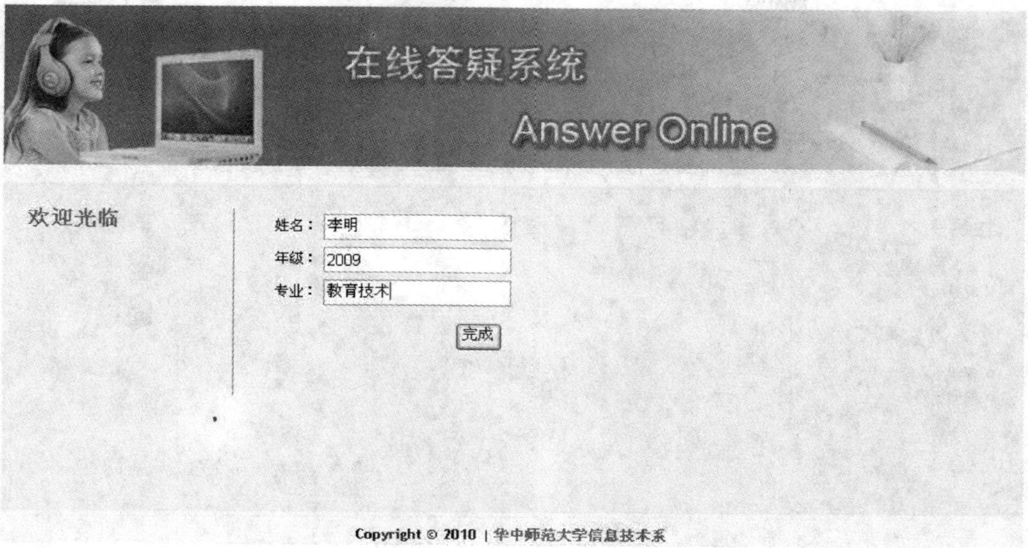

在线答疑系统
Answer Online
欢迎光临
姓名：李明
年级：2009
专业：教育技术
完成
Copyright © 2010 | 华中师范大学信息技术系

图3.16　供用户选填的注册信息

在线答疑系统
Answer Online
欢迎，www | 注销
在线答疑
进入在线答疑
查看历史答疑记录
个人信息管理
修改个人信息
修改密码
完成
已成功创建您的账户。
继续
Copyright © 2010 | 华中师范大学信息技术系

图3.17　完成注册

通常实现用户注册页的方法是在数据库中建立用户信息表，注册时将用户名、密码和其他信息写入数据表中，登录时再读取相应信息比较密码是否正确以确认用户等等。在本节中，采用另一种方式，即利用ASP.NET的CreateUserWizard控件以及个性化(Profile)功能实现用户注册，其最大的优点在于不用显式的创建和访问数据库表，开发者甚至不需要知道这些表的存在(完成实际工作的是在上文中提到的以 ASP.NET 开头的那几张表),在对用户管理功能要求不高的系统中,这种开发模式更为简便高效。下面将对这种方式进行简要介绍。

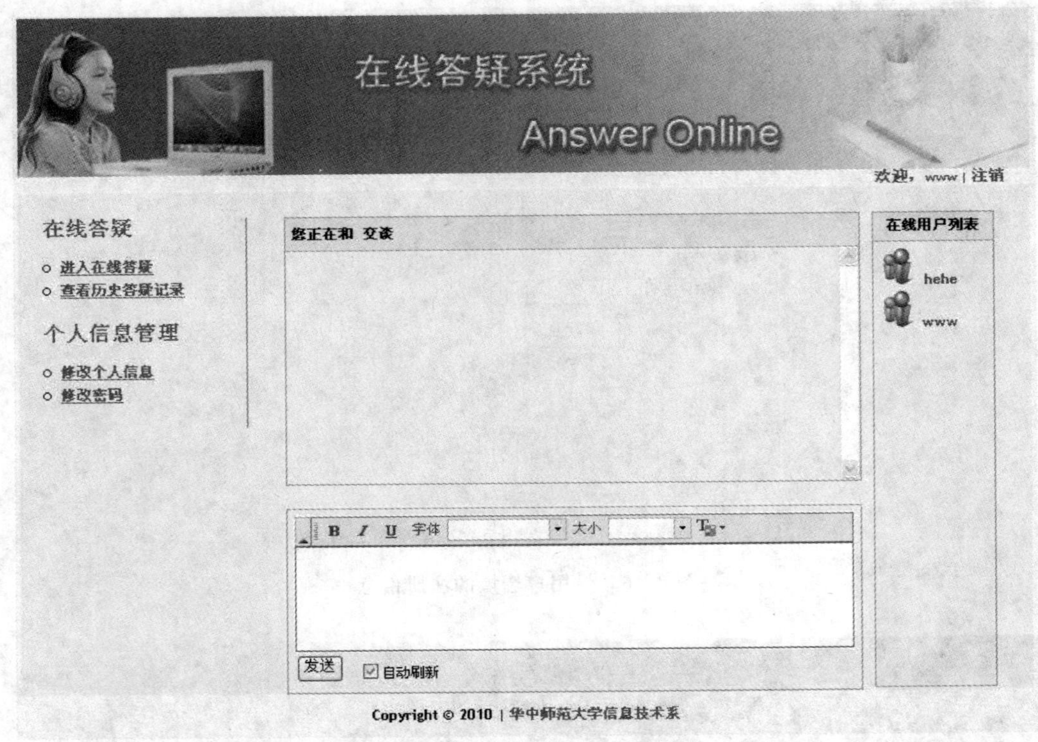

图 3.18 用户注册成功后页面最终的跳转页

1) CreateUserWizard 的使用和设置

CreateUserWizard 控件会输出一个用户注册表单。如果用户成功提交了该表单,那么一个新用户将添加到网站中。在后台中,CreateUserWizard 控件使用 ASP.NET Membership 来创建新用户。

CreateUserWizard 控件支持大量的属性,通过这些属性可以修改该控件的外观和行为。默认情况下,CreateUserWizard 控件将会显示 Username、Password、Confirm Password、Email、Security Question、Security Answer。以上是默认提供的表单项,最后 3 项是可选的。如果不需要其中的一些表单项,就需要修改默认的 Membership 接口提供程序。在本项目中的 Web.Config 文件把安全问题提示及答案表单项设置为可选。代码如下:

```
<membership>
  <providers>
    <add name="AspNETSqlMembershipProvider"
      type="System.Web.Security.SqlMembershipProvider, System.Web, Version=2.0.0.0,
Culture=neutral, PublicKeyToken=b03f5f7f11d50a3a"
      connectionStringName="LocalSqlServer"
      enablePasswordRetrieval="false"
      enablePasswordReset="true"
```

```
            requiresQuestionAndAnswer = "false"
            applicationName = "/"
            requiresUniqueEmail = "false"
            passwordFormat = "Hashed"
            minRequiredPasswordLength = "3"
            minRequiredNonalphanumericCharacters = "0"
            passwordAttemptWindow = "10"
            passwordStrengthRegularExpression = ""/>
    </providers>
</membership>
```

2）在 CreateUserWizard 控件中添加注册步骤

CreateUserWizard 控件继承自 Wizard 控件。也就是说，在使用 CreateUserWizard 控件时，可以使用 Wizard 控件支持的所有属性。尤其是还可以通过添加额外的向导步骤来扩充该 CreateUserWizard 控件。在本项目中，CreateUserWizard 控件增加了一个"个人信息"的向导步骤，代码如下：

```
<asp:WizardStep ID = "WizardStep1" runat = "server" Title = "个人信息" >
    <table style = "width: 100 % ;">
        <tr>
            <td class = "fieldname">
            姓名:
            </td>
            <td>
            <asp:TextBox ID = "TextBoxName" runat = "server" ></asp:TextBox>
            </td>
        </tr>
        <tr>
            <td class = "fieldname">
            年级:
            </td>
            <td>
            <asp:TextBox ID = "TextBoxYear" runat = "server" ></asp:TextBox>
            </td>
        </tr>
        <tr>
            <td class = "fieldname">
            专业:
            </td>
            <td>
            <asp:TextBox ID = "TextBoxMajor" runat = "server" ></asp:TextBox>
            </td>
        </tr>
    </table>
</asp:WizardStep>
```

增加注册向导后的运行效果如图 3.17 所示。

3）个性化

ASP. NET 提供了一种称为"个性化"的功能。ASP. NET 个性化引擎可以把浏览页面的终端用户和为该用户存储的所有数据项自动关联起来。以每个用户为基础保存的个性化属性存储在服务器上。这些数据项可以方便地放在自己选择的数据存储器上(例如Microsoft 的 SQL Server),因此终端用户可以在以后访问站点时访问这些个性化属性。

这个新特征非常适合创建高度定制的、专用于特定用户的站点,且无须事先建立任何设置。

4) 建立个性化属性

首先,确定要存储用户的哪些数据项。对于本项目,创建几个可以在应用程序中使用的用户数据项,这些数据项是:姓名、年级和专业。

ASP. NET 总是把配置存储在 XML 文件中,ASP. NET 个性化引擎也不列外。所有涉及终端用户的这些定制数据项都在应用程序的 Web. Config 文件中定义和存储,代码如下:

```
<profile>
        <properties>
            <add name="Name"/>
            <add name="Year" />
            <add name="Major"/>
        </properties>
</profile>
```

在 Web. Config 文件以及该文件的<system. web>块中,创建了一个<profile>块,以使用 ASP. NET 个性化引擎。利用 Web. Config 文件中的这个<profile>块,再创建<properties>块。在这个块中,可以定义要个性引擎存储的所有属性。从上述代码示例中可以看出,使用<add>元素定义简单的属性是非常方便的。这个元素带有一个 name 属性,它包含了要存储的属性名。

5) 使用个性化属性

在 Web. Config 文件中定义了个性化属性后,就可以在代码中使用这些项。例如,在 CreateUserWizard 的向导步骤中要求终端用户输入用户的姓名、年级和专业,在 CreateUserWizard 的 CreateUserWizard1_FinishButtonClick 事件中,把数据存储到个性化引擎中。代码如下:

```
protected void CreateUserWizard1_FinishButtonClick(object sender, WizardNavigationEventArgs e)
    {
        ProfileCommon pc = new ProfileCommon();
        pc.Initialize(CreateUserWizard1.UserName.ToString(), true);
        pc.Name = TextBoxName.Text;
        pc.Year = TextBoxYear.Text;
        pc.Major = TextBoxMajor.Text;
        pc.Save();
    }
```

这类似于过去使用 Session 对象的方式,但注意这里存储和获取的个性化属性都不是基于键的。因此,在使用它们时不需要基于键名。

这些项默认存储为 String 类型的,要存储这些项,只需使用 ProfileCommon 对象的一个实例直接填充个性化属性,如上述代码中的:pc. Name = TextBoxName. Text;同样,要提取出信息,只需使用 ProfileCommon 的相应属性,如:Label1. Text = pc. Name。

至此,就完成了注册模块的开发。读者如有兴趣,可以尝试注册一个新用户,然后观察那些 ASP. NET 数据表中的数据有什么变化。

2. 用户登录模块的实现

在应用程序的开发过程中，通常需要对不同的身份和权限的用户进行不同登录样式的呈现。具体说来，在开发一个应用程序时，开发人员希望应用程序能够实现当用户未登录时，看到的视图是没有登录的视图，包括网站的风格、系统的提示信息等；而当用户登录后，用户看到的是登录后的视图，同样包括网站的风格、系统的提示信息(如登录状态)等。同样，这部分功能也使用 ASP. NET 用户安全性引擎及控件实现。由于该功能是整个网站都需要用到的，可将其放在母版页 Site. master 中。

1）LoginView 控件的使用

拖动一个 LoginView 控件在页面中，开发人员能够通过编辑不同的模板进行不同权限的页面的编写，拖动 LoginView 控件后系统生成的 HTML 代码如下所示：

```
<asp:LoginView ID = "LoginView1" runat = "server"></asp:LoginView>
```

上述代码为默认的 LoginView 控件的代码，开发人员需要通过编写相应的模板以便不同的用户查看不同的页面，在 LoginView 控件中，包括两个最常用的模板，这两个模板及其作用分别如下所示：

AnonymousTemplate：匿名模板，当用户没有登录时，该模板会呈现在匿名用户面前。

LoggedTemplate：已登录模板，当用户登录成功后，该模板会呈现在已经登录的用户面前。

开发人员可以通过编写相应的模板进行页面的呈现，当用户没有登录时，用户可以看见 AnonymousTemplate 模板的内容而无法看见 LoggedTemplate 模板的内容；而如果用户已经登录，则登录过后的用户能够看见 LoggedTemplate 模板的内容而无法看见 AnonymousTemplate 模板的内容。例如，在 Site. master 中，分别对两个模板进行了定义，代码如下：

```
<AnonymousTemplate>
        <div class = "menu">
            <div class = "menu_title">
                欢迎光临
            </div>
        </div>
</AnonymousTemplate>
<LoggedInTemplate>
        <div class = "menu">
          <div class = "menu_title">在线答疑</div>
          <ul>
          <li><a href = "/XQA/Room.aspx" class = "menu_link">进入在线答疑</a></li>
          <li><a href = "/XQA/History.aspx" class = "menu_link">查看历史答疑记录</a></li>
          </ul>
          <div class = "menu_title">个人信息管理</div>
          <ul>
          <li><a href = "/XQA/ChangeUserInfo.aspx" class = "menu_link">修改个人信息</a></li>
          <li><a href = "/XQA/ChangePassword.aspx" class = "menu_link">修改密码</a></li>
          </ul>
```

```
        </div>
    </LoggedInTemplate>
```


上述代码为不同权限的用户配置了不同的模板，当不同权限的用户访问页面时，看到的页面内容是有差别的。在 LoginView 控件中，还能够为不同权限和身份的用户配置不同的模板，开发人员能够为不同的用户分配不同的角色。当用户被分配了不同的角色后，用户能够通过相应的角色访问相应的模板，例如在母版页(Site. master)中，普通用户可以访问普通模板，管理员可以访问管理员模板，实现的代码如下：

```
<RoleGroups>
        <asp:RoleGroup Roles = "admin">
          <ContentTemplate>
            <div class = "menu">
               <div class = "menu_title">在线答疑</div>
              <ul>
                 <li><a href = "/XQA/Room.aspx" class = "menu_link">进入在线答疑</a></li>
                 <li><a href = "/XQA/History.aspx" class = "menu_link">查看历史答疑记录
</a></li>
              </ul>
               <div class = "menu_title">个人信息管理</div>
             <ul>
             <li><a href = "/XQA/ChangeUserInfo.aspx" class = "menu_link">修改个人信息
</a></li>
             <li><a href = "/XQA/ChangePassword.aspx" class = "menu_link">修改密码</a>
</li>
            </ul>
           <div class = "menu_title">用户管理</div>
            <ul>
               <li><a href = "/XQA/Admin/UserIndex.aspx" class = "menu_link">用户列表
</a></li>
            </ul>
            </div>
            </ContentTemplate>
        </asp:RoleGroup>
</RoleGroups>
```

这里，RoleGroup 集合包含 admin 类别的用户，当用户类型为 admin 时，可以通过相应的权限绑定进行不同模板的访问。当有不同身份的用户访问控件时，控件能够通过用户的身份进行不同模板的呈现，这样就方便了开发人员对不同身份和权限的用户进行网站应用程序和模板的访问限制。

注意：当一个用户拥有的身份或权限不在列表的权限中时，该用户会默认访问 LoggedTemplate 模板，并且无论是 LoggedTemplate 模板还是 RoleGroup 模板，都不会对匿名用户呈现。

系统中两种类型用户(普通用户和管理员)登录系统不同的视图如图 3.19 所示。

2) LoginStatus 控件的使用

LoginStatus 控件用于向用户显示反馈信息，提醒用户他们是否已经登录站点。

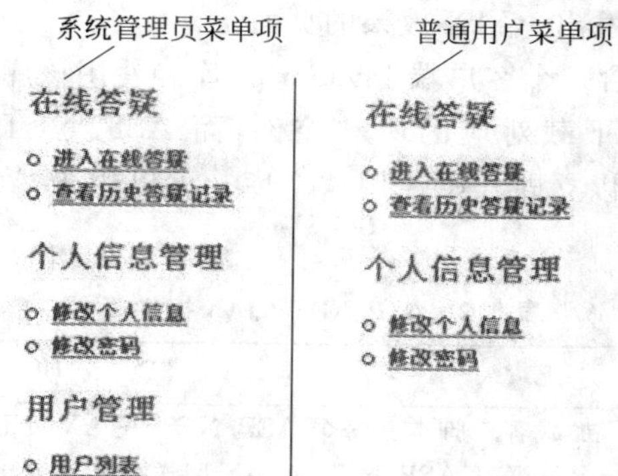

图 3.19　两种不同权限的用户登录系统后呈现不同用户菜单

3）LoginName 控件的使用

LoginName 控件将显示当前登录用户的注册用户名。如果当前用户未通过认证，那么 LoginName 控件不会输出任何内容。

在本项目的模板页中，使用上述两个控件实现了用户登录信息的提示以及注销的功能，代码如下：

```
欢迎,<asp:LoginName ID = "LoginName1" runat = "server" /> |
<asp:LoginStatus ID = "LoginStatus1" runat = "server" />
```

运行效果如图 3.20 所示。

欢迎，wy | 注销

图 3.20　LoginStatus 和 LoginName 的使用

3. 答疑模块的实现

答疑模块是在线答疑系统的核心模块，在这一模块中，参与答疑的用户能够就某一问题进行探讨，从而实现用户的及时交流。在处理页面的信息及时更新(如及时更新答疑信息，动态更新用户列表)问题时，主要使用了两种不同的方法：动态刷新用户列表时，系统主要使用 ASP.NET AJAX 技术实现刷新；在处理在线答疑信息及时更新的问题时，采用的是客户端脚本(JavaScript)调用 Web Service 的方法实现数据局部更新，下面将分别介绍。另外，答疑模块的信息输入栏是用目前应用非常广泛的 FCKEditor 控件实现的，读者可以登录它的网站 http://ckeditor.com 下载并使用该控件。

1）使用 ASP.NET AJAX 进行局部页面刷新

AJAX(Asynchronous JavaScript and XML)是一种 Web 异步数据传输技术，其主要特点是为 Web 开发提供异步的数据传输和交换方式，可以在不刷新页面的情况下与服务器进行数据交换。

虽然 AJAX 带给用户与传统网页不同的体验，但究其实质，仍然是 JavaScript 异步调用功能和 XML 访问技术的应用，并无太多玄机，不过对于习惯传统动态网站开发的开发者，仍然存在一定的适应问题。考虑到这种情况，ASP.NET 提供了一种比较便捷的 AJAX 实现方式——ASP.NET AJAX，试图把两种技术的开发区别缩减到最小，帮助不熟悉 AJAX

的开发人员比较快速地开发出 AJAX 效果的页面。

ASP. NET AJAX 包含一个客户端 JavaScript 库和使用该库的服务器端 ASP. NET 控件。ASP. NET 2.0 需要下载对应的库和控件，而 ASP. NET 3.5 之后的版本包含了 ASP. NET AJAX，所以可以立即开始使用这个库。可以用于 ASP. NET 应用程序的服务器控件如表 3.2 所示。

表 3.2　ASP. NET AJAX 控件简介

ASP. NET AJAX 控件	说　明
ScriptManager	加载客户脚本。每个 ASP. NET AJAX 页面都需要这个控件的一个实例
UpdatePanel	允许通过 ASP. NET AJAX 回送功能部分更新显示页面
Timer	在制定的时间过后调用一个函数
UpdateProgress	在发出请求时显示进度信息

在本项目中，主要使用到了 ScriptManager、UpdatePanel 及 Timer 3 个控件，下面将以 Room. aspx 为例分别介绍 3 个服务器控件的使用。

(1) ScriptManager。

ScriptManager 控件是 ASP. NET 中 AJAX 功能的中心。该控件可管理一个页面上所有 ASP. NET 资源，其中包括将 Microsoft AJAX Library 脚本下载到浏览器和协调通过使用 UpdatePanel 控件启用的部分页面更新。ScriptManager 控件会处理异步回发，并且只刷新必须要更新的页面区域。

任何一个想要使用 ASP. NET AJAX 的 ASP. NET 页面都需要包含一个(且只有一个) ScriptManager 的声明。要在页面中添加一个 ScriptManager 控件，可以直接在工具箱中将 ScriptManager 控件拖入到页面的设计器中。可以看到拖动之后生成如下代码：

```
<asp:ScriptManager ID = "ScriptManager1" runat = "server"></asp:ScriptManager>
```

注意：一个页面在其层次结构中只能包含一个 ScriptManager 控件，若要在父页面已具有 ScriptManager 控件时为嵌套页面、用户控件或组件注册服务和脚本，须使用 ScriptManagerProxy 控件。由于 Room. aspx 页面使用了 Site. master 为母版页，所以此处应使用 ScriptManagerProxy 控件。代码如下：

```
<asp:ScriptManagerProxy  ID = "ScriptManagerProxy1" runat = "server">
</asp:ScriptManagerProxy>
```

(2) UpdatePanel。

UpdatePanel 控件可以帮助用户开发具有复杂的客户端行为的网页，使网页与最终用户之间具有更强的交互性。

在一般的 AJAX 开发中，用户需要深入了解 JavaScript 才能用它编写出实现异步刷新的代码。不过，通过使用 UpdatePanel 控件，开发者无须编写任何客户端脚本，就能实现页面的局部刷新功能。简单地说，就是可以把 UpdatePanel 当作是普通的 ASP. NET 页面来开发，在实际运行时页面是由 ASP. NET 更新 UpdatePanel 中的内容而不是更新整个页面，开发者也无须关心页面是如何异步更新 UpdatePanel 的。这样，开发 AJAX 的程序就和开发普通 ASP. NET 程序几乎完全一样了，不用在客户端书写额外的 JavaScript 代码。

Room.aspx 中需要及时更新数据的部分，如在线用户列表中使用了 UpdatePanel 控件，代码如下：

```
<asp:UpdatePanel ID = "UpdatePanelUserList" runat = "server" >
    < ContentTemplate >
        < div id = "friendsListTitle">
            < asp:Label ID = "Label1" runat = "server" Text = "在线用户列表"></asp:Label >
        </div >
        < div id = "friendsListContent">
            < asp:DataList ID = "DataListTalkers" runat = "server" CellPadding = "0"
             onitemcommand = "DataListTalkers_ItemCommand" >
            < ItemTemplate >
            < asp:Image ID = "FriendAvatar" runat = "server" ImageUrl = "~/Images/friend.gif" />
    < asp:LinkButton hidefocus  ID = "LabelTalkerName" runat = "server" Text = '<% # Eval
("Name") %>' CommandName = "Select" ></asp:LinkButton >
            </ItemTemplate >
            </asp:DataList >
        </div >
    </ContentTemplate >
        < Triggers >
            < asp:AsyncPostBackTrigger ControlID = "Timer1" EventName = "Tick" />
        </Triggers >
</asp:UpdatePanel >
```

上述代码中使用到了 UpdatePanel 中两个常用的属性，ContentTemplate 和 Triggers，其中 ContentTemplate 表示内容模板，用户可以在模板中放置控件、HTML 代码等内容；Triggers 表示 UpdatePanelTrigger 对象的集合。

(3) Timer。

Timer 控件是一个服务器控件，它会将一个 JavaScript 组件嵌入到网页中。当经过 Interval 属性中定义的时间间隔时，该 JavaScript 组件将从浏览器启动回发。用户可以在运行于服务器上的代码中设置 Timer 控件的属性，这些属性将传递到该 JavaScript 组件。

使用 Timer 控件时，页面中必须包含 ScriptManager 类的实例。若回发是由 Timer 控件启动的，则 Timer 控件将在服务器上引发 Tick 事件。当页发送到服务器时，可以创建 Tick 事件的事件处理程序来执行一些操作。

页面 Room.aspx 中定义了一个 Timer 控件，代码如下：

```
<asp:Timer ID = "Timer1" runat = "server" OnTick = "Timer1_Tick" Interval = "3000"></asp:
Timer >
```

该 Timer 控件定义了一个 OnClick 事件，事件处理代码如下：

```
protected void Timer1_Tick(object sender, EventArgs e)
{
  RefreshUserList();
}
```

该事件处理函数实现了在线用户列表刷新的功能。

2) 客户端脚本 AJAX 方法及调用 Web 服务实现局部数据更新

前面提到 ASP.NET AJAX 封装了异步更新的实现，开发者只需要把 UpdatePanel 当成普通 ASP. NET 页面进行设计即可,不需了解背后的运行机制。然而这种便捷也存在一些问题,比如因为传输量或效率的原因,有时候并不希望更新整个 UpdatePanel,此时就不宜使用 ASP. NET AJAX 框架,而应该通过 JavaScript 方式自己实现相应功能。

注意:在这一模块的实现中,使用了两种不同的方法实现局部数据更新,既有 UpdatePanel 方式,也有客户端脚本方式。这两种实现的方法还是存在着一定区别的,具体来说,在使用 UpdatePanel 时,默认情况下,当触发一个局部页面解析时,页面上 UpdatePanel 内容都将刷新,而不论这些 UpdatePanel 控件是否定义了此动作的触发器。例如,如果某个 UpdatePanel 定义了一个 Button 控件,那么单击此 Button 控件时,该页面上的所有 UpdatePanel 控件里的数据都将被默认刷新,数据传输量较大;而使用客户端脚本调用 Web Service 实现数据更新可以根据实际的需要,向服务器请求所需的数据,最大程度地减少了客户端与服务器端数据的传输量。模块中在线用户列表刷新采取 AJAX 控件方式较为合理;而答疑信息的更新,采用第二种方法可以实现客户端定时在服务器端获取最新的数据添加到输出消息面板,而不是每次都取出此次答疑的全部信息,并重新更新整个输出面板,避免了冗余信息的传输。

Web 服务是一个或者多个服务器方法的集合,它可以由远程客户调用。客户在 HTTP 上发送一个请求消息调用 Web 服务,这和执行一个 Web 页面回发的过程相似。然后 ASP. NET 创建一个 Web 服务对象,运行对应的 Web 方法里的代码,返回结果并释放 Web 服务对象。

虽然 ASP. NET AJAX 页面以一种特殊的方式使用 Web 服务,但定义 Web 服务的方法都是一样的。和其他所有 ASP. NET Web 服务一样,ASP. NET AJAX 使用的 Web 服务由两部分组成:一个. asmx 文件,它作为 Web 服务的端点,还有一个包含 C# 代码的. cs 文件。Visual Studio 中创建 Web 服务的方法是在解决方案资源管理器窗口中单击右键,选择"添加新项",选择"Web 服务"模板,如图 3. 21 所示。

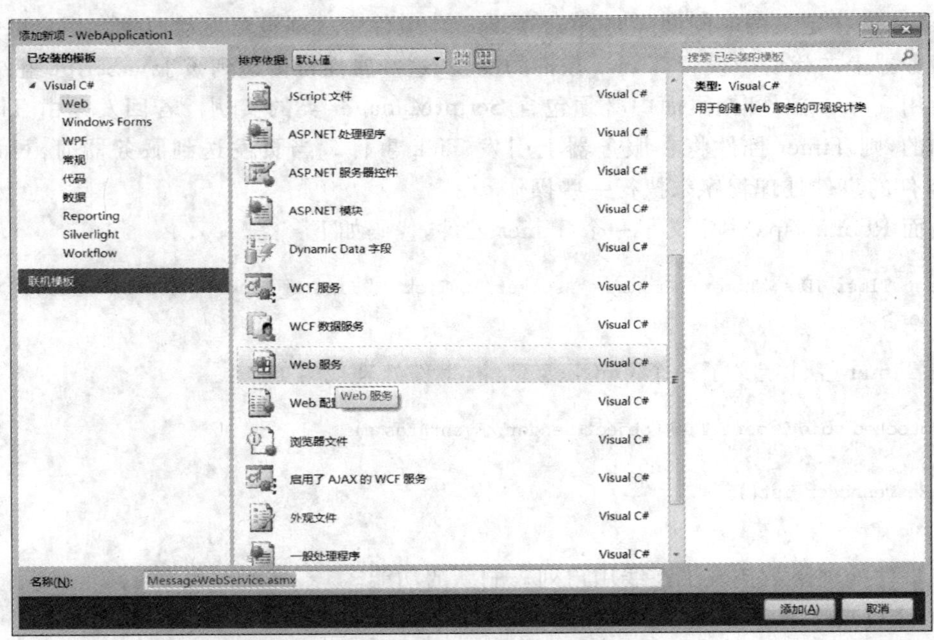

图 3. 21　在网站中添加 Web 服务

添加成功后，.asmx 文件将会放到 Web 应用程序的根目录下，而对应的.cs 文件在 App_Code 文件夹中，这样它能够被自动编译。

.asmx 文件没有什么特别之处，打开本项目中的 MessageWebService.asmx 文件，可以看到它只包含一行 WebService 指令，它标识代码的语言、代码隐藏文件的位置以及类的名字。

```
<%@ WebService Language = "C#" CodeBehind = "~/App_Code/MessageWebService.cs" Class =
"MessageWebService" %>
```

本项目创建了一个名为 MessageWebService.asmx 的 Web 服务，它的代码文件名为 MessageWebService.cs。代码隐藏类定义了一个叫 MessageWebService 的类，代码如下：

```
[WebService(Namespace = "http://tempuri.org/")]
[WebServiceBinding(ConformsTo = WsiProfiles.BasicProfile1_1)]
//若要允许使用 ASP.NET AJAX 从脚本中调用此 Web 服务，请取消对下行的注释。
[System.Web.Script.Services.ScriptService]
public class MessageWebService : System.Web.Services.WebService {…}
```

这个类供 System.Web.Services.WebService 派生，它是 Web 服务的传统基类。通过从 WebService 继承，不必经过静态的 HttpContext.Current 属性就可以访问特定的内建对象(如 Application、Server、Session 和 User)。

完成这些细节后，就已经为 Web 服务编写代码做好了准备。每个 Web 服务都有一个或多个 WebMethod 特性标注的方法。WebMethod 特性使方法能够被远程调用。如果添加的方法没有标记 WebMethod 特性，服务器端的代码还是可以使用它，但是客户端的 JavaScript 就不能直接调用它了。如下代码所示：

```
…
[WebMethod(EnableSession = true)]
  public void SendMessage(string receiver, string content)
  {
  string sender = User.Identity.Name;
  Message msg = new Message(sender, receiver, content);
  MessageManager.Add(msg);
  }
…
```

创建了项目所需要的 Web 服务之后，下一步的任务就是配置页面使之知道 MessageWebService。这时，需要给页面添加一个 ScriptManager 对象，然后，给 ScriptManager 对象在标签中添加一个<Services>节。这个节使用 ServiceReference 元素列出了页面使用的所有服务以及它们的位置。下面的代码演示了如何添加对 MessageWebService.asmx 文件的引用。

```
<asp:ScriptManagerProxy  ID = "ScriptManagerProxy1" runat = "server">
      <Scripts>
          <asp:ScriptReference Path = "~/js/room.js" />
      </Scripts>
      <Services>
          <asp:ServiceReference path = "~/MessageWebService.asmx" />
```

```
    </Services>
</asp:ScriptManagerProxy>
```


本项目中，用户登录系统后，在文本编辑器中输入内容，单击“发送”按钮，用户的答疑信息就会显示在答疑区内。在单击“发送”按钮时，触发一个 OnClick 事件，该事件执行 Room.js 文件中的 sendMsg 函数，该函数的代码如下：

```
function sendMsg() {
    var receiver = document.getElementById("ctl00_ContentPlaceHolder1_
LabelReceiverName").innerText;
    var editor = FCKeditorAPI.GetInstance("ctl00_ContentPlaceHolder1_FCKeditor1");
      MessageWebService.SendMessage(receiver, editor.GetXHTML(true));
      var today = new Date();
      addMsg(today.getYear() + "-" + (today.getMonth() + 1) + "-" + today.getDate() + " "
       + today.getHours() + ":" + today.getMinutes() + ":" + today.getSeconds()
       + ", 我对" + receiver + "说: " + editor.GetXHTML(true));
      scrollMsgPanel();
}
```

该函数首先得到消息接收者和编辑器中的消息内容，然后调用 MessageWebService 中定义的方法 SendMessage，该方法实现将用户输入到文本编辑器中的内容写入数据库中，具体实现代码如下：

```
[WebMethod(EnableSession = true)]
public void SendMessage(string receiver, string content)
{
    string sender = User.Identity.Name;
    Message msg = new Message(sender, receiver, content);
    MessageManager.Add(msg);
}
```

上述两步完成之后，为了使用户发送的答疑信息能够清晰明了地呈现给其他用户，在 sendMsg 函数中对消息的内容进行了组合，即在一条消息中加入了时间，发送消息的用户等内容，再调用 addMsg 函数，将用户发送的新消息加入到答疑区中。其中，addMsg 函数在 Room.js 文件中定义，具体代码如下：

```
function addMsg(msg) {
        var parent = document.getElementById("ctl00_ContentPlaceHolder1_msgPanel");
    var node = document.createElement("div");
        node.className = "message";
    node.innerHTML = msg;
    parent.appendChild(node);
}
```

该函数首先获取 ID 属性值为 msgPanel 的元素，创建元素 div 后，将其追加为 msgPanel 的子元素，实现用户答疑信息的添加功能。

在线答疑系统中，某一用户除了能够将自己发布的答疑信息添加到答疑区之外，还应该能够在答疑窗口中实时地得到其他用户发送给自己的消息，只有实现上述功能，不同用户之间才能实现在线交流。本项目中上述功能的实现具体分为以下几个步骤：

第一，在 MessageWebService 中定义方法 GetMessages，代码如下：

```
[WebMethod(EnableSession = true)]
public List < Message > GetMessages()
{
    string receiver = User.Identity.Name;
Dictionary < string, DateTime > activeInfo = (Dictionary < string, DateTime >) Application
["ActiveInfo"];
    DateTime last = activeInfo[receiver];
    DateTime now = DateTime.Now;
    List < Message > messages = MessageManager.GetMessages(receiver, last, now);
    activeInfo[receiver] = now;
    return messages;
}
```

该方法首先得到消息的接收者的用户名，并将键值为 ActiveInfo 的 Application 对象中的数据强制转换之后赋值给一个 Dictionary 类型的变量 activeInfo（Dictionary 类型实际上就是.NET 实现的哈希表类，它提供了从一组键到一组值的映射。Dictionary 类的每个添加项都由一个值及其相关联的键组成，以表示集合中的各个项，通过键来检索值时的速度很快）。activeInfo 用于存储消息的接收者的名称及上次活跃的时间。在确定了上次信息接受者的活动时间之后，通过调用 MessageManager 类中的 GetMessages 方法，从数据库中查到两个时间区间之间答疑记录，取出的答疑记录保存在 List<Message>对象 Messages 中并由该方法返回，从而实现取出消息接收者的答疑记录的功能。

第二，在客户端脚本中定义 getMsg 函数，该函数调用 MessageWebService 中定义的 GetMessages 方法，代码如下：

```
function getMsg() {                          //取出两个时间间隔的消息
      MessageWebService.GetMessages(addRemoteMsgs);
}
```

客户端的 Web 服务调用是异步的，因此除了要提供原始 Web 方法的参数外（实例中 Web 方法 GetMessages 无参数），还要提供另外的一个参数，它定义了接收到结果成功后要调用的函数。在本项目中，在异步调用完成后将调用 addRemoteMsgs 函数，该函数在 Room.js 文件中定义，代码如下：

```
function addRemoteMsgs(msgs) {
      for (var i in msgs) {
      var today = msgs[i].CreateDT;
      addMsg(today.getYear() + "-" + (today.getMonth() + 1) + "-" + today.getDate() + " "
       + today.getHours() + ":" + today.getMinutes() + ":" + today.getSeconds()
        + " " + msgs[i].Sender + "对你说：" + msgs[i].Content);
}
       scrollMsgPanel();
}
```

该函数调用 Room.js 中定义的 addMsg 函数和 scrollMsgPanel 函数。其中 scrollMsgPanel 函数用于将用户在文本编辑框中输入的信息呈现在答疑框的最下方，方便用户查看信息。

第三，在客户端脚本中使用 JavaScript 定时函数 setInterval。该函数含有两个参数，第一个参数是要调用的函数名称，本项目中为 Room.js 中定义的 getMsg 函数；第二个参数为间隔时间，单位为毫秒。定时器代码如下：

```
var intervalID = setInterval("getMsg()", 1000);
```

该定时器实现了每隔一秒执行 getMsg 函数一次，实现的功能是定时取出信息，实现答疑信息实时更新。

3）答疑信息查询模块的实现

在线答疑系统中应提供历史信息的查询功能，以方便用户登录系统后随时查看历史答疑记录。历史答疑记录查询页面运行效果如图 3.22 所示。

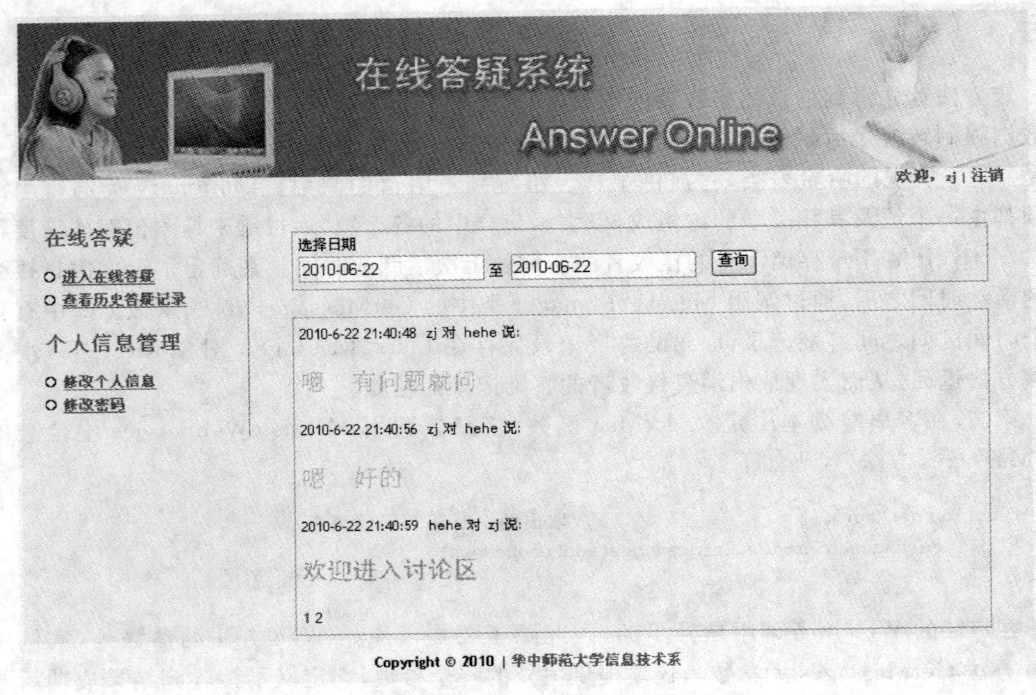

图 3.22 历史答疑信息查询页面

历史答疑信息查询页面前台的设计主要采用了 ListView 控件和 ObjectDataSource 数据控件相结合的方式呈现数据。此外，在答疑时间区间的选择上，系统采用了 AJAXControlToolkit 里的 CalendarExtender，实现用户选择日期功能。主要代码如下：

```
< asp: ListView ID = " ListView1 " runat = " server " ItemPlaceholderID = " layoutTemplate "
DataSourceID = "ObjectDataSource1">
        < LayoutTemplate >
            < div class = "box">
                < div id = "layoutTemplate" runat = "server" />
                < asp:DataPager ID = "DataPager1" runat = "server" PageSize = "5">
                    < Fields >
                        < asp:NumericPagerField />
                    </Fields >
                </asp:DataPager >
            </div >
```

```
            </LayoutTemplate>
            <ItemTemplate>
                <tr>
<td><asp:Label ID="LabelCreatDT" runat="server" Text='<%# Eval("CreateDT") %>' />
 </td>
<td><asp:Label ID="LabelSender" runat="server" Text='<%# Eval("Sender") %>' /> 
对</td>
<td><asp:Label ID="LabelReceiver" runat="server" Text='<%# Eval("Receiver") %>' />
 说:</td>
                </tr>
                <tr>
<td colspan="3"><asp:Label ID="Label3" runat="server" Text='<%# Eval("Content") %>' /></td>
                </tr>
            </ItemTemplate>
        </asp:ListView>
    <asp:ObjectDataSource ID="ObjectDataSource1" runat="server"
            onselecting="ObjectDataSource1_Selecting" SelectMethod="GetHisMessages"
            TypeName="MessageManager">
        <SelectParameters>
            <asp:Parameter Name="user" Type="String" />
            <asp:ControlParameter ControlID="TextBoxDT1" Name="dt1" PropertyName="Text"
                Type="DateTime" />
            <asp:ControlParameter ControlID="TextBoxDT2" Name="dt2" PropertyName="Text"
                Type="DateTime" />
        </SelectParameters>
    </asp:ObjectDataSource>
```

4）系统管理模块的实现

在线答疑系统中管理员登录系统后可以对该答疑系统里的用户进行管理，包括对用户个人信息进行编辑，修改用户密码，从系统中删除用户的操作。用户管理页运行效果如图 3.23 所示。

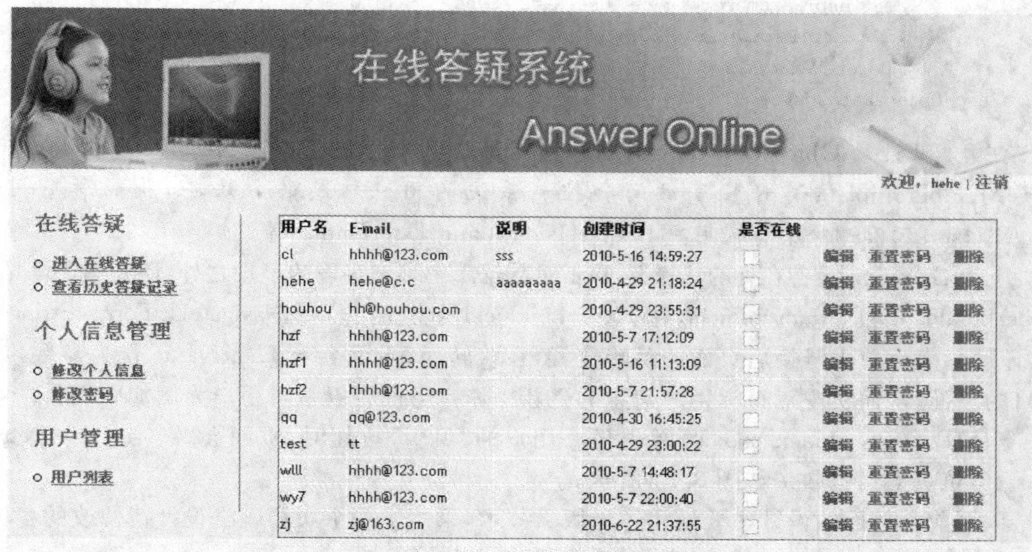

图 3.23　用户管理页

用户管理页面(/Admin/UserIndex.aspx)的前台界面依然是采用母版页技术，主体部分采用了 GridView 控件呈现系统中用户的信息，代码如下：

```
<asp:GridView ID = "GridView1" runat = "server" DataSourceID = "ObjectDataSource1"
    AutoGenerateColumns = " False" DataKeyNames = " UserName" Width = " 100 % " BorderColor =
" #9999FF" PageSize = "10">
    <Columns>
        <asp:BoundField DataField = "UserName" HeaderText = "用户名"
            SortExpression = "UserName" />
        <asp:BoundField DataField = "Email" HeaderText = "E - mail" SortExpression = "Email" />
        <asp:BoundField DataField = "Comment" HeaderText = "说明" SortExpression = "Comment" />
        <asp:BoundField DataField = "CreationDate" HeaderText = "创建时间"
            SortExpression = "CreationDate" />
        <asp:CheckBoxField DataField = "IsOnline" HeaderText = "是否在线"
            SortExpression = "IsOnline" />
        <asp:HyperLinkField DataNavigateUrlFields = "UserName"
            DataNavigateUrlFormatString = "UserDetail.aspx?UserName = {0}" Text = "编辑" />
        <asp:HyperLinkField DataNavigateUrlFields = "UserName"
        DataNavigateUrlFormatString = "ResetPassword.aspx?UserName = {0}" Text = "重置密码" />
        <asp:CommandField ShowDeleteButton = "True" />
    </Columns>
</asp:GridView>
```

此处 GridView 控件使用到数据源对象 ObjectDataSource，实现从后台数据库动态读取及写入数据，代码如下：

```
<asp:ObjectDataSource ID = "ObjectDataSource1" runat = "server"
        SelectMethod = "GetAllUsers"  DeleteMethod = "DeleteUser"
        TypeName = "System.Web.Security.Membership" >
        <DeleteParameters>
            <asp:Parameter Name = "UserName" Type = "String">
            </asp:Parameter>
        </DeleteParameters>
</asp:ObjectDataSource>
```

注意：此处的 ObjectDataSource 属性的 TypeName 对应的值是.NET 内置的用户安全性类 Membership，该类封装了访问和控制系统的用户信息的方法，如获取所有用户 GetAllUsers()和删除某特定用户 DeleteUser(string UserName)等。

上述 GridView 控件在列的选择上，除了对数据库中绑定字段的呈现之外，还使用了常见的 HyperLinkField 和 CommandField，在 HyperLinkField 中设置了 DataNavigateUrlFormatString 属性，该属性表示单击链接后页面的跳转位置，在跳转时，页面会将 UserName 作为参数传递到目的页面，从而实现对目标用户信息的更新操作。下面将以编辑用户为例加以说明。

当用户在 UserIndex.aspx 页单击任一用户的“编辑”按钮时，页面会跳转到 UserDetail.aspx 页，该页面运行效果如图 3.24 所示。

该页前台页面的设计主要使用了母版页技术，采用了一个布局表格设计待修改的各项，代码如下：

```
<table style = "width: 100 % ;">
```

```
    <tr>
        <td class = "fieldname">
            用户名:
        </td>
        <td>
            <asp:Label ID = "LabelUserName" runat = "server" ></asp:Label>
        </td>
    </tr>
      …
    <tr>
     <td colspan = "2" align = "center">
     <asp:Button ID = "ButtonOK" runat = "server" Text = "确定" onclick = "ButtonOK_Click" />
</td>
    </tr>
</table>
```

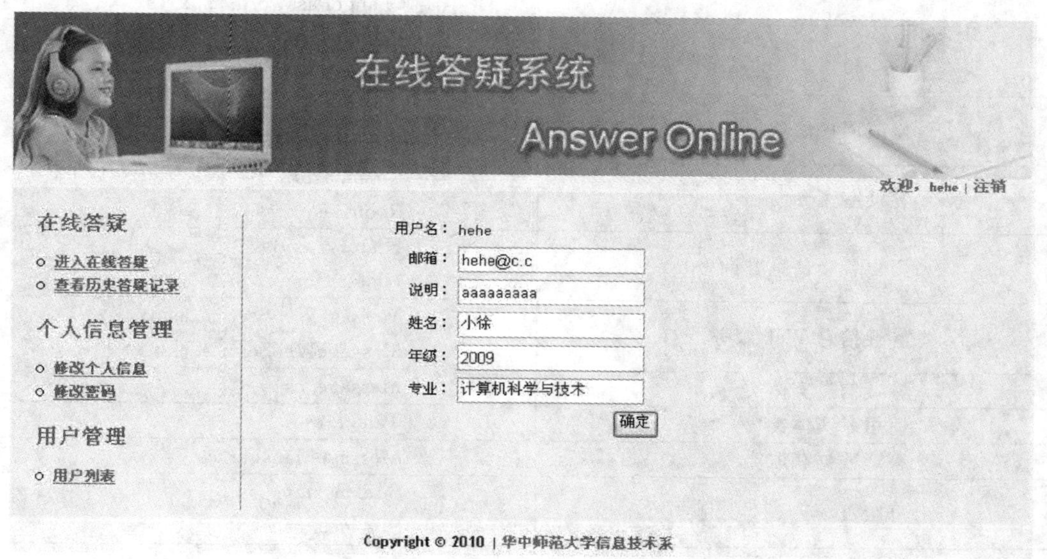

图 3.24　修改个人信息页

在填写完修改的信息后，单击"确定"按钮，即可完成信息的修改，按钮的 OnClick 事件代码如下：

```
protected void ButtonOK_Click(object sender, EventArgs e)
  {
        string userName = LabelUserName.Text;
        MembershipUser u = Membership.GetUser(userName);
        u.Comment = TextBoxComment.Text;
        u.Email = TextBoxEmail.Text;
        Membership.UpdateUser(u);
        Roles.RemoveUserFromRole(userName, (string)ViewState["role"]);
        Roles.AddUserToRole(userName, DropDownListRoles.SelectedItem.Value);
        ProfileCommon pc = Profile.GetProfile(userName);
        pc.Name = TextBoxName.Text;
```

```
        pc.Year = TextBoxYear.Text;
        pc.Major = TextBoxMajor.Text;
        pc.Save();
    }
```


一个项目的设计及实现方式通常不能直接与其需求或功能一一对应，并且读者在实现过程当中也可以自己对功能和实现方法按照自己的理解进行调整。但为了读者能够更直观地掌握本项目实现的全貌，大致把项目的功能与实现对应关系总结一下，供读者参考，如表 3.3 所示。

表 3.3　功能与实现对应表

功　能	文　件
登录	Login. aspx， Login. aspx. cs
修改密码	ChangePassword. aspx， ChangePassword. aspx. cs
注册用户	Register. aspx， Register. aspx. cs
修改用户信息	ChangeUserInfo. aspx， ChangeUserInfo. aspx. cs
答疑室主界面	Room. aspx， Room. aspx. cs
历史答疑信息查询	History. aspx History. aspx. cs
答疑信息 Web 服务	MessageWebService. asmx， MessageWebService. cs
答疑信息实体类	Message. cs
使用者实体类	Talker. cs
答疑数据获取类	MessageManager. cs
母版页	Site. master Site. master. cs
网站配置文件	web. config
文本编辑器控件	fckeditor/

3.5　本项目评估

互联网在教育中的广泛应用使得基于 Web 技术的网上教学系统得到了迅速的发展。为了解决网络教学非面对面教学中学生与教师间交流的问题，网络教学平台普遍需要进行在线答疑系统的设计，因此掌握在线答疑项目的设计开发方法是十分必要的。本项目主要是以 ASP. NET 和 SQL Server 2008 为开发平台，设置的需求比较简单，主要实现了在线答疑、历史信息查询和用户注册及权限管理等基本功能，难度适中。在项目开发完成后，教师可从如下几个方面对学生设计的在线答疑系统进行评估。

(1) 在线答疑系统功能设计：在线答疑系统的设计是否实现了项目要求的基本功能，如在线答疑、历史信息查询和用户注册及权限管理等。

(2) 在线答疑系统界面的设计：在线答疑系统页面设计的色彩搭配、框架、布局等是否合理；导航的设计是否清晰等。

(3) 在线答疑系统的运行情况：在线答疑系统的运行是否稳定，能否保障信息及时高效地传输等。

(4) 程序的安全性与可移植性：学习者开发的在线答疑系统是否具有较高的安全性，能否在不同的平台下正常运行等。

3.6 本项目进一步延伸和拓展

本项目实现了一个 B/S 结构的在线答疑系统，该系统实现了用户在线交流的一些基本功能。读者可以以本系统为基础，进行进一步的延伸与拓展。具体来说，对系统的拓展可从以下几个方面进行：

(1) 读者可以对系统界面进行进一步的美化。如系统地修改本项目提供的 CSS 文件，或者自己编写 CSS，重新设计用户界面等。

(2) 在功能方面，本项目着重讲解了如何实现用户之间一对一的交流，读者可以考虑如何实现群发信息，从而实现更强大的答疑功能。

(3) 本项目出于教学的需要，在保证系统基本功能实现的基础上，对系统的管理功能进行了必要的简化，读者可在此基础上加以改进和完善，实现更加强大的用户管理与权限管理功能。

(4) 在网络教育平台中，答疑系统多以文本形式出现，具体表现为实时的在线聊天系统。相对于单调的文本，视频和语音形式的答疑更能调动学习者的学习热情，提高学习者的学习兴趣和答疑效率。因此，在进行项目功能拓展时，学习者可以考虑在本项目的基础之上整合视频答疑模块，例如可以采取 FMS＋Flex 技术实现实时视频流传输，从而实现视频答疑功能。

希望读者通过该项目的设计开发，了解在线答疑项目的基本需求，熟悉其设计思路和开发方法，熟练掌握各种实现技术，并结合自身理解和实际需要，进一步设计更为完善的系统。

第4章 网络课程设计与实现

本章提要：

本章介绍了网络课程系统的设计和实现方法。该系统主要实现了课程内容展示、学习论坛、在线答疑、电子笔记和资源管理等功能。系统围绕教学内容的呈现、学习资源的组织、在线交互体验和学习结果评价4个方面进行设计，采用ASP.NET和SQL Server开发实现。

本章重点：

- 掌握网络课程的设计规范。
- 掌握网络课程的开发流程及整合方法。
- 了解HTTP协议的主要内容，掌握ASP.NET通过控制HTTP报文传输进行网络资源上传与下载的方法。

4.1 本项目背景及要求说明

4.1.1 项目背景分析

1. 网络课程的定义

教育部高等教育司颁布的《现代远程教育技术标准体系和11项试用标准(简介)V1.0版》中提出，网络课程是通过网络表现某学科的教学内容及实施教学活动的总和。它由两个部分组成：按一定的教学目标、教学策略组织起来的教学内容和网络支撑环境。

2. 网络课程的基本特点

(1) 开放性。学习者能够随时在任何与网络相连的终端上进行网络课程的学习，网络课程不仅在时间、空间上具有开放性，而且对所有个体都开放。教师可以方便及时地对教学内容进行调整与更新。

(2) 共享性。网络课程中有优秀的教师资源和教学资源，不仅如此，学习者还可以通过链接方式共享到国内外丰富的网上动态学习资源，真正实现"全球化的学习"。

(3) 交互性。网络课程一改传统书籍、报刊等印刷信息以及广播电视等电子信息的单向传递方式，具备双向传递的功能，这种双向交流可以是同步的也可以是异步的。

(4) 个性化。在网络课程的学习过程中，学习者可以按照自身的需要来检索学习科目，结合自己的学习状况、认识水平来选择学习资源，自定学习步调。

(5) 协作性。网络环境下的学习更能发扬协作的精神，教师在学习过程中引导、帮助学习者进行小组协作学习。学习者通过讨论、合作、竞争和角色扮演等多种形式完成一个确定的学习任务。在此过程中，能够加强学习者的合作共处能力和探索精神。

(6) 多媒体化。网络课程是一个集图像、音频、视频为一体的网络学习环境，它可以使交互形式更直观、逼真。学习者在这种环境下更容易产生思维灵感，形成创造性思维。

(7) 高效性。网络课程充分利用计算机网络技术与多媒体技术的优势，使教与学的效率大大提高。

3. 网络课程的开发现状

2000 年 5 月，教育部高等教育司《关于实施新世纪网络课程建设工程的通知》，文件中具体规定了新世纪网络课程建设工程的目标等内容，计划“用大约 2 年的时间，建设 200 门左右的基础性网络课程”。2003 年，教育部为了进一步实施“高等学校教学质量和教学改革工程”，推进教育创新改革，促进现代信息技术在教学中的应用，决定在全国高等学校(包括高职高专院校)中启动精品课程建设工作。2003 年 4 月，教育部发布了《关于启动高等学校教学质量与教学改革工程精品课程建设工作的通知》(教高[2003]1 号)，正式启动了精品课程的建设工作，并计划用五年的时间(2003 年至 2007 年)建设 1500 门国家精品课程。各省市教育行政主管部门也相继下发了通知，提出建设省级精品课程的规划和措施，在全国高校掀起了精品课程建设的热潮。2007 年 1 月，教育部为了进一步推进高校本科教学质量与教学改革工程，决定将精品课程建设的工作延续至 2010 年，计划在已有的 1000 多门国家精品课程建设的基础上再建设 3000 门精品课程。

在政策的鼓励和支持下，国内网络课程的开发呈现了非常繁荣的状况。各重点高校、各专业纷纷开发多种类型的网络课程，推动了我国网络教学的快速发展。

目前已开发的网络课程种类繁多，主要有两种形式：一种是基于课堂的教学，网络课程在此只是作为课堂教学的补充方式；另外一种是网络课程作为整个教学过程的主要形式。随着我国教育信息化的发展，网络课程的开发和建设工作已经取得了一定的成效。几乎所有的网络课程都非常重视教学内容的讲解与演示环节，使用了丰富多彩的多媒体资源，如流媒体视频、文本、Flash 动画、虚拟现实等，以尽可能地将课程知识讲得更加全面、详细。网络课程的网页设计技能也比较娴熟。当然，网络课程的开发也存在一些问题，如：重教学内容的呈现，轻学习环境设计；缺乏教学活动设计；忽略教师的作用；自主学习资源不足等。

4. 国内外网络课程的发展趋势

基于 Web 的网络课程在将来的发展中应会有以下趋势：

(1) 在教学应用方面，强调新的教学模式的探索和研究应用。

(2) 在应用环境方面，强调 Web 的高级应用及 Web 2.0 相关技术的应用，增强用户之间的交流与沟通。

(3) 注重学习环境的设计和学习活动的组织，强调学生创新精神和实践能力的培养以及信息素养的提高。

(4) 注重个性化学习功能的实现。

4.1.2 网络课程设计规范

1. 课程内容要求

课程内容是网络课程的重要组成部分，也是学习者学习一门网络课程的主要方面。这就要求在编排课程内容时，要根据远程学习者的特点，要运用教学设计的原理合理科学地设计。可以以知识点为线索构建内容体系，学习目标要明确，学习重点、难点要突出，以文字、图片、动画、视频等多媒体手段展现课程内容，使学生能更加具体形象的理解和掌握学习内容。总之，呈现的课程内容要具有科学性、综合性、多样性和开放性。

2. 交互功能

教师和学生的交流是教学过程中一个重要环节。网络教学不同于传统课堂，教师和学生、学生和学生之间不能进行面对面的交流协作。网络环境下的交互是教师、学生和教学材料三者之间的双向交流，这三者同为信息的发出者和接收者。所以，交互功能的设计要注重信息交流的时效性，保证教师能及时接收到学生的信息，学生能及时得到反馈信息。学生及教师和教学材料的交互要尽可能简单。

3. 教学活动组织

教学活动的设计是网络课程的核心设计内容之一。网络环境下学生的学习方式主要是自主学习方式，学生是教学的中心。设计组织的教学活动要充分体现"以学生为中心"的思想，要能吸引学生的注意力和激发学生的学习兴趣；要与学生的知识背景相关；能增强学生的自信心和成就感。

4. 教学资源

教学资源是指能够促进学生有效学习的资源。要充分利用已有的素材资源和 Internet 资源，提供尽可能多的、丰富多样的教学资源。呈现的资源要经过严格筛选、组织和分类，切忌简单堆砌。

5. 教学评价

教学评价是依据教学目标对教学过程及结果进行价值判断。网络教学评价包括学习者评价、教师评价、教学内容评价等。评价方法可以采用量化评价、质性评价以及两种评价方法相结合。设计教学评价时，要明确评价目的和评价对象，明确评价的具体目标，评价要尽量做到客观、公正。

6. 页面设计和软件使用等方面

页面设计要注重整体风格和色彩搭配，页面布局美观、大方。为了防止学习者在学习过程中迷航，导航设计要清晰简洁。制作出的软件要便于学习者使用，要尽可能地降低使用技术难度，并提供技术支持文档以及在线帮助等。

4.2 本项目需求分析

本课程设计项目提出了一个符合网络课程的基本规范，包括网络课程基本组成要素的网络课程开发，该网络课程则至少需具备以下功能：

(1) 具有结构化的教学内容。

(2) 具有丰富的学习资源。

(3) 具有交流、讨论、答疑的空间。

(4) 具有自我评价、自我检测的工具。

在以下的讨论中，以《微机原理》网络课程的设计与开发为例。该网络课程是作者为满足华中师范大学网络教育的需求开发的，已在该校网络学院实际使用多年。

4.2.1 网络课程功能分析

根据上面的需求分析，一般网络课程需要提供以下最基本、最主要的功能：

(1) 教学内容的呈现。

网络课程最基本的功能是教学功能，学习者通过网络课程能进行自主学习。因此，除以知识点的形式呈现的教学内容外，还需要对该课程的教学目的、教学要求、教学重点、教学难点等进行相应的说明。

(2) 教学资源的组织与提供。

网络课程着眼于课本，但不应拘泥于课本。因此一般的网络课程都应具有"教学资源"或"相关资源"、"友情链接"等类似的资源模块，以便学习者能获得更多的知识，开阔学生的视野，进而能更好地理解和掌握所学知识。

(3) 较强的交互功能。

网络课程中交互功能主要体现在学习论坛的异步交流和在线答疑的同步交流。学习者可以通过学习论坛与其他学习者及教师进行知识的交流与共享，也可以通过在线答疑与教师进行交流。教师可以通过学习论坛中学生发表的帖子和学生在在线答疑中提问的问题了解学生对知识的理解和掌握情况，并给予学生进一步的学习指导。

(4) 实时的评价功能。

实时的评价能起到导向、调控、激励等功能。因此，在网络课程中应提供"即时练习、在线测试"等类似的评价模块，以便学生实时检测自己对知识的掌握情况，从而控制学习的进度。

4.2.2 网络课程数据分析

1. 数据对象以及对象之间的关系可用 E-R 图来表示

E-R 图即实体-联系图(Entity Relationship Diagram)，提供了表示实体、属性和联系的方法，用来描述现实世界的概念模型。在需求分析阶段进行数据库逻辑设计过程中，使用 E-R 图可定义一个实体模型。

该网络课程中涉及的数据主要有学生、管理员、帖子、资源、问题等。图 4.1、图 4.2 给出了该网络课程中的部分实体 E-R 图，给读者提供一个参考。

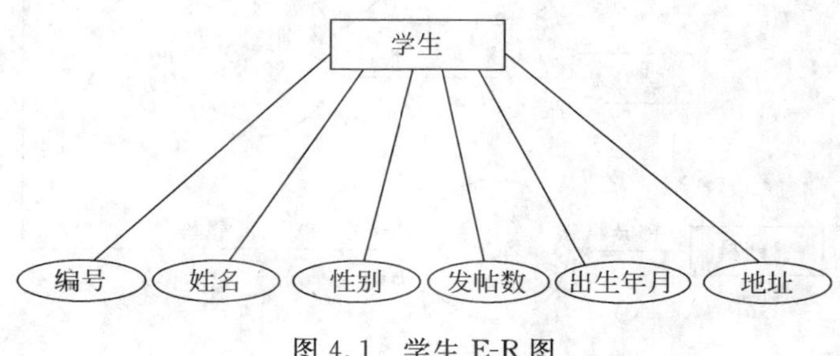

图 4.1 学生 E-R 图

2. 网络课程中部分数据流图

数据流图展现网络课程中整个数据流动的过程，便于学习者了解网络课程的系统框架

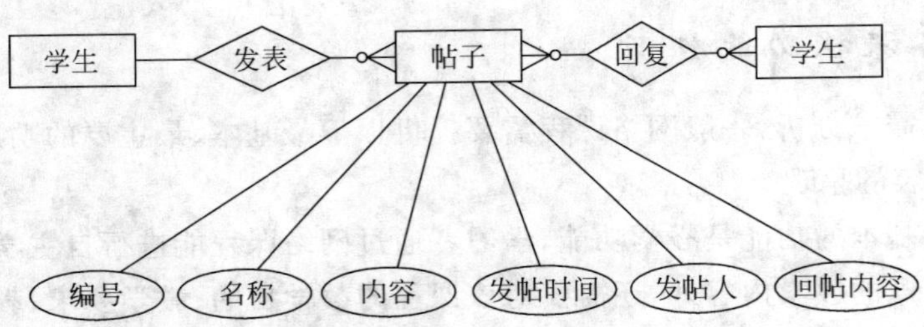

图 4.2 学生参与学习论坛 E-R 图

及对数据的处理过程。由于篇幅的限制,图 4.3 至图 4.5 给出了该网络课程的顶层数据流程图和部分模块的一层数据流图,给读者提供一个参考。

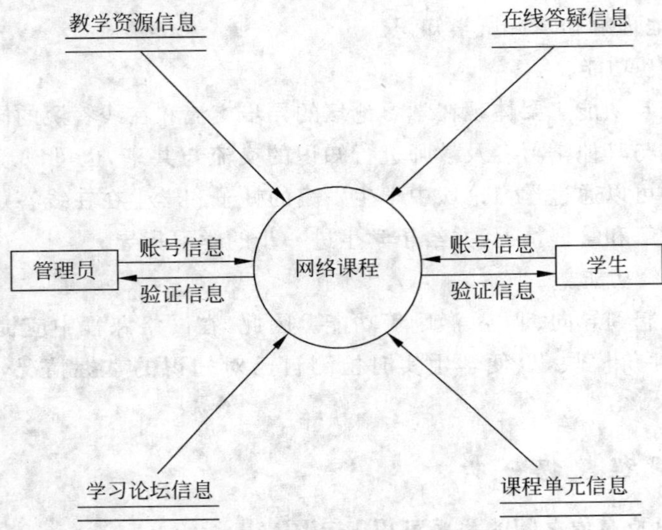

图 4.3 网络课程系统顶层数据流图

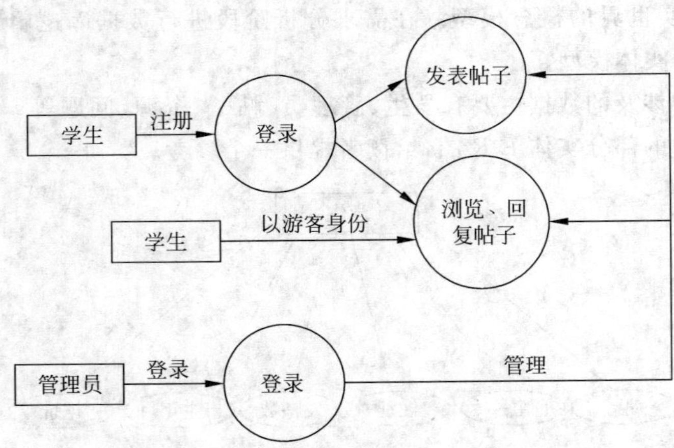

图 4.4 网络课程学习论坛模块一层数据流图

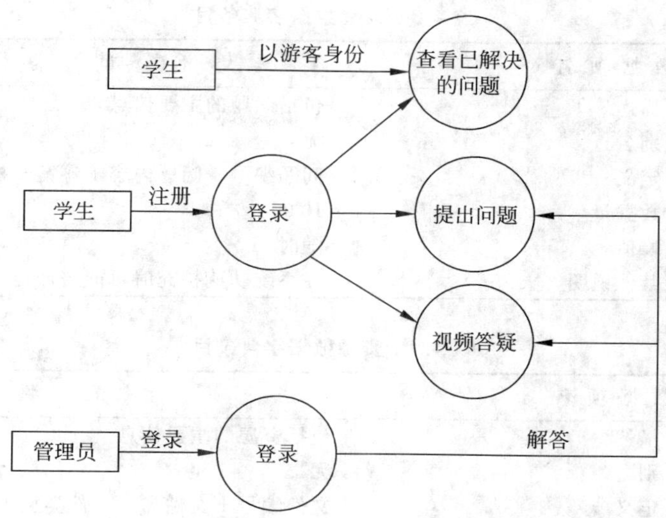

图 4.5 网络课程在线答疑模块一层数据流图

3. 网络课程的主要数据字典

数据字典是对网络课程数据流图中各种成分进行的详细说明，作为数据流图中的细节补充，和数据流图构成网络课程完整的系统需求模型。该网络课程的部分数据字典条目如表 4.1 至表 4.4 所示。

表 4.1 学生数据字典条目

数据项名	学　生
描述	包括学生的主要信息
别名	无
定义	用户编号＋用户名＋注册时间＋帖子总数＋发帖数＋性别＋手机＋出生年月＋个人签名＋地址＋爱好＋头像
数据量	10 000 左右
峰值	随时
其他说明	在系统功能扩充时可能增加定义项

表 4.2 帖子数据字典条目

数据项名	帖　子
描述	包括帖子的主要信息
别名	无
定义	帖子编号＋帖子名称＋帖子内容＋发帖时间＋发帖人＋回帖内容＋回帖人＋回帖时间＋回贴人数＋人气(浏览人数)
数据量	10 000 左右
峰值	随时
其他说明	在系统功能扩充时可能增加定义项

表 4.3　问题数据字典条目

数据项名	问　　题
描述	包括问题的主要信息
别名	无
定义	问题编号＋问题内容＋答案＋提问时间＋提问者
数据量	10 000 左右
峰值	随时
其他说明	在系统功能扩充时可能增加定义项

表 4.4　资源数据字典条目

数据项名	资　　源
描述	包括资源的主要信息
别名	无
定义	文件编号＋文件名＋文件类型＋文件大小＋上传者
数据量	10 000 左右
峰值	随时
其他说明	在系统功能扩充时可能增加定义项

4.3　本项目系统设计

4.3.1　系统模块设计

本系统的总体结构如图 4.6 所示。

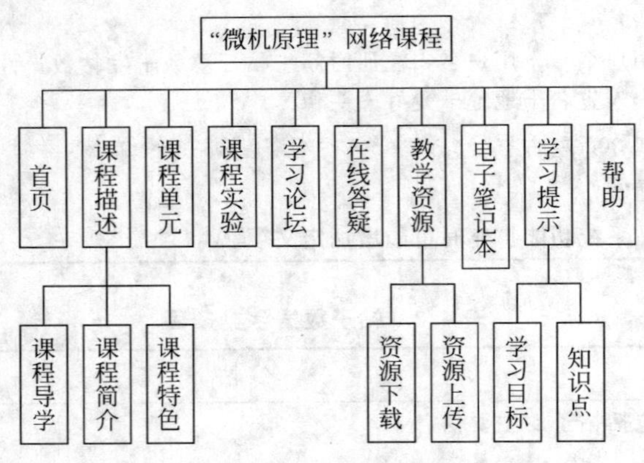

图 4.6　“微机原理”网络课程总体结构图

1. 课程描述

该模块主要包括课程导学、课程简介、课程特色 3 部分。课程导学部分是让学习者了解该门课程需要掌握的知识以及在学习过程中需要注意的问题。课程简介主要对这门课程的目的及内容体系进行了简单的说明。课程特色部分主要介绍这门网络课程设计的独特之处。

2. 课程单元

该模块主要是以结构化的形式展现学习内容，并提供支持学习的相关服务，如图 4.7 所示。相关服务主要为学习者提供资源、视频、练习测试等学习上的支持和服务，便于学习者对知识的理解、掌握以及检测。

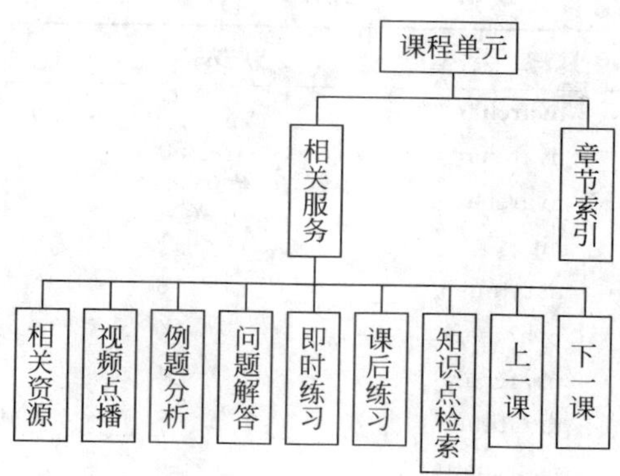

图 4.7　课程单元模块的功能结构图

3. 课程实验

该模块主要包括课程中涉及的教学实验，每一个实验都对实验目的、实验设备、实验内容及步骤进行了详细的介绍。

4. 学习论坛

该模块主要是为学习者之间提供一个知识交流的空间，应具有帖子的发表、回复以及管理员(教师)对帖子的管理等基本功能。

5. 在线答疑

该模块包括学生在线提问、教师在线答疑、查看已回答问题和视频答疑。只对登录的学生提供在线提问的权限，对以游客身份进入的学生只可浏览内容，不可提问。

6. 教学资源

该模块包括资源上传和资源下载，此部分的所有功能没有权限限制。

7. 电子笔记本

电子笔记本可以实现剪切、复制、清空、打印、另存为等功能。学习者可以利用电子笔记本随时记录所学知识、学习体会以及疑难问题。

8. 学习提示

该模块主要包括学习目标和知识点。学习者可以通过该模块了解所学章节的学习目标及知识点，避免在学习过程中偏离学习目标。

9. 帮助

该模块主要对本网络课程的特点、网络课程编制说明、网络课程的使用说明、使用本课程需要的程序和插件等进行了说明，为学习者更有效的使用该网络课程提供支持。

4.3.2 系统数据库设计

本项目使用 SQL Server 作为后台数据库的支持，设计数据库的步骤如下：

(1) 在 SQL Server 中新建名称为 WEBCOURSE 的数据库。

(2) 在 WEBCOURSE 数据库中包括的数据表有学生信息表(Students)、教师(管理员)信息表(Administrator)、问题信息表(Question-Answer)、资源信息表(Resource)、论坛帖子信息表(Card),如表 4.5 至表 4.9 所示。

表 4.5　学生信息表(Students)

字 段 名	数据类型	大　小	字段描述
UserID	nvarchar	4	用户编号,设为主键
UserName	nvarchar	50	用户名
Password	nvarchar	50	用户密码
Sex	bit	1	性别
Time	datatime	8	注册时间
Znumber	nvarchar	4	发起与回复帖子总数
Dnumber	nvarchar	4	发帖数
Birthday	datatime	8	出生日期
Mobile	nvarchar	20	手机
Image	nvarchar	200	头像
Like	nvarchar	100	爱好
RAddress	nvarchar	100	联系地址
Remark	nvarchar	50	个性签名

表 4.6　教师(管理员)信息表(Administrator)

字 段 名	数据类型	大　小	字段描述
AID	int	4	教师编号,设为主键
Administrator	varchar	20	登录名
Password	varchar	20	登录密码

表 4.7　问题信息表(Question-Answer)

字 段 名	数据类型	大　小	字段描述
QID	int	4	问题编号,设为主键
Question	varchar	Max	问题内容
Answer	varchar	Max	答案
Username	varchar	50	提问者
Time	datetime	8	提问时间

表 4.8　资源信息表(Resource)

字 段 名	数据类型	大　小	字段描述
Fileisn	float	8	文件编号,设为主键
Filename	varchar(MAX)	Max	文件名
Filetype	varchar(MAX)	Max	文件类型
Filesize	varchar(MAX)	Max	文件大小
Creator	varchar(MAX)	Max	上传者

表 4.9　论坛帖子信息表(Card)

字段名	数据类型	大　小	字段描述
DID	nvarchar	50	帖子编号,设为主键
DTile	nvarchar	Max	帖子名称
DContent	nvarchar	Max	帖子内容
DTime	datetime	8	发帖时间
DName	nvarchar	50	发帖人
Rq	nvarchar	50	人气(浏览次数)
RContent	nvarchar	Max	回帖内容
Rtime	datetime	8	回帖时间
Rname	nvarchar	50	回帖人
Rnumber	nvarchar	50	回帖数

4.3.3　系统界面设计

从系统的模块设计所知,该网络课程系统界面主要包括网络课程的主界面、课程单元界面、学习论坛界面、在线答疑界面等。在此部分主要介绍网络课程主界面和课程单元界面,学习论坛和在线答疑将在页面制作部分进行说明。

1. 网络课程主界面

该界面是学习者进入课程学习的首界面。详细设计如图 4.8 所示。图中①是主导航条,为课程的主要模块提供链接;②是提供主导航条中各个模块的子模块链接以及一些学习支持按钮;③是显示当前页面在整个网站中的路径;④是详细内容呈现区。

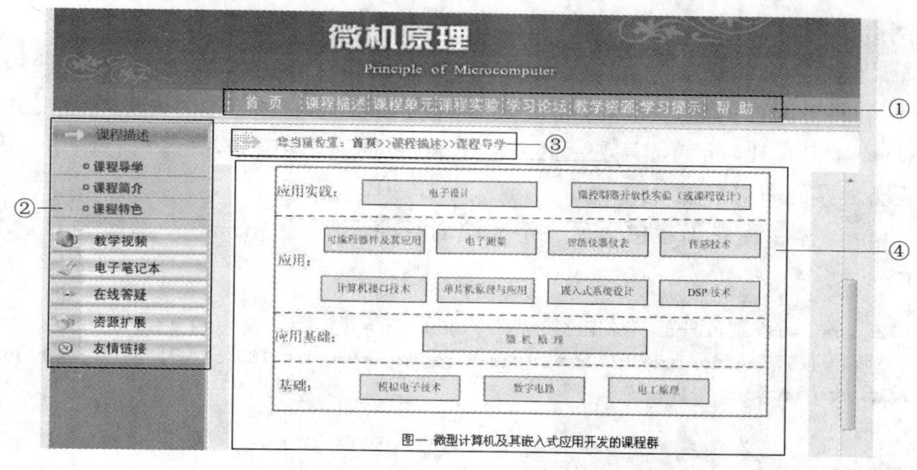

图 4.8　网络课程主界面

2. 课程单元界面

该界面是学习者系统学习网络课程的主窗口。界面设计效果如图 4.9 所示。课程内容以章节为单位进行划分,图中①是主导航条,为课程的主要模块提供链接;②是采用目录树的形式,提供章节学习链接和相关服务;③是显示当前页面在整个网站中的路径;④是详细内容呈现区;⑤是内容页导航条。

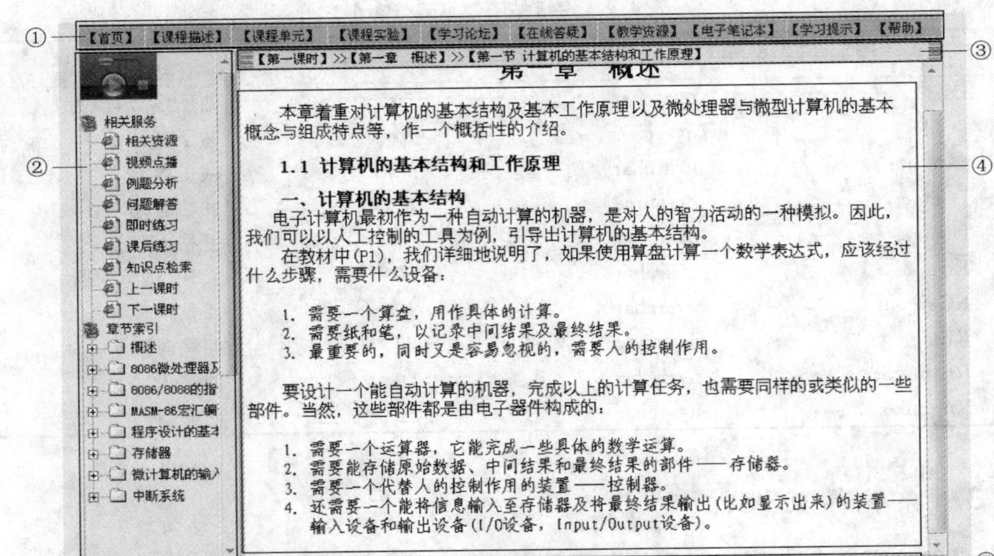

图 4.9 课程单元界面

4.4 本项目实施

4.4.1 页面制作

1. 网络课程主页面

网络课程的主页面是学习者进行在线学习的首窗口。在主页面中包括网络课程的所有模块，呈现了网络课程的整体布局，并提供导航链接功能。由于该界面属于静态页面，在Dreamweaver 中制作比较简单、美观。页面应用表格进行整体布局，具体内容则用<iframe>标签来呈现。界面布局如图 4.8 所示。

<iframe>标签用来创建包含另一个文档的行内框架。<iframe>标签的 HTML 代码如下所示：

```
<IFRAME name = iframe01 marginWidth = 0 marginHeight = 0
src = "微机原理.files/index01.htm" frameBorder = 0 width = 700 scrolling = yes height = 445
allowTransparency>
</IFRAME>
```

2. 课程单元界面

该页面主要包括课程学习内容、相关的学习支持服务等方面。该页面在 Dreamweaver 中使用<div>标签和表格进行页面的布局，界面布局如图 4.9 所示。

<div>标签是用来为 HTML 文档内大块(block-level)的内容提供结构和背景的元素。用<div>标签能更好地对页面进行布局和定位。该页面中<div>标签的 HTML 代码如下所示：

```
<DIV style = "MARGIN - TOP: 0px; DISPLAY: block; Z - INDEX: 1; VISIBILITY: visible; OVERFLOW - X:
```

```
hidden; MARGIN - LEFT: 0px; OVERFLOW: scroll; WIDTH: 100 % ;POSITION: absolute; HEIGHT: 100 % "
valign = "top">
</DIV >
```

3. 学习论坛界面

论坛主要是用于学习者之间就某一学习主题进行讨论。学习者可以通过两种身份进入论坛：一种是游客身份，学习者只能浏览和回复帖子，不能发表帖子；一种是会员的身份，也就是学习者必须进行注册并登录后，才可以浏览、发表帖子以及回复帖子。只有管理员有权对帖子进行管理。本书第4章详细介绍了论坛制作过程，这里就不再详细赘述。部分页面制作效果如下：

(1) 学习者注册、登录之后进入的界面如图4.10所示，主要使用了GridView、HyperLink、Label等控件。

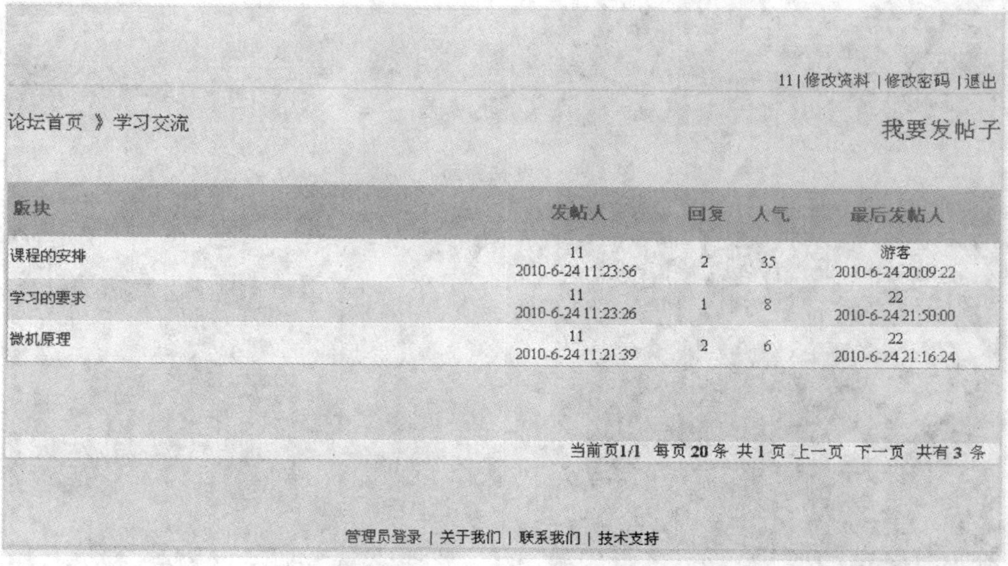

图4.10　学习论坛界面布局图

(2) 发帖界面。登录论坛的学习者都可以发表帖子和回复帖子，达到知识的交流和共享的目的。该界面主要使用了TextBox、Button、HyperLink等控件，界面布局如图4.11所示。

(3) 回帖界面。不管学习者以什么身份进入论坛，都可以回复帖子。该界面主要是使用GridView、LinkButton、Label、TextBox、Button等控件，界面的布局如图4.12所示。

(4) 在线答疑界面。学生登录后，可以进行在线提问，提交的问题将显示在该界面左边的“学生提问”窗口内。教师登录后，可以就某一问题给出答案，提交的问题和答案将显示在该界面右边的“教师回答”窗口内。教师和学生可以查看已解答的问题和进行视频答疑，而游客只可查看已解决的问题，没有提问和与教师进行在线视频的权限。该界面主要使用了DataList控件、Button控件、TextBox控件和Label控件。页面布局如图4.13所示。

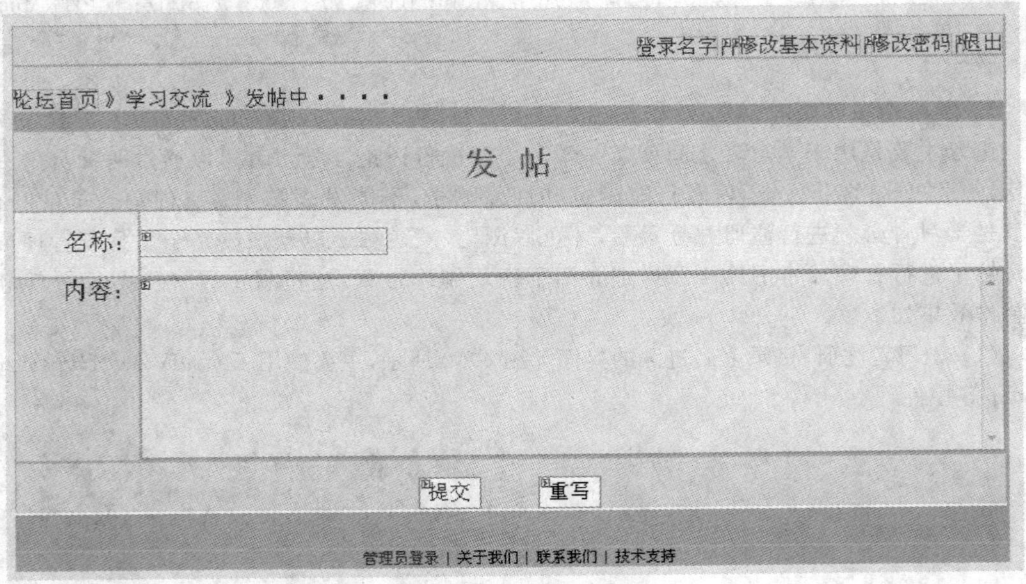

登录名字|修改基本资料|修改密码|退出

论坛首页 》学习交流 》发帖中····

发 帖

名称：

内容：

提交 重写

管理员登录 | 关于我们 | 联系我们 | 技术支持

图 4.11　发帖界面布局图

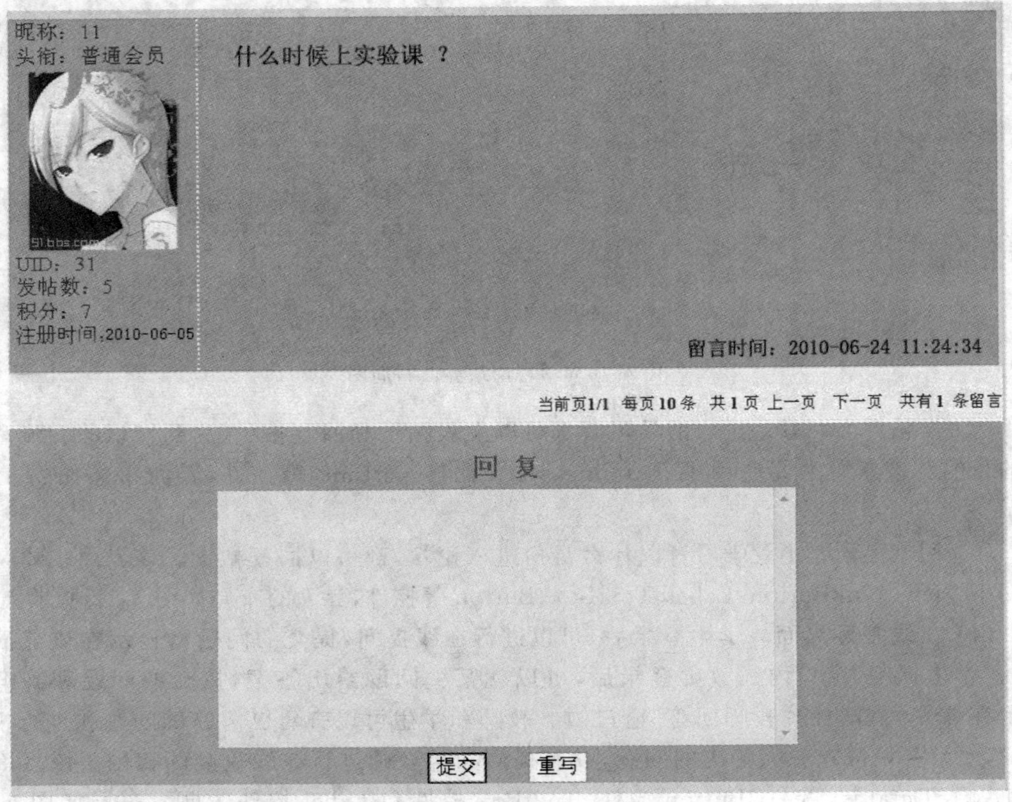

图 4.12　回帖界面布局图

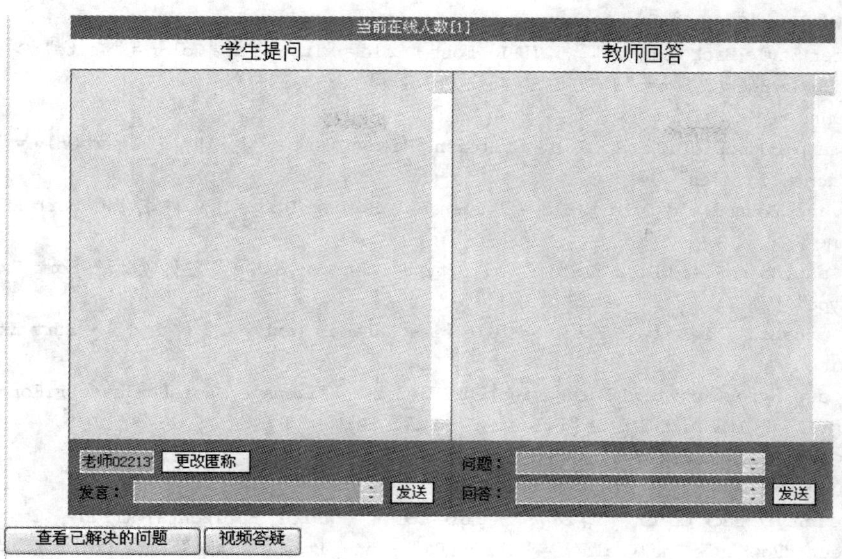

图 4.13　在线答疑界面布局图

DataList 控件的 HTML 代码如下所示：

```
<asp:DataList ID = "DataList" runat = "server" BackColor = "White" BorderColor = "#999999"
BorderWidth = "1px" CellPadding = "3" Height = "69px" Width = "300px" style = "margin - top: 0px"
BorderStyle = "None" GridLines = "Vertical" >
        <ItemTemplate>
          问题：<%# DataBinder.Eval(Container.DataItem,"Question") %></br>
          答案：<%# DataBinder.Eval(Container.DataItem,"Answer") %>
        </ItemTemplate>
</asp:DataList>
```

(5) 资源上传、下载界面。资源上传、下载模块主要是为了教师和学生上传、下载教学资源。资源的上传界面主要使用了 FileUpload、Button 等控件。页面布局如图 4.14 所示。

图 4.14　资源上传界面布局图

资源的下载界面主要使用了 GridView 控件、Label 控件、LinkButton 控件、TextBox 控件、Button 控件，界面布局如图 4.15 所示。

GridView 控件的 HTML 代码如下所示：

```
<asp: GridView ID = "GridView1" runat = "server" AutoGenerateColumns = "False" Cell Padding =
"4"DataKeyNames = "fileisn" DataSourceID = "SqlDataSource1" Fore Color = "#333333" Gridlines =
```

```
"None" Width = "639px">
  < Footer Style Back Color = " #5D7B9D" Font - Bold = "True" Fore Color = "White" />
  < Row Style Back Color = " #F7F6F3" Fore Color = " #333333" />
  < Columns >
    < asp:BoundField Data Field = "fileisn" Header Text = "上传时间" Read Only = "True" Sort
Expression = "fillies" />
    < asp:BoundField Data Field = "filename" Header Text = "文件名称" Sort Expression =
"filename" />
    < asp:BoundField Data Field = "file type" Header Text = "文件类型" Sort Expression =
"file type"  />
    < asp:BoundField Data Field = "file size" Header Text = "文件大小"  Sort Expression =
"file size" />
    < asp:HyperLinkField DataNavigateUrlFields = "filename" DataNavigateUrlFormatString =
"upload files" DataTextField = "filename" Header Text = "下载" />
    < asp: CommandField ShowDeleteButton = "True" />
  </Columns >
  < Pager Style Back Color = " #284775" Fore Color = "White" Horizontal Align = "Center"/>
  < SelectedRowStyle Back Colo4r = " # E2DED6" Font - Bold = "True" Fore Color = " #333333"/>
< Header Style Back Color = " #5D7B9D" Font - Bold = "True" Fore Color = "White"/>
  < EditRowStyle Back Color = " #999999"/>
  < AlternatingRowStyle Back Color = "White" Fore Color = " #284775"/>
</asp: Grid View >
```

文件下载

上传时间	文件名称	文件类型	文件大小	下载	
2.01006040109448E+16	小组组员情况.doc	doc	19968	小组组员情况.doc	删除
2.01006040109569E+16	小组总结体会.doc	doc	25088	小组总结体会.doc	删除
2.01006040110063E+16	拌合系统软硬件设计张武组.doc	doc	45056	拌合系统软硬件设计张武组.doc	删除
2.01006040110134E+16	第2组系统功能及使用方式描述.doc	doc	86016	第2组系统功能及使用方式描述.doc	删除
2.01006040110202E+16	分布式环境参数检测系统鄢保兰组.doc	doc	117461	分布式环境参数检测系统鄢保兰组.doc	删除

图 4.15　资源下载界面布局图

(6) 即时练习页面。当学生学习完每一章节后，都提供了“即时练习”模块，便于学习者即时了解自己的学习状况，进而来调整自己的学习进度和学习计划。该页面主要是在 Dreamweaver 中插入 Form 表单进行页面制作的，页面布局如图 4.16 所示。

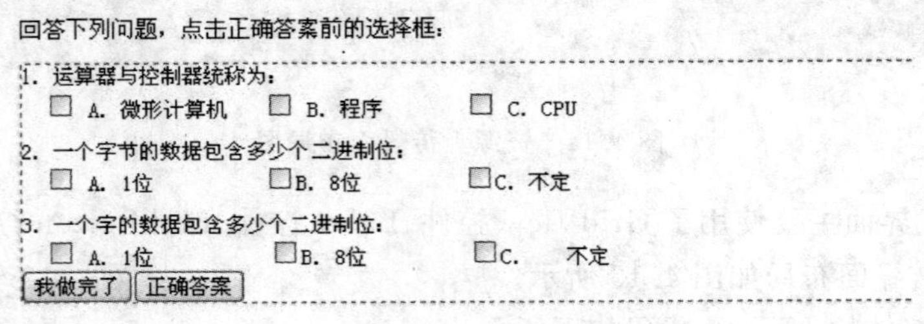

图 4.16　即时练习页界面布局图

当学生做完练习后，可以单击“我做完了”按钮查看测试结果，要查看正确答案则单击“正确答案”按钮。这两部分功能实现的代码如下：

```
<SCRIPT ID = clientEventHandlersJS LANGUAGE = javascript>
 <! -- //"我做完了"按钮的代码
 function B1_onclick()
 {
   var i = 0;
   var k = 0;
   var str = "";
   var answer = 1;
   while(i < document.forms("train").elements.length - 2)
    {
       k++;
       do
       {
          if(document.forms("train").elements[i].checked)
          {
               if(document.forms("train").elements[i].value == 0)
                   answer = 0;
          }
          else
          {
               if(document.forms("train").elements[i].value == 1)
                   answer = 0;
          }
          i++;
        }
      while(document.forms("train").elements[i].name == document.forms("train").elements
[i - 1].name);
      if(answer == 1)
         str = str + (k) + "." + "对;";
      else
         str = str + (k) + "." + "错;";
      answer = 1;
   }
  window.alert(str);
}
//"正确答案"按钮的代码
function B2_onclick()
{
   var str = "正确答案为: 1.c;2;b;3.c";
   window.alert(str);
}
// -->
</SCRIPT>
```

(7) 电子笔记本。学习者在进行在线学习时，可以使用电子笔记本随时记录所学知识、学习体会以及疑难问题等。电子笔记本包括的功能主要有：复制、剪切、清空、粘贴、另存为、打印、刷新、目前时间显示。该界面是在 Form 表单中使用 8 个 Button 按钮和 1 个

TEXTAREA 文本域实现的，如图 4.17 所示。各个按钮的属性设置如下：

```
<FORM name = f1>
 <input name = "button" type = button   on Click = "Exec(code, 'Copy')" value = 复制>
 <input name = "button2" type = button   on Click = "Exec(code, 'Cut')" value = 剪切>
 <input name = "button4" type = button   on Click = "Exec(code, 'Delete')" value = 清空>
 <input name = "button3" type = button   on Click = Paste(code) value = 粘贴>
 <input name = "button6" type = button   on Click = "Exe('Save As')" value = 另存为>
 <input name = "button5" type = button   on Click = "Exe('print')" value = 打印>
 <input name = "button7" type = button   on Click = "Exe('Refresh')" value = 刷新>
 <input type = button name = h2 >
  <TEXTAREA name = code cols = "20" rows = 20 wrap = "virtual" style = "width: 405; height: 231">
  </TEXTAREA>
</FORM>
```

图 4.17　电子笔记本界面布局图

4.4.2　数据库访问

该项目使用了微软 SQL Server 数据库，数据库访问步骤如下：

(1) 在工程中修改 Web. Config 文件，在<configuration>下面添加数据库连接字符串。程序清单如下：

```
<appSettings>
<add key = "connection String"value = "Database = WEBCOURSE;
Uid = ;Pwd = ;Trusted_connection = ture;integrated security = True;"/>
</appSettings>
```

(2) 创建数据库连接。

① 导入所需的命名空间。

```
using System.Data;
using System.Data.SqlClient;
```

② 创建连接字符串。

```
string settings = Convert.ToString(ConfigurationManager.
```

```
ConnectionStrings["connection String"]);
```

③ 创建连接对象。

```
SqlConnection myconn = new SqlConnection (settings);
```

④ 打开连接。

```
myconn.Open ();
```

⑤ 创建 SQL 命令。

```
SqlCommand cmd = new SqlCommand(instring,myconn);
```

⑥ 执行所需操作,如使用 DataReader 对象的执行语句。

```
SqlDataReader reader;
reader = com.ExecuteReader ();
```

⑦ 关闭连接。

```
myconn.Close ();
```

4.4.3 主要功能模块的实现

1. 学习论坛

(1) 发帖界面,"提交"按钮(Button1)和"取消"按钮(Button2)后台代码如下:

```
protected void Button1_Click(object sender, EventArgs e)
{
     Stringsettings = Convert.ToString(ConfigurationManager.ConnectionStrings["connection
String"]);
    SqlConnection myconn = new SqlConnection (settings);
    myconn.Open ();
string upstring = "UPDATE Students SET Znumber = Znumber + 1, Dnumber = Dnumber + 1 WHERE
UserName ='" + Label1.Text + "'";
    SqlCommand cmd = new SqlCommand(upstring ,myconn);
    com.ExecuteNonQuery();
   string instring = " INSERT INTO Card (DTitle, DName, DContent, DTime) VALUES ('" +
TextBox1.Text + "','" + Label1.Text + "','" + TextBox2.Text + "','" + DateTime.Now + "')";
    SqlCommand com = new SqlCommand(instring, myconn);
    com.ExecuteNonQuery();
    Response.Write("<script>alert('发表成功!')</script>");
    Response.Redirect("~/cardmessage.aspx");
    myconn.Close();
  }
  //取消发表
 protected void Button2_Click(object sender, EventArgs e)
 {
    TextBox1.Text = "";
    TextBox2.Text = "";
}
```

(2) 回帖界面,"提交"按钮 Button1 代码如下:

```
protected void Button1_Click(object sender, EventArgs e)
{
 string sy = Request["id"];
 if (TextBox1.Text != "")
 {
 string d = DateTime.Now.ToString();
 string settings = Convert.ToString(ConfigurationManager.
 ConnectionStrings["connection String"]);
 SqlConnection myconn = new SqlConnection (settings);
 myconn.Open ();
 string upstring1 = ("UPDATE Students SET Znumber = Znumber + 1 WHERE Uname = '" + Session["id"].
 ToString() + "'");
 SqlCommand com = new SqlCommand(upstring1,myconn);
 com.ExecuteNonQuery();
 string upstring2 = ("UPDATE Card SET Rnumber = Rnumber + 1, Rname = '" + Session["id"].
 ToString() + "', Rtime ='" + d + "' WHERE DID = " + sy);
 SqlCommand com = new SqlCommand(upstring2,myconn);
 com.ExecuteNonQuery();
 string instring = ("INSERT INTO Card (RContent, Rname) VALUES ('" + TextBox1.Text + "','" +
 Session["id"].ToString() + "')");
 SqlCommand com = new SqlCommand(instring,myconn);
 com.ExecuteNonQuery();
 myconn.Close ();
 Response.Redirect("~/cardview.aspx?id = " + sy);
 }
}
```

2. 在线答疑

学生提问和教师回答功能实现代码如下:

```
//将数据绑定到 Datalist
private void databind()
{
string settings = Convert.ToString(ConfigurationManager.
ConnectionStrings["connection String"]);
SqlConnection myconn = new SqlConnection (settings);
myconn.Open ();
SqlDataAdapter dre = new SqlDataAdapter();
dre.SelectCommand = new SqlCommand("select * from Question_Answer", myconn);
DataSet dr = new DataSet();
dre.Fill(dr, "emp");
this.DataList.DataSource = dr.Tables["emp"].DefaultView;
this.DataList.DataBind();
myconn.Close ();
}
//学生提交问题时,"发送"按钮 Button1 的后台代码如下
protected void Button1_Click(object sender, EventArgs e)
{
    string question = this.message.Text;
```

```
    string username = this.student.Text;
    DateTime time = DateTime.Now;
    string settings = Convert.ToString(ConfigurationManager.
    ConnectionStrings["connection String"]);
    SqlConnection myconn = new SqlConnection (settings);
    myconn.Open ();
   SqlCommand com = new SqlCommand(" insert into Question_Answer (Question, Username, Time)
values('" + question + "','" + username + "','" + time + "')", myconn);
    com.ExecuteNonQuery();
    this.message.Text = "";
    this.databind();
}

//更改匿称 anonymer 按钮的代码如下
protected void anonymer_Click(object sender, EventArgs e)
{
   this.student.Text = "";
}

//教师回答问题的"发送"按钮 Button2 的后台代码如下
protected void Button2_Click(object sender, EventArgs e)
{
    string question = this.message.Text;
    string answer = this.answer.Text;
    string settings = Convert.ToString(ConfigurationManager.
    ConnectionStrings["connection String"]);
    SqlConnection myconn = new SqlConnection (settings);
    myconn.Open ();
  SqlCommand com = new SqlCommand("update Question_Answer set Answer = '" + answer + "'where
Question = '" + question  + "'", myconn);
 com.ExecuteNonQuery();
 this.message.Text = "";
 this.answer.Text = "";
 this.databind();
}
```

3. 资源的上传与下载模块

```
//课件下载函数
protected void checkloadfile()
{
    string strFileName;                          //文件名
    string settings = Convert.ToString(ConfigurationManager.
    ConnectionStrings["connection String"]);
    SqlConnection myconn = new SqlConnection (settings);
    SqlCommand com = new SqlCommand("select Filename from Resourse ",myconn);
    myconn.Open ();
    SqlDataReader reader;
    reader = com.ExecuteReader ();
    while (reader.Read())
    {
```

```
            strFileName = reader["Filename"].ToString();
            string strFilePath = Server.MapPath("/uploadfiles").ToString();
            if (System.IO.File.Exists(Server.MapPath("/uploadfiles" + strFileName)))
            {
                Response.Clear();
                Response.ClearHeaders();
                Response.Buffer = true;
                Response.ContentType = "application/octet-stream";
                Response.AddHeader("Content-Disposition", "attachment; Filename = " +
HttpUtility.UrlEncode(strFilePath, System.Text.Encoding.UTF8));
                Response.AppendHeader("Content-Length", strFilePath.Length.ToString());
                Response.WriteFile(strFilePath);
                Response.Flush();
                Response.End();
            }
        }
}

//课件上传按钮(btnUpLoad)后台代码
protected void btnUpLoad_Click(object sender, EventArgs e)
{
    string settings = Convert.ToString(ConfigurationManager.
    ConnectionStrings["connection String"]);
    SqlConnection myconn = new SqlConnection(settings);
    myconn.Open();
    strUser = Request.QueryString["username"];//获取传入值
    string strFileName;
    string strFileType;
    Random ran = new Random();                    //FileISN由时间加3位随机数构成
    string strFileISN = DateTime.Now.ToString("yyyyMMddhhmmss") + ran.Next(0, 999);
    string strSql;
    int iFileSize;
    if (FileUpload1.PostedFile.FileName != null)
    {
        //存在上传文件
        strFileName = FileUpload1.PostedFile.FileName;
        strFileType = strFileName.Substring(strFileName.LastIndexOf(".") + 1);
        strFileName = strFileName.Substring(strFileName.LastIndexOf("\\") + 1);
        iFileSize = FileUpload1.PostedFile.ContentLength;
        strSql = "insert into Resource(Fileisn,Filename,Filetype,Filesize,Creator) values('" +
strFileISN + "','" + strFileName + "','" + strFileType + "','" + iFileSize.ToString() +
"','" + strUser + "')";
        SqlCommand com = new SqlCommand(strSql,myconn);
        com.ExecuteNonQuery();
        try
        {
            #判断保存的文件夹是否存在
            string strUpPath = @"uploadfiles\" + System.DateTime.Now.ToShortDateString();// + @"\";
            //文件夹不存在的时候,创建文件夹
            if (!System.IO.Directory.Exists(Server.MapPath(strUpPath)))
            {
```

```
                System.IO.Directory.CreateDirectory(Server.MapPath(strUpPath));
            }
            string strUrl = Server.MapPath(strUpPath + @"\" + this.FileUpload1.FileName);
            FileUpload1.SaveAs(strUrl);
            lblResult.Text = strFileName + "文件上传成功!";
        }
        catch
        {
         lblResult.Text = "文件上传失败!";
        }
    }
    else
    {
        lblResult.Text = "请选择要上传的文件!";
    }
}
```

4.5 本项目评估

本书的第1章已给出课程设计考评的指标。此外,还可以从以下几个方面对学生的设计成果进行评价。

(1) 网络课程的总体设计:页面布局、色彩搭配是否合理;图片、声音、动画、视频等多媒体使用是否恰当;导航设计是否清晰、明了等。

(2) 网络课程的内容设计:课程内容结构是否完整;课程内容的安排是否符合学生的心理特点等。

(3) 网络课程的工具设计:是否提供了丰富的学习支持工具(如:电子笔记本、在线答疑、学习论坛、聊天室、E-mail等)以及它们的使用是否方便、有效等。

(4) 网络课程的资源建设:相关的学习资源是否丰富;资源分类是否清晰;资源的检索、查找是否方便等。

(5) 网络课程操作帮助:针对如何使用网络课程提供的帮助是否明确、完整、有效等。

(6) 网络课程的运行:运行是否正常、稳定、流畅;是否有明显的技术故障;各功能按钮是否有链接中断或错误等。

当然对网络课程设计的质量不仅仅只是从这些方面去衡量,还可以从其他的方面对其进行评价,例如每页呈现的信息量、媒体素材的相关标准、教学活动的组织与安排、网络课程的兼容性等。

4.6 本项目进一步延伸和拓展

随着网络技术、通信技术和智能技术的不断发展,网络课程的设计与开发也将面临新的要求,网络课程中各部分功能也待增强。现将网络课程中需要进一步拓展的部分介绍如下。

(1) 交互功能需进一步增强。

随着网络带宽的增加,教师和学生之间、学生和学生之间能进行面对面的视频对话。从而使得信息交流更加及时、准确和便捷,有益于网络课堂中学习者的情感交流。

(2) 答疑系统更加智能化。

现有网络课程中，答疑系统大致分为两类：一类是学生提交问题后，一定时间后，教师将答案提交给系统；另一类是自动答疑系统，这类系统的原理是利用 Web 数据挖掘，在知识库中搜索问题的答案提交给学生，如果没有找到，则将新问题转发给教师，再由教师将答案提交给系统，同时将题目及答案纳入到知识库中。此系统比较典型的例子是上海交通大学的远程教育设计中设计开发的 Answer Web 自动答疑系统。随着技术的发展，答疑系统的表现形式将更加丰富，智能性也将更高。

(3) 教学评价系统更加个性化、智能化。

网络课程要真正体现学习者的主体地位，实现对不同知识水平的学生因材施教，建立新型的评价系统是必要条件。个性化智能教学评价系统可以根据学生答题情况，实时调整试题，及时给予个性化的反馈内容。

(4) 学习环境虚拟化。

建构主义提倡情境性教学，认为学习者的知识是在一定的情景下，借助他人的帮助，通过意义建构获得。随着虚拟仿真技术的不断发展，在网络课程的实验部分可以利用仿真技术建立一个虚拟的实验环境，来逼真地模拟现实世界的实验环境，学生进入之后就有一种“身临其境”的感觉，能够亲自动手进行实验操作。这种虚拟化的“真实环境”更有助于学生对知识的理解和掌握。

(5) 实现真正的个别化教学。

不同学习者之间在生理、心理、获取信息的速度、对信息的感知方式等方面都存在着个体的差异，因此要实现真正意义上的个别化教学，网络课程还需要在学习者学习风格测试方面进行拓展，并在此基础上为学习者提供适合的学习计划、学习情景和学习资源等。

第5章 在线考试系统设计与实现

本章提要：

本章介绍了一个B/S结构的在线考试系统的设计和实现方法。该系统主要实现了身份认证、出题、组卷、在线考试、试卷批改和成绩查询等功能。系统采用ASP.NET和SQL Server进行开发，使用ASP.NET的LINQ技术将数据库表映射为实体类，并将各种类型的考题封装成不同的用户控件，展示了面向对象的设计和开发思想。

本章重点：

- 学习ASP.NET的LINQ to SQL技术，掌握将数据库表映射为实体类以及通过LINQ语法操作数据库的方法。
- 掌握ASP.NET用户控件的创建和使用方法。
- 本章的考试系统利用面向对象的继承和多态技术设计各试题类，考试界面可根据不同的试题类型自动加载对应试题控件，掌握并理解这种设计方法的优势和不足。

5.1 本项目背景及要求说明

随着我国信息化水平的不断提高，远程教育和网络教育这种通过互联网的教育形式已经蓬勃发展起来。与传统考试相比，在线考试从出题、考试、改卷、到统计分析等一系列环节完全实现了数字化，这不仅在很大程度上能减少因人工操作而产生的一些错误，同时教师也能减轻工作负担，提高工作效率。目前许多国际著名的各种认证考试也都采用在线考试的形式，如微软授权培训中心（Microsoft Authorized Training Center，ATC）组织的认证考试、于2006年正式登陆中国内地的新一代托福考试TOEFL-IBT（Internet Based Test）等。

实际应用当中的在线考试系统的设计和开发并不像看上去那样简单。一方面，不同的考试组织可能对系统功能和界面的需求差异很大；另一方面，除了实现需求功能之外，安全性、稳定性和可靠性也是在线考试系统必须考虑的因素。这些复杂的要求已经超出了一个章节的课程设计的范畴，本章只选取各种在线考试系统中具有共性的几个关键点，如出题、考试、改卷、查分及用户管理等功能，进行了分析、设计与实现，其目的在于让读者对在线考试系统的设计和开发思路有一个基本的了解，有兴趣的朋友可以参考本章内容，设计和实现符合自己需要的考试系统。

5.2 本项目需求分析

在线考试系统应能满足一般考试的基本需求,如题型需求等,并在此基础上为用户提供传统考试所无法提供的便利,如客观题采用自动阅卷评分,为教师节省了时间。

其次,系统界面应简洁友好,各功能模块设置一目了然,操作简单灵活。考虑到用户的计算机水平可能参差不齐,用户应只需掌握计算机的基本操作就能方便的使用本系统。

此外,系统还应具备一定的可靠性和可扩展性。采取必要的异常处理机制,保证考试的顺利进行。对于自动阅卷所产生的考生得分应保证其正确性,并能在一定程度上适应用户需求的变化对系统功能进行扩展。

5.2.1 在线考试系统功能分析

根据在线考试系统的特点,对系统功能的需求分析如下:

对身份验证的需求。用户登录系统需要进行身份验证。验证成功方可登录系统,验证失败则需重新输入验证信息。

对考试题型的需求。系统应能满足一般考试对题型的要求,如:单选题、多选题、填空题、判断题、简答题等。由于考试可能需要的题型根据不同的科目存在很大的灵活性,如名词解释、材料分析、完形填空等,虽然与选择、填空或问答类似,但细节又略有不同,系统应能够在一定程度上支持题型的扩展,教师在出题时可根据需要选择相应的题型。

对考试时间的控制。考试过程中,在线考试页面应实时显示考试剩余时间。允许考生提前交卷。如果考试时间已到,无论考生是否完成答卷,系统必须终止答题,并自动提交答卷。

对阅卷的需求。为节省教师时间,客观题(包括单选题、多选题和判断题等)应采取自动阅卷,即考生提交答卷的同时系统自动阅卷并统计得分;主观题(包括填空题,简答题等)实行人工阅卷,考试结束后由教师统一阅卷。

5.2.2 在线考试系统数据分析

基于以上对在线考试系统的功能分析,可初步对系统所需数据作如下设计。

用户数据:包括用户名、密码以及用户信息等基础数据。

试卷数据:包括试卷名称、发布时间等数据。

大题数据:包括大题名称、题型等数据

小题数据:包括所属大题、题干、正确答案等。

答卷数据:包括考生学号、分数、参加时间、所属试卷等数据。

答题数据:包括考生学号、考生答案、考生得分、所属题目、所属答卷等数据。

5.3 本项目系统设计

在开始对系统各个模块进行设计之前,首先有必要对系统的基本架构和业务逻辑进行简要的分析和设计。初学开发的读者往往习惯一开始就过分专注于编程语言与工具之类的细节，这样可能会忽略一些重要的内容。

本项目分为三种用户角色：管理员、教师和学生。不同角色的用户拥有不同的权限。管理员具有修改登录密码、用户管理(包括教师用户和学生用户)、试卷管理等权限；教师具有修改登录密码、试卷管理、出题、组卷、阅卷、成绩查询等权限；学生具有修改登录密码、在线考试、成绩查询等权限。他们与系统各功能之间的关系如图 5.1 所示。

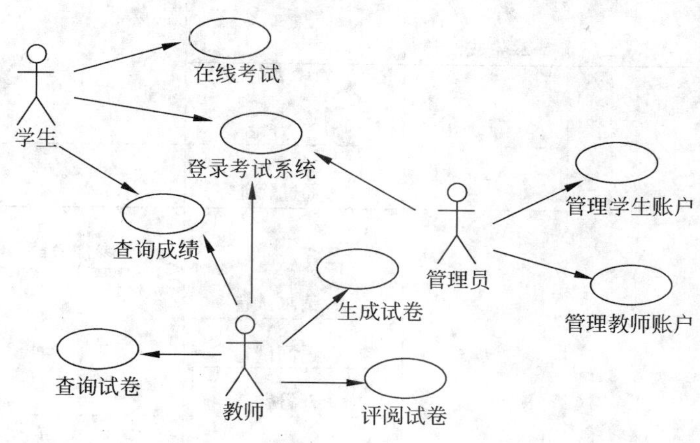

图 5.1　系统的用例关系图

需要注意的是，对于一门考试来说，教师出题、生成试卷、学生参加考试、教师改卷和成绩统计这一过程具有严格的顺序关系。例如，教师出卷并定稿后，不能再修改试卷，否则会出现学生答题时教师还能修改题目的不合理情况。这就要求在整个设计过程中，每个有先后顺序的环节都需要在数据库对应表中有相应的状态字段进行记录和区分，在相关业务逻辑实现时加以控制。为了清楚地描述这一过程，可以做一个时序图，如图 5.2 所示。

再考虑对大题题型的灵活定制与扩展问题。本系统没有为每种大题单独建立一张数据库表，而是引入大题题型和大题描述两个概念。大题类型即大题的基本类型(单选、多选、判断、填空、简答等)，而大题描述表示具体试卷中对基本题型的扩展描述，如简答题是名词解释还是材料分析抑或是论述题，选择题是单选还是完形填空等等。也就是说，同一种题型可以有不同的表述与呈现。具体做法见 5.3.2 节数据库设计。

考虑到不同大题下小题类型和答案类型均有所不同，例如，单选题除了题干的叙述文字外还包括选项，应在答题区每个选项前设置单选框，而问答题则只需显示一个文本框等。相应地，提交答案时应根据不同的题型采取不同的提交方式，如选择题应提取选项字母，而简答题应提取完整答案等。因此，必须在生成页面时，根据每道题在数据库表中对应的题型，采取不同的显示和处理方式。

本项目采用动态加载 ASP. NET 用户控件的方法，并配合面向对象编程语言(本项目中是 C#)的继承与多态来解决这个问题。具体做法是根据不同题型创建不同的用户控件，使这些用户控件类继承自同一个基类，并在该基类中定义提交函数的虚方法，然后在不同的题型控件中提供重载方法。这样，在载入试题时可通过判断该大题的类型载入相应的用户控件，而在提交答案时使用的是各控件所提供的不同的重载方法。

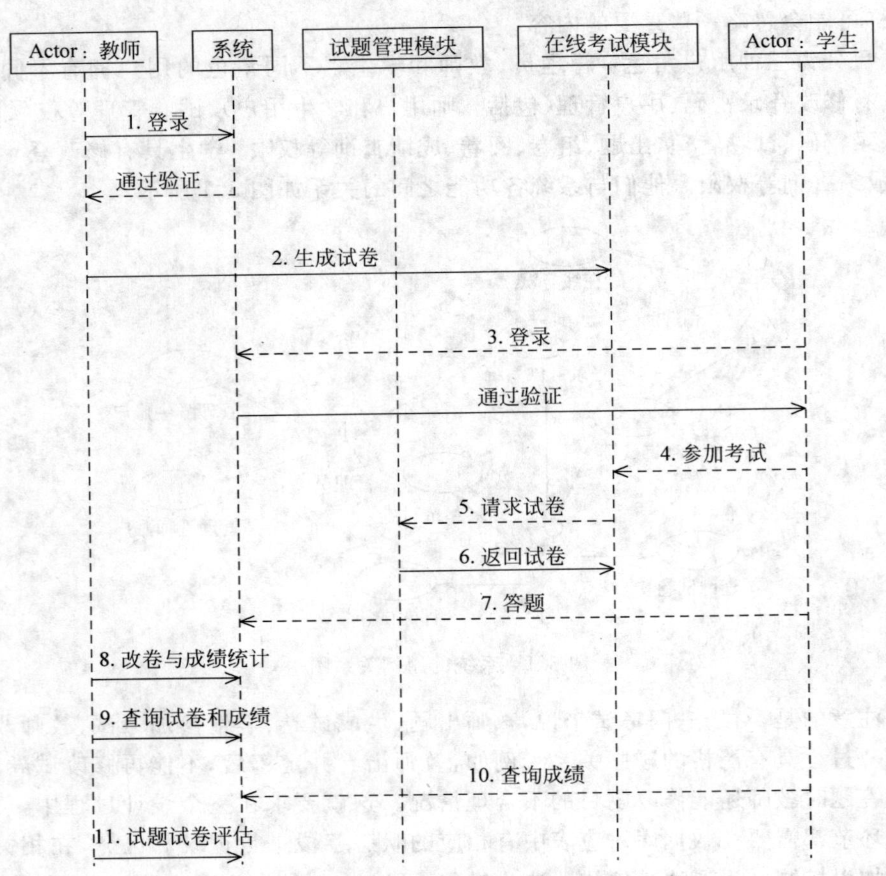

图 5.2　教师组卷和学生考试顺序图

5.3.1　系统模块设计

本项目分为用户登录、在线考试、系统管理 3 个功能模块，如图 5.3 所示。

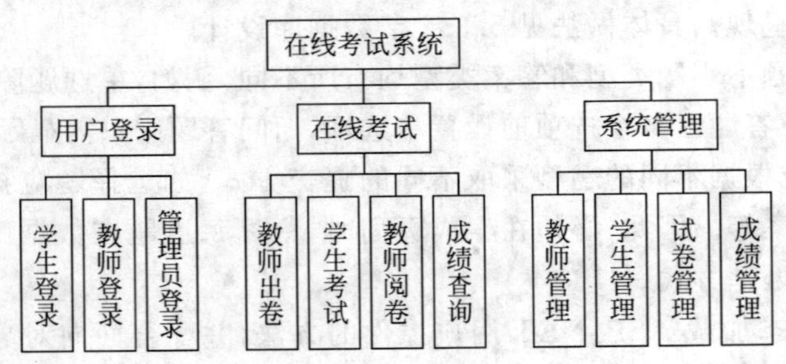

图 5.3　系统功能图

1. 用户登录模块

本系统为用户提供了统一友好的登录界面。用户输入用户名、密码并选择相应角色后，进行用户合法性验证，根据用户不同的权限，验证通过后转到的页面也不同。

2. 在线考试模块

(1) 首先由教师出题、组卷、发布试卷。

学生用户通过合法性验证后进入待考试卷列表页,可从待考试卷列表中选择希望参加的一项考试,进入在线考试页面。

(2) 考试时间默认为120分钟,开始考试后系统倒计时,如果考试规定时间还未到,系统允许考生提前交卷。如果时间已到,则无论考生是否完成答卷,系统必须终止答题,并自动提交。

(3) 考生试卷提交后,系统逐一将考生客观题答案与试题的正确答案进行对照,判断正误,并依据试题相对应的分值进行计分,同时将考生客观题成绩记入数据库中。主观题由教师人工阅卷。

(4) 阅卷完毕后,学生用户可通过输入试卷名称查询考试成绩,也可以从已考试卷列表中直接查看考试成绩以及得分详情。管理员和教师用户可通过学号、学生姓名或试卷名称等方式进行成绩查询。

3. 系统管理模块

(1) 用户管理:管理员具有用户管理权限,可进行添加用户,初始化登录密码(教师和学生用户的初始密码均为:123456)等操作。

(2) 试卷管理:教师具有试卷管理权限,可进行出题、组卷、发布试卷、阅卷,修改、删除试卷等操作。

(3) 成绩管理:教师和管理员均具有成绩管理权限,可按学生或试卷查看成绩。

5.3.2 数据库设计

首先考虑面向的用户。这里的用户主要指参加考试的学生、出卷阅卷的教师以及系统管理员。用户权限管理功能的开发不是本项目介绍的重点,为了信息管理和开发方便,可以构造两张表,即学生表和管理员表,教师用户归于管理员类。系统的初始用户设置为系统管理员,由管理员添加其他教师用户。系统开放给学生注册,学生表用于存放学生的注册信息。详见表5.1和表5.2所示。

其次考虑试卷和试题数据的组织。本项目不涉及题库的概念,以教师出卷为线索,首先添加试卷,然后再在试卷中添加大题,最后在各大题中添加小题。相应地,应该构造试卷表、大题表、小题表等3张表。其中,在大题表中引入大题题型和大题描述两个字段,分别用来表示大题的基本类型(单选、多选、判断、填空、简答等)和具体试卷中对基本题型的扩展描述,使系统具有一定的可扩展性。详见表5.3、表5.4和表5.5所示。

最后针对学生在线考试和教师阅卷环节设置了学生答卷表和学生答题表。学生答卷表主要用于存放学生参加某项考试的基本信息,包括试卷ID、参加时间、答卷状态、考试成绩等。学生答题表存放了学生答题的具体情况,包括每小题的学生答案和具体得分等。详见表5.6和表5.7所示。

本项目将使用Microsoft SQL Server Express作为数据库系统。打开SQL Server Management Studio Express,新建一个数据库,将其命名为ExamOnline。ExamOnline数据库中包含的数据表如下所示。

(1) 管理员表(Admin):用来存储管理员用户的信息,包括管理员和教师两种角色。其中 UserID 为 1 的用户为管理员，其他用户为教师，如表 5.1 所示。

表 5.1 管理员表

字段名	数据类型	可否为 NULL	默认值	字段说明
UserID	Int	否		用户 ID，主键，自增
UserName	varchar(20)	否		用户名
UserPWD	varchar(20)	否		密码

(2) 学生表(Student)：用来存储学生用户的信息，如表 5.2 所示。

表 5.2 学生表

字段名	数据类型	可否为 NULL	默认值	字段说明
StuID	int	否		学生 ID，主键，自增
StuNO	varchar(20)	否		学号
StuName	varchar(20)	否		学生姓名
StuPWD	varchar(20)	否		密码
StuSex	int	否	0	性别，0 为男，1 为女

(3) 试卷表(Paper)：用来存储试卷的信息，如表 5.3 所示。

表 5.3 试卷表

字段名	数据类型	可否 NULL	默认值	字段说明
PaperID	int	否		试卷 ID，主键，自增
PaperName	varchar(50)	否		试卷名称
PaperState	bit	否	0	试卷状态(1 为已发布，0 为未发布)
PostTime	datetime	否	getdate()	发布时间
ToCheck	bit	否	0	是否有待阅试卷(1 为有，0 为无)

(4) 大题表(Big)：用来存储大题的信息。其中字段 pID 对应于试卷表(Paper)的 PaperID 字段，如表 5.4 所示。

表 5.4 大题表

字段名	数据类型	可否为 NULL	默认值	字段说明
BigID	int	否		大题 ID，主键，自增
BigName	varchar(50)	否		大题名称
Type	int	否	0	大题类型(0 为问答题，1 为填空题，2 为单选题，3 为多选题，4 为判断题)
pID	int	否		试卷 ID
Description	text	是		大题描述

(5) 小题表(Question)：用来存储小题的信息。其中字段 bID 对应于大题表(Big)的 BigID 字段，如表 5.5 所示。

表 5.5 小题表

字段名	数据类型	可否为 NULL	默认值	字段说明
QuesID	int	否		题目 ID,主键,自增
bID	int	否		大题 ID
QuesBody	text	否		题干
Answer	text	否		参考答案
Score	int	否	0	分值

(6) 学生答卷表(sPaper):用来存储学生的答卷信息。其中字段 sNO 对应于学生(Student)的 sNO 字段,字段 pID 对应于试卷表(Paper)的 PaperID 字段,如表 5.6 所示。

表 5.6 学生答卷表

字 段 名	数 据 类 型	可否为 NULL	默 认 值	字 段 说 明
sPaperID	int	否		学生答卷 ID,主键,自增
sNO	varchar(20)	否		学号
pID	int	否		试卷 ID
sTotalScore	int	否	0	总分
sPaperState	bit	否	0	试卷状态(0 为未阅,1 为已阅)
AttTime	datetime	否	getdate()	参加时间

(7) 学生答题表(Answer):用来存储学生的答题信息。其中字段 sNO 对应于学生表(Student)的 sNO 字段,字段 pID 对应于学生答卷表(sPaper)的 sPaperID 字段,qID 对应于小题表(Question)的 QuesID 字段,如表 5.7 所示。

表 5.7 学生答题表

字 段 名	数 据 类 型	可否为 NULL	默 认 值	字 段 说 明
sQID	int	否		学生答题 ID,主键,自增
sNO	varchar(20)	否		学号
sPID	int	否		学生答卷 ID
qID	int	否		小题 ID
sAnswer	text	是		学生答案
sScoring	int	否	0	学生得分

5.3.3 系统界面设计

本系统采用网页制作工具 Dreamweaver 8.0 作为原型,用 HTML 静态网页技术来实现系统界面。先使用 Dreamweaver 8.0 快速地将整个系统的功能通过形象化的界面展现出来,包括网页数量、界面元素布局、页面样式、页面跳转、交互效果等。本系统主要有两种页面,登录界面和后台界面,分别如图 5.4 和图 5.5 所示。

图 5.4 登录界面

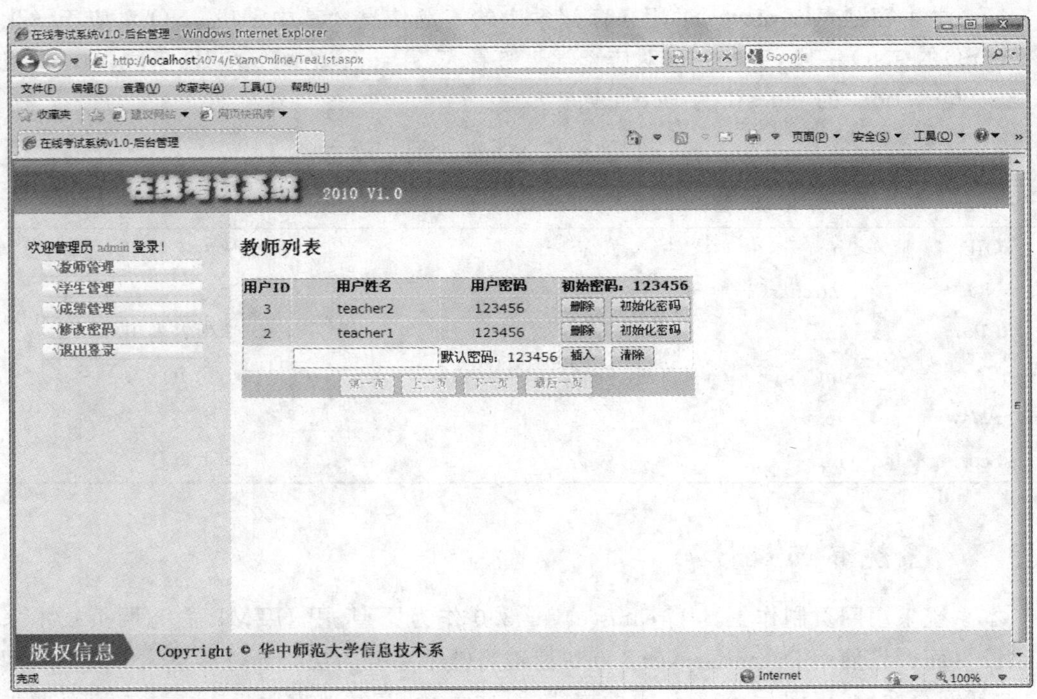

图 5.5 后台界面

5.4 本项目实施

下面从页面制作、数据访问和功能模块实现三方面对项目实施作简要的介绍。其中页面制作在前面的章节已有比较详细的说明，这里不再详述。本节主要介绍 ADO.NET 之外的另一种数据访问技术——LINQ 以及系统各模块中的几个主要功能的实现方法。

1. 创建 ExamOnline 网站

打开 Microsoft Visual Studio，从系统主菜单中选择"文件"→"新建"→"网站"，弹出"新建网站"对话框，如图 5.6 所示。

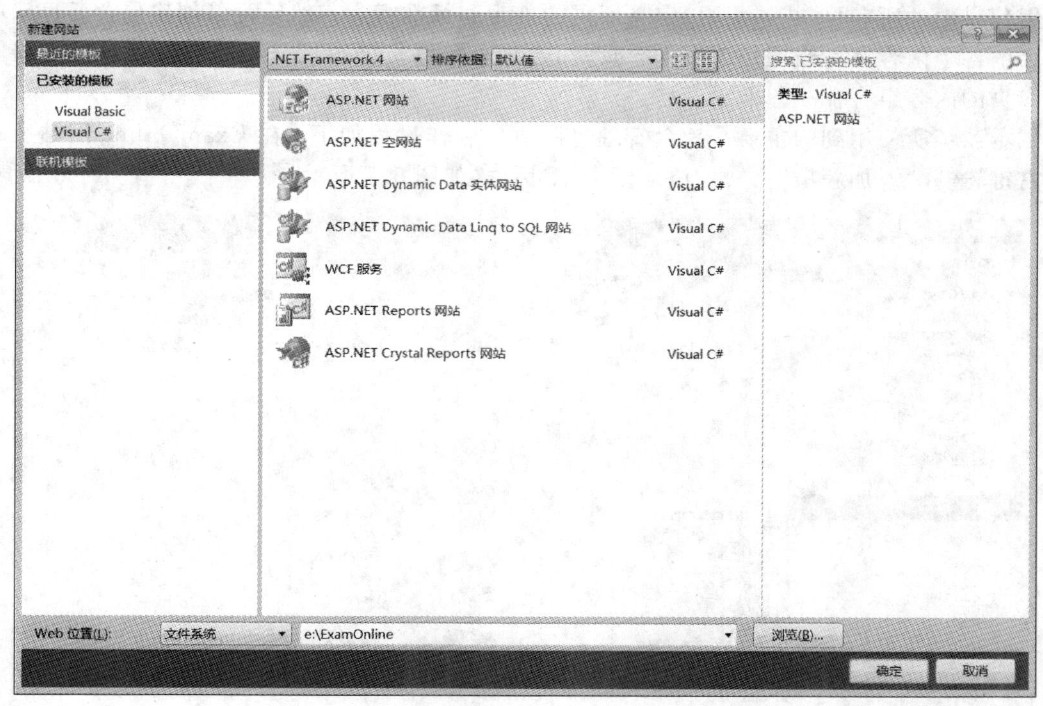

图 5.6 "新建网站"对话框

在"模板"处选择 ASP.NET 网站。

在"位置"处选择"文件系统"，按"浏览"按钮选择或直接输入准备存放本系统的子目录名。例如，使用 E 盘下的 ExamOnline 文件夹存放本系统(以下在没有特别说明的情况下，默认本系统存放在此路径)。

语言选择 Visual C＃。

单击"确定"按钮完成 ExamOnline 网站的创建。这时 Visual Studio 自动为 ExamOnline 网站创建了 Default.aspx 和 Web.Config 文件及 App_Data 文件夹。

2. 添加 App_Code 文件夹

App_Code 文件夹用于存放自定义类和其他源代码文件，可在 Web 应用程序中使用它们而不必单独对它们进行编译。

在 ExamOnline 网站上单击右键，在"添加 ASP.NET 文件夹"中选择 App_Code。

3. 添加数据库文件

将 5.3.2 节创建的数据库文件 ExamOnline. mdf 及其日志文件 ExamOnline_log. ldf 复制到 App_Data 文件夹中。

4. 创建 Controls 等文件夹

Controls 文件夹用于存放用户控件。

在 ExamOnline 网站上单击右键,选择"新建文件夹"并命名为 Controls。

5.4.1 页面制作

使用 ASP. NET 母版页可以为应用程序中的页创建一致的布局。单个母版页可以为应用程序中的所有页(或一组页)定义所需的外观和标准行为。然后可以创建包含要显示的内容的各个内容页。当用户请求内容页时,这些内容页与母版页合并以将母版页的布局与内容页的内容组合在一起输出。

本系统所使用到的主要是后台管理母版页。制作过程如下:在 ExamOnline 网站上单击右键,选择"添加新项",弹出"添加新项"对话框,如图 5.7 所示。

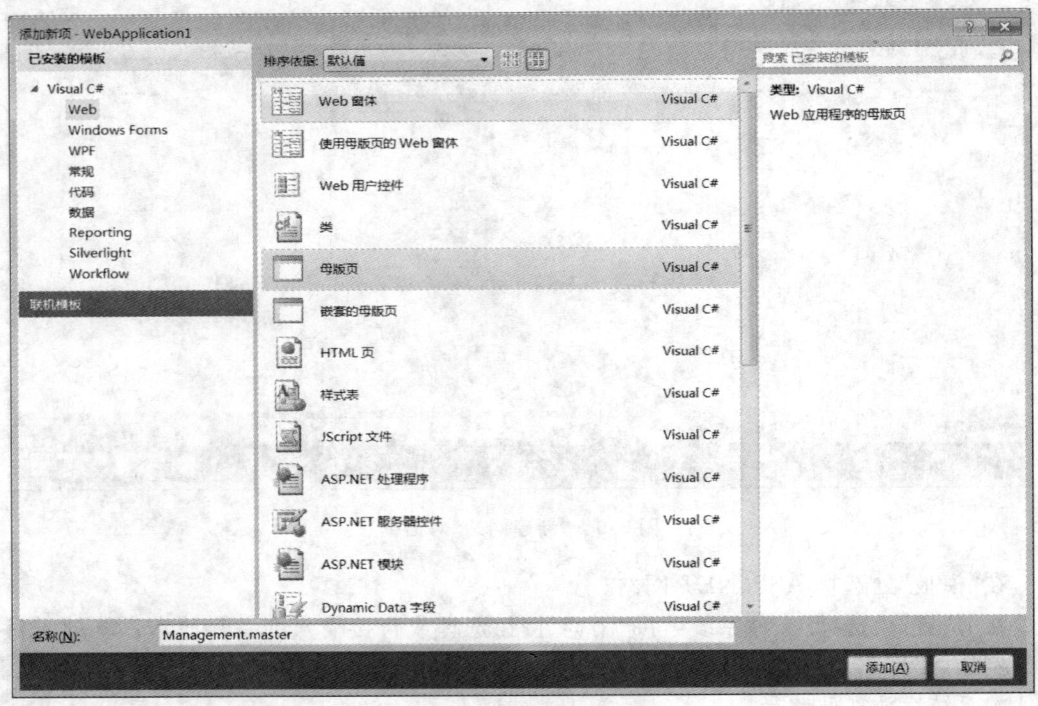

图 5.7 "添加新项"对话框

在"Visual Studio 已安装的模板"处选择"母版页"。

在"名称"处将默认的文件名修改为 Management. Master。

在"语言"处选择 Visual C#。

勾选"将代码放在单独的文件中"。

单击"添加"按钮完成"后台母版页"的创建。

结合 Dreamweaver 8,制作 Management. master 母版页。

5.4.2 数据库访问

本项目使用 LINQ to SQL 进行数据访问。

LINQ to SQL 是.NET Framework 版的一个组件，提供了用于将关系数据作为对象管理的运行时基础结构。在 LINQ to SQL 中，关系数据库的数据模型映射到用开发人员所用的编程语言表示的对象模型。当应用程序运行时，LINQ to SQL 会将对象模型中的语言集成查询转换为 SQL，然后将它们发送到数据库进行执行。当数据库返回结果时，LINQ to SQL 会将它们转换回可以用自己的编程语言处理的对象。

VS 提供了一个对象关系设计器(O/R 设计器)，允许基于数据库的表创建一个可通过代码访问的对象模型。换句话说，O/R 设计器用于在应用程序中创建映射到数据库中对象的对象模型。只要将表拖至该设计器，VS 就会创建可用于访问数据库中底层数据的代码，而无须自己编写大量代码。拖至设计器上的类存储在.dbml 文件和其代码隐藏文件中。这些文件包含了一个继承自 DataContext 的类，而 DataContext 是 LINQ to SQL 中提供对数据库进行访问的主要实体。本项目将创建一个名为 ExamOnlineDataContext(按.dbml 文件命名)的类，使用它访问添加到图表的表数据。通常不需要查看生成的代码，但可以打开 DataContext.designer.cs 进行查看。

1. 创建 O/R 映射

在"解决方案资源管理器"的 App_Code 文件夹上单击右键，选择"添加新项"，在"已安装模板"中选择"数据"，添加"LINQ to SQL 类"，如图 5.8 所示。

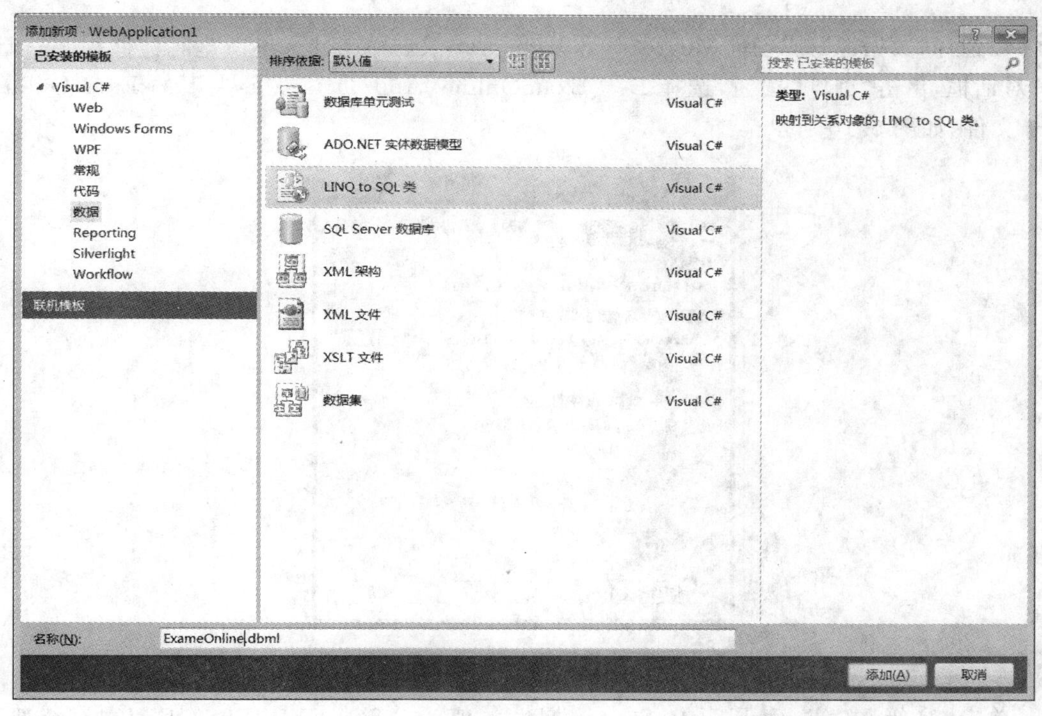

图 5.8 "添加新项"对话框

在“Visual Studio 已安装的模板”处选择“LINQ to SQL 类”。

在“名称”处将默认的文件名修改为 ExamOnline. dbml。

在“语言”处选择 Visual C#。

单击“添加”按钮完成 O/R 映射的创建。

2. 创建数据连接

此步骤假定已在 SQL Server 中建立数据库 ExamOnline，若直接在 App_Data 中新建数据库，则可跳过此步骤。

从 Visual Studio 主菜单中选择“视图”→“服务器资源管理器”。

在“服务器资源管理器”的“数据连接”项上单击右键选择“添加连接”，弹出“添加连接”对话框，单击“更改”按钮，弹出“更改数据源”对话框，如图 5.9 所示。

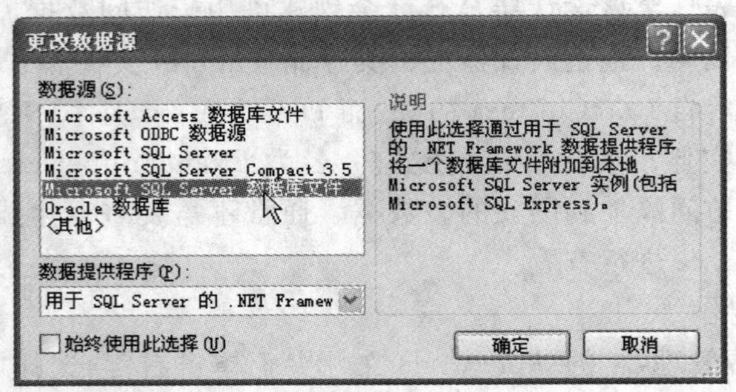

图 5.9 “更改数据源”对话框

在选择“数据源”处选择“Microsoft SQL Server 数据库文件”，单击“确定”回到“添加连接”对话框，单击“浏览”按钮，选择 E：\ExamOnline\App_Data 文件夹下的 ExamOnline. mdf 文件，如图 5.10 所示。

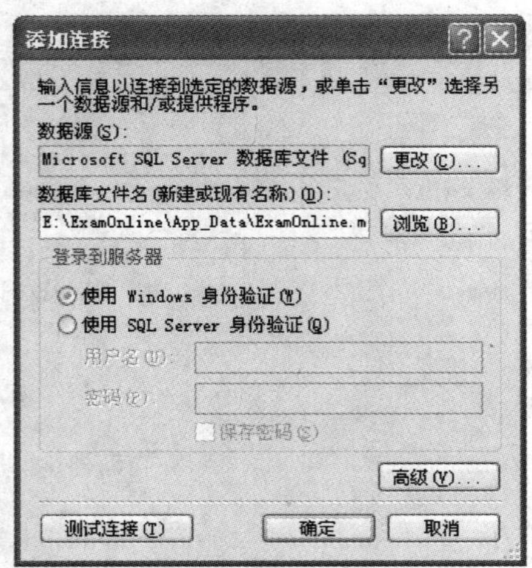

图 5.10 更改数据源后的“添加连接”对话框

单击“高级”按钮，确保 Data Source 属性的值为.\SQLEXPRESS(因为本系统选用 Microsoft SQL Server Express 作为数据库系统)，单击“确定”回到“添加连接”对话框。

勾选“使用 Windows 身份验证”。

单击“测试连接”按钮，弹出“测试连接成功”的提示框，说明数据库连接添加成功。

单击“确定”按钮完成“数据连接”的创建。

3. 创建 DataContext 类

打开刚才在 App_Code 文件夹下创建的 ExamOnline.dbml 文件。主编辑窗口被分为两部分。在左侧窗格中，可以拖放像数据库表这样的项来为应用程序创建数据类。在右侧窗格中，可以从数据库中拖放像函数和存储过程这样的项来创建数据库类中的额外方法。

确保“服务器资源管理器”窗口是打开的，然后定位到 ExamOnline.mdf 数据库。

展开 ExamOnline.mdf 数据库到“表”节点，从“服务器资源管理器”中拖放表 Admin、Answer、Big、Paper、Question、sPaper 和 Student 到 ExamOnline.dbml 左侧窗格。

至此，成功创建了一个名为 ExamOnlineDataContext 的类。

4. 添加表关联

根据 5.3.2 节的数据库设计，添加表关联。如：要将试卷表(Paper)中的字段 PaperID 关联到大题表(Big)中的字段 pID。可采取如下操作：在 ExamOnline.dbml 主编辑窗口的空白处单击右键，选择“添加”→“关联”，弹出“关联编辑器”对话框，如图 5.11 所示。

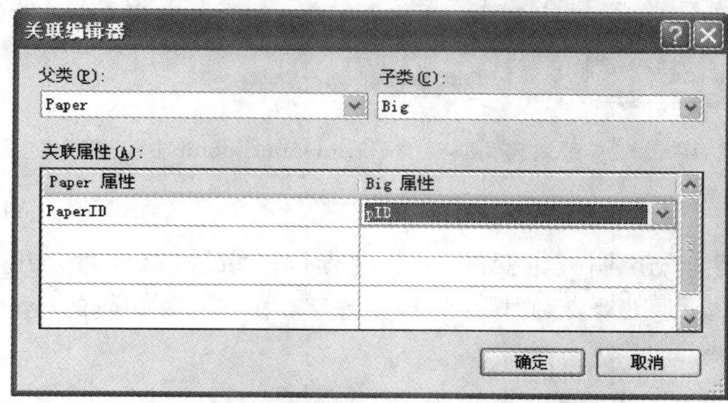

图 5.11 “关联编辑器”对话框

在“父类”下拉列表中选择 Paper 表，在“子类”下拉列表中选择 Big 表。

在“关联属性”的“Paper 属性”中选择 PaperID，在“Big 属性”中选择 pID。

单击“确定”按钮完成 Paper 表和 Big 表之间的一个关联。

用同样的方法建立其他表之间的关联。完成之后的 ExamOnline.dbml 主编辑窗口如图 5.12 所示。

5. 使用 LINQ to SQL 访问数据库

使用 LINQ to SQL 访问数据库的方式有两种：查询语法和方法语法。

首先应创建 ExamOnlineDataContext 类的实例(本章后面的代码均以已创建 ExamOnlineDataContext 类的实例 dc 为前提)。代码如下：

```
ExamOnlineDataContext dc = new ExamOnlineDataContext();
```

下面使用 LINQ 查询语法演示查询试卷 ID 为 1 的试卷信息的过程。代码如下：

```
var q = from p in dc.Paper
where p.PaperID == 1
select p;
```

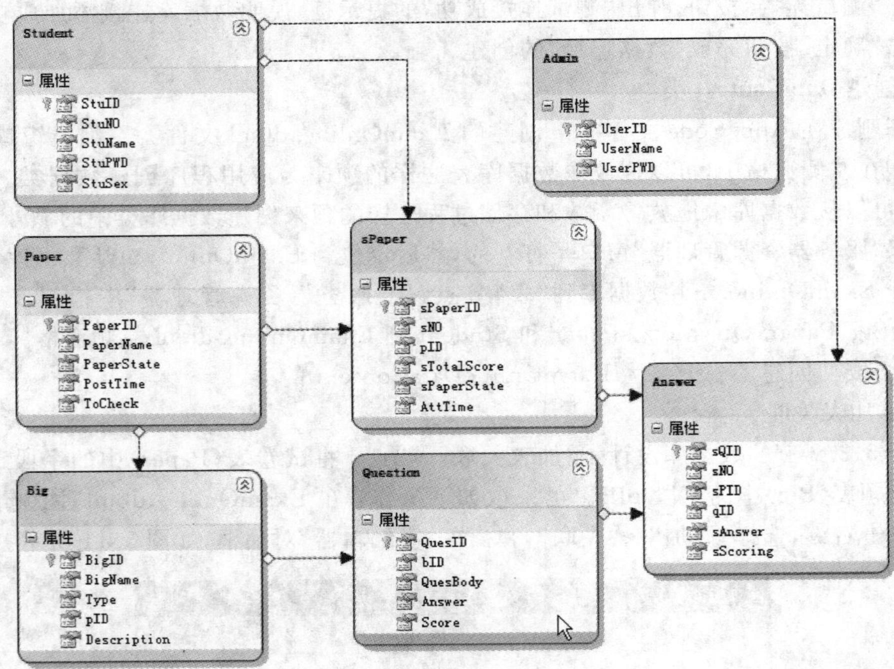

图 5.12　添加表关联后的 ExamOnline.dbml 主编辑窗口

代码说明：

(1) LINQ 查询首先声明一个变量，以包含查询的结果，这通常是用 var 关键字声明一个变量来完成的。var 是 C# 3.0 中一个新关键字，用于声明一般的变量类型，特别适合于包含 LINQ 查询结果。

本例声明了一个 var 变量 q：

```
var q =
```

(2) LINQ 查询的下一个部分是 from 子句，它指定了要查询的数据。from 子句是必需的。

本例中的数据源是 Paper 表：

```
from p in db.Paper
```

(3) 在 LINQ 查询的下一部分，可以用 where 子句指定查询的条件，即能应用于数据源中各元素的任意布尔表达式。where 子句是可选的。

本例的查询条件被限定为试卷 ID 为 1：

```
where p.PaperID == 1
```

(4) 最后，select 子句指定结果集中包含哪些元素。select 子句也是必需的。LINQ 查询以 from 子句开头以 select 子句结尾。

本例中，查询表 Paper 中的所有元素：

```
select q;
```

以上例子演示了用LINQ查询语法访问数据库的方法。查询语法是在LINQ中编写查询的首选方式。也可以用方法语法来编写相同的程序。代码如下：

```
var q = dc.Paper.Where(p = > p.PaperID = = 1).Select(p = > p);
```

代码说明：

(1) LINQ实现为一系列扩展方法，用于集合、数据、查询结果和其他执行了IEnumerable接口的对象。本例使用了Where<>和Select<>方法。

(2) 大多数使用方法语法的LINQ方法都要求传送一个方法或函数，来计算查询表达式。方法/函数参数以委托的形式传送，它一般引用一个匿名方法。Lambda表达式是编写匿名方法的简洁方式，用于执行查询表达式。

对于本例中的p=>p.PaperID==1就是一个Lambda表达式，它定义了一个函数，其参数名是p，如果p.PaperID的值等于1，该函数返回true，否则返回false。限于本书篇幅和主要目标，不对Lambda表达式和LINQ语法进行详细的介绍，请读者自行查阅相关文档进一步学习。

5.4.3 主要功能模块的实现

1. 用户登录模块

系统提供了学生、教师和管理员3种角色。其中系统预设了管理员用户，教师用户由管理员在后台添加，学生用户则需要注册。

管理员、教师和已注册的学生用户可以直接输入用户名、密码进行登录。登录页面(Login.aspx)如图5.4所示。

未经注册的学生单击"学生注册"进行注册。进入学生注册界面后，以学号(学号即用户名)进行注册，并填写姓名、密码、性别等信息。单击"确定"后，即提示注册成功。注册页面(Register.aspx)如图5.13所示。

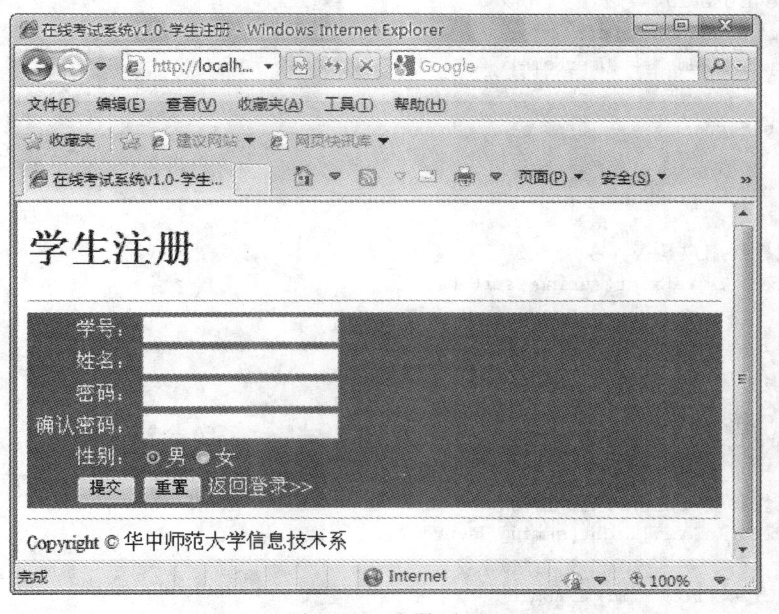

图5.13 注册页面

功能实现：

用户登录模块的重要功能是对使用本系统的用户进行合法性验证。用户输入用户名和密码，选择角色后，单击“登录”按钮进行合法性验证。通过用户合法性验证的用户将根据其角色转到不同页面。进入后台每个页面时，系统都将对用户权限进行判断，以确定用户是否有访问该页面的权限。

(1) 用户合法性验证是通过“登录”按钮 btnLogin 的 Click 事件 btnLogin_Click 实现的。这里涉及几个判断函数，关键代码如下：

```
//判断该学生用户是否存在
private bool IsStuExist(string UserName)
{
    bool b = (from s in dc.Student
    where s.StuNO == UserName
    select s.StuNO).Contains(UserName);
    return b;
}
//判断该学生输入密码是否正确
private bool IsStuPWDRight(string UserPWD)
{
    bool b = (from s in dc.Student
    where s.StuPWD == UserPWD
    select s.StuPWD).Contains(UserPWD);
    return b;
}
//判断管理员用户名是否正确
private bool IsAdmin(string UserName)
{
    bool b = false;
    var q = (from a in dc.Admin
    where a.UserID == 1
    select a).SingleOrDefault();
    if (q.UserName == UserName)
    {
        b = true;
    }
        return b;
}
//判断该教师用户是否存在
private bool IsTeaExist(string UserName)
{
    bool b = (from a in dc.Admin
    where a.UserName == UserName
    select a.UserName).Contains(UserName);
    return b;
}
//判断该教师输入的密码是否正确
private bool IsTeaPWDRight(string UserPWD)
{
    bool b = (from a in dc.Admin
```

```
        where a.UserPWD == UserPWD
        select a.UserPWD).Contains(UserPWD);
        return b;
    }
```

(2) 用户通过合法性验证后需记录其用户名以及用户权限的 Session 值。以学生用户登录为例，btnLogin_Click 函数中相关代码如下：

```
//将用户名写入 Session
Session["UserName"] = UserName;
//将用户权限写入 Session,学生权限为 0,教师权限为 1,管理员权限为 2
Session["Purview"] = 0;
```

(3) 登录成功后，用户进入后台页面时，系统将根据②中记录的 Session 值判断用户是否具有访问该页面的权限。例如，用户进入试卷管理页(PaperList.aspx)时，由于只有教师用户具有访问该页面的权限，因此系统应拒绝其他用户的访问。具体做法是将如下代码写入代码隐藏页(PaperList.aspx.cs)的 PageLoad 函数中：

```
//若用户名为空(即未登录用户)或者用户权限不为 1(即非教师用户)
if (Session["UserName"] == null || Session["Purview"].ToString() != "1")
//则转到登录页
Response.Redirect("Login.aspx");
```

2. 在线考试模块

1) 教师出卷

教师用户登录后，单击左侧菜单的"出卷"转到出卷页(PaperAdd.aspx)，如图 5.14 所示。

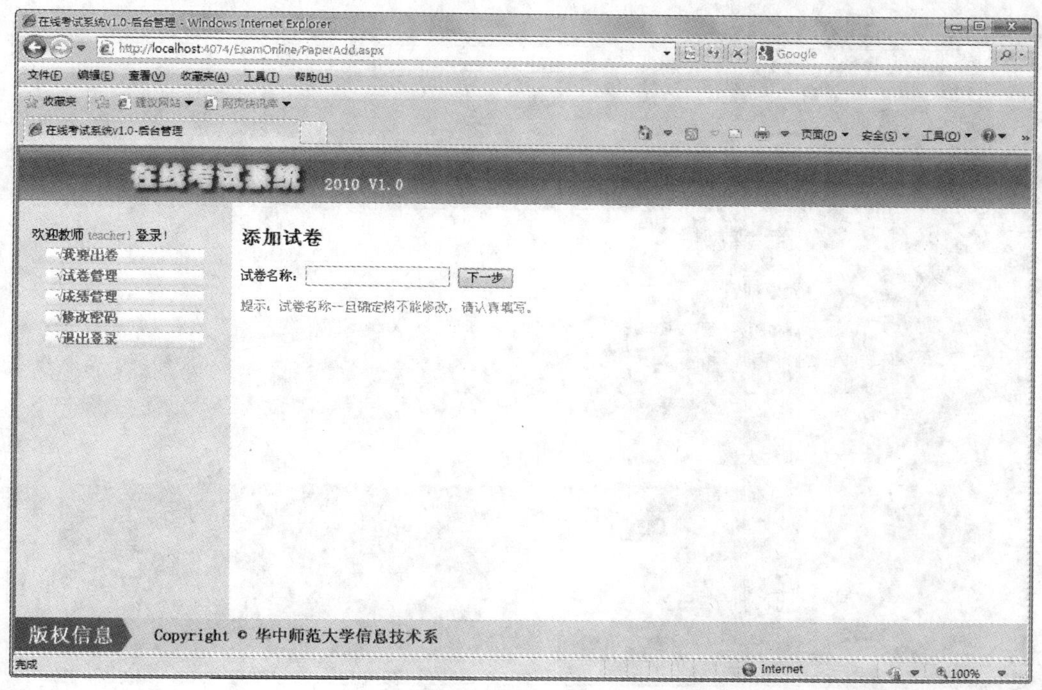

图 5.14 添加试卷页

填写试卷名称后，单击“下一步”按钮，转到大题列表页，如图 5.15 所示。

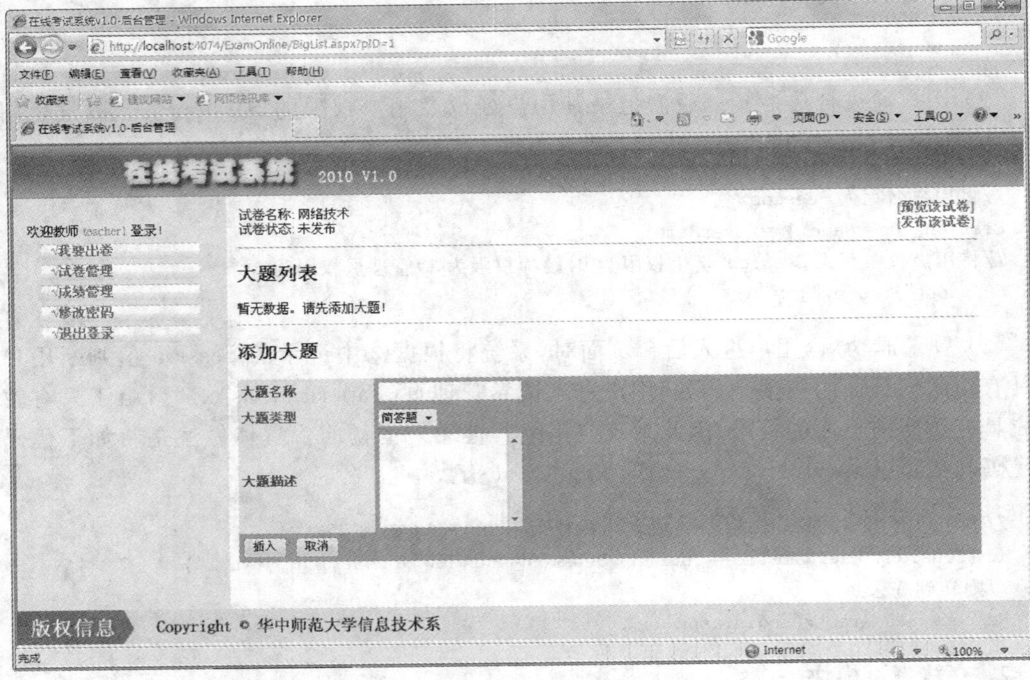

图 5.15　大题列表页

此时该试卷尚无任何题目，需先添加大题。添加成功后如图 5.16 所示。

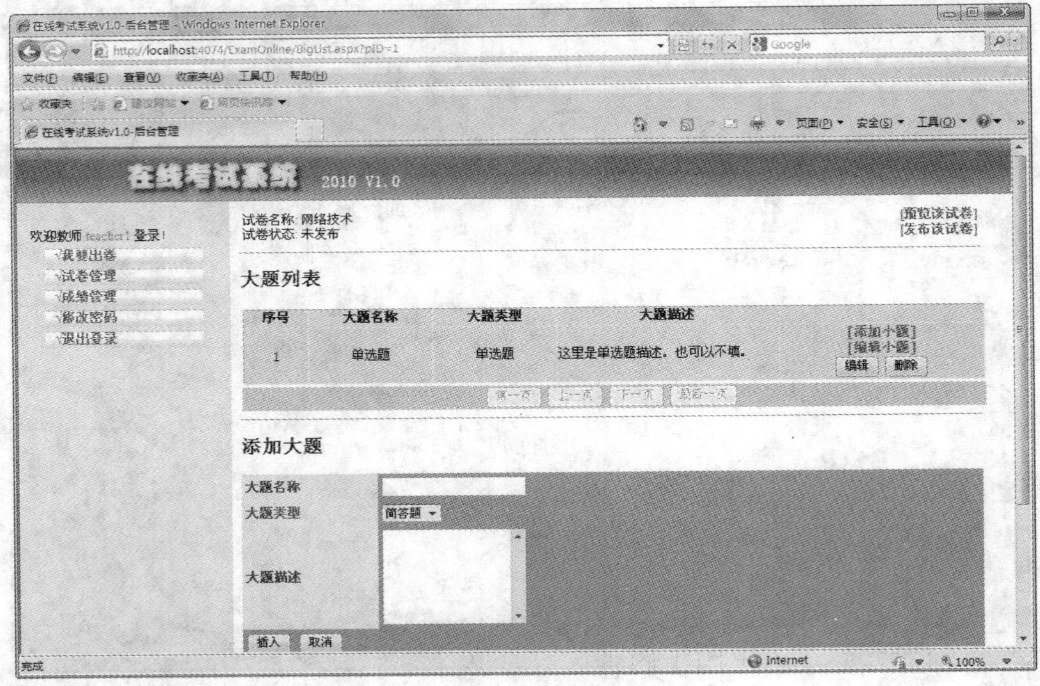

图 5.16　添加了数据后的大题列表页

该页显示该试卷下所有大题列表，可以编辑、添加、删除大题(同时将删除其下小题)，可以预览和发布试卷。

单击"[发布该试卷]"可直接发布该试卷。

单击"[预览该试卷]"转到预览页(Preview.aspx)预览试卷全貌，也可在该页发布试卷(同前操作)。

单击具体大题的"[添加小题]"，可根据"大题题型"判断转到哪种小题的添加页。例如，单选题添加页如图 5.17 所示。

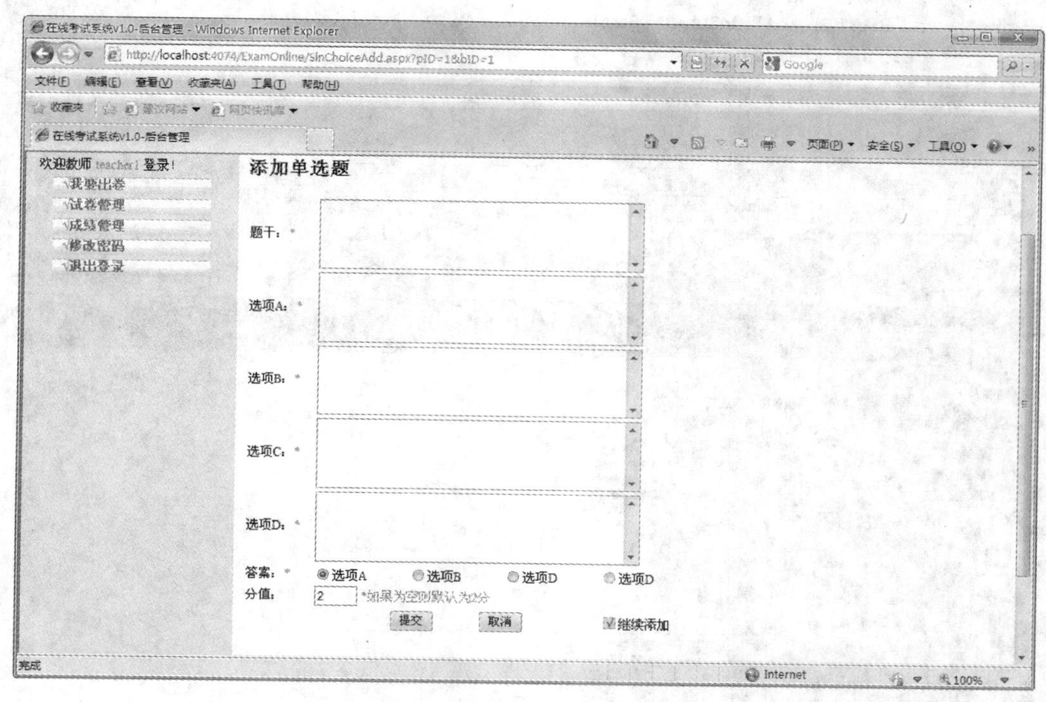

图 5.17 单选题添加页

单击具体大题的"[编辑小题]"，可进入该大题的详细页(BigDetail.aspx)，如图 5.18 所示。在该页面中可以直接添加、编辑、删除小题。

功能实现：

这部分需要注意的是，当删除某个大题时，要连同其下小题一并删除。因为一旦某个大题被删除，那么该大题下的小题也不会被用到，应予以删除，以避免数据冗余和关联错误。这里用到了 Paper 类的 DelDataByPaperID (int PaperID)函数。代码如下：

```
//函数功能: 通过 ID 删除大题(连同其下小题一并删除)
//函数调用: Big.DelDataByBigId(int bID)
//传入参数: 大题 ID
public static void DelDataByBigID(int BigID)
{
    var BigDel = from b in dc.Big
    where b.BigID == BigID
    select b;
    //若该大题存在
```

```
        if (BigDel.Count() != 0)
        {
            var QuesDel = from q in dc.Question
            where q.bID == BigID
            select q;
            //若该大题下有小题,删除所有小题
            if (QuesDel.Count() != 0)
            dc.Question.DeleteAllOnSubmit(QuesDel);
            //删除该大题
            dc.Big.DeleteAllOnSubmit(BigDel);
            dc.SubmitChanges();
        }
    }
```

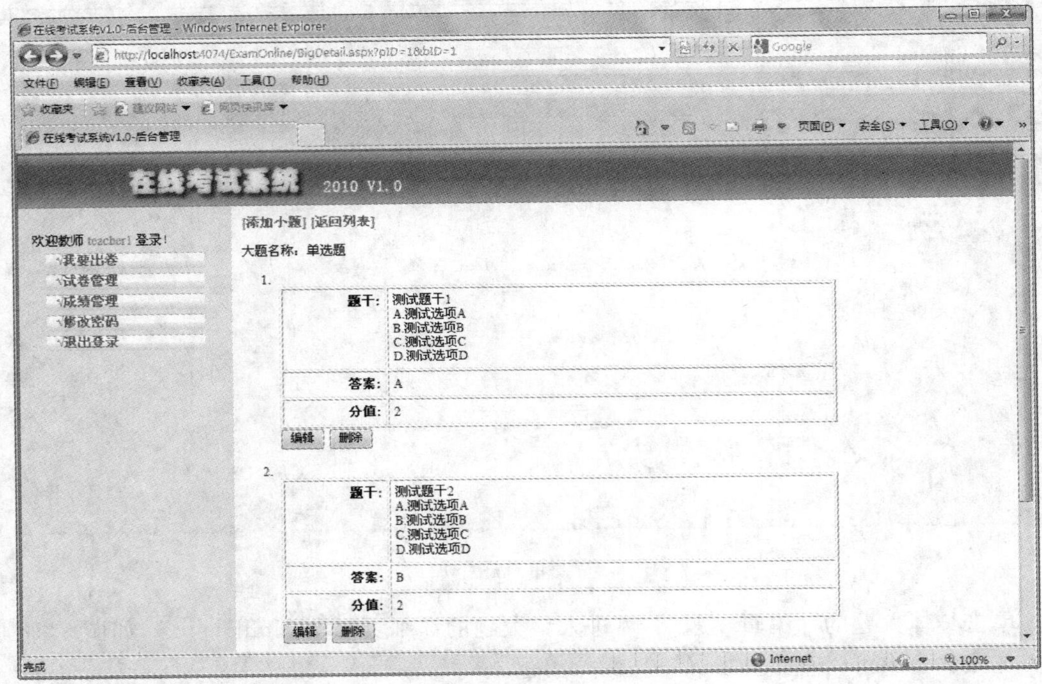

图 5.18　小题列表页

2) 在线考试

学生用户登录后转到待考试卷列表页(sPaperList.aspx),如图 5.19 所示。选择一门考试,单击"进入在线考试>>"即可开始考试,如图 5.20 所示(在线考试的过程请读者参看 5.3.1 节,这里不再重复介绍)。

功能实现:

在线考试功能的实现主要是对 ASP.NET 用户控件技术和继承、多态等面向对象知识的简单应用。根据不同题型创建不同的用户控件,使这些用户控件类继承自同一个基类,并在该基类中定义提交函数的虚方法,然后在不同的题型控件中提供重载方法。这样,在载入试题时可通过判断该大题的类型载入相应的用户控件,而在提交答案时使用的是各控件所提供的不同的重载方法。

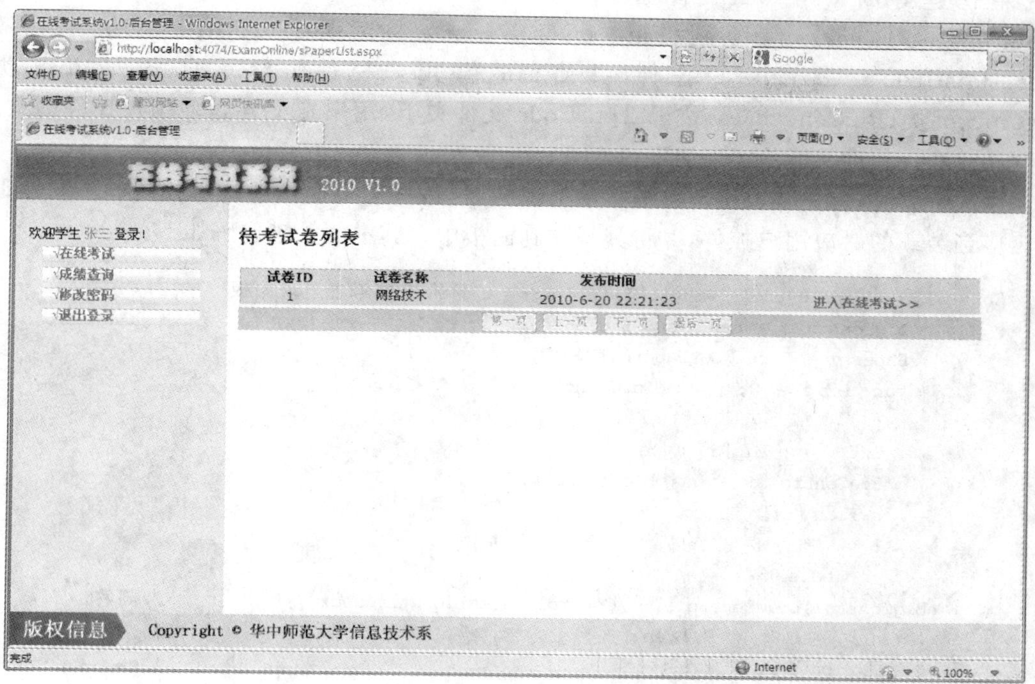

图 5.19　待考试卷列表页

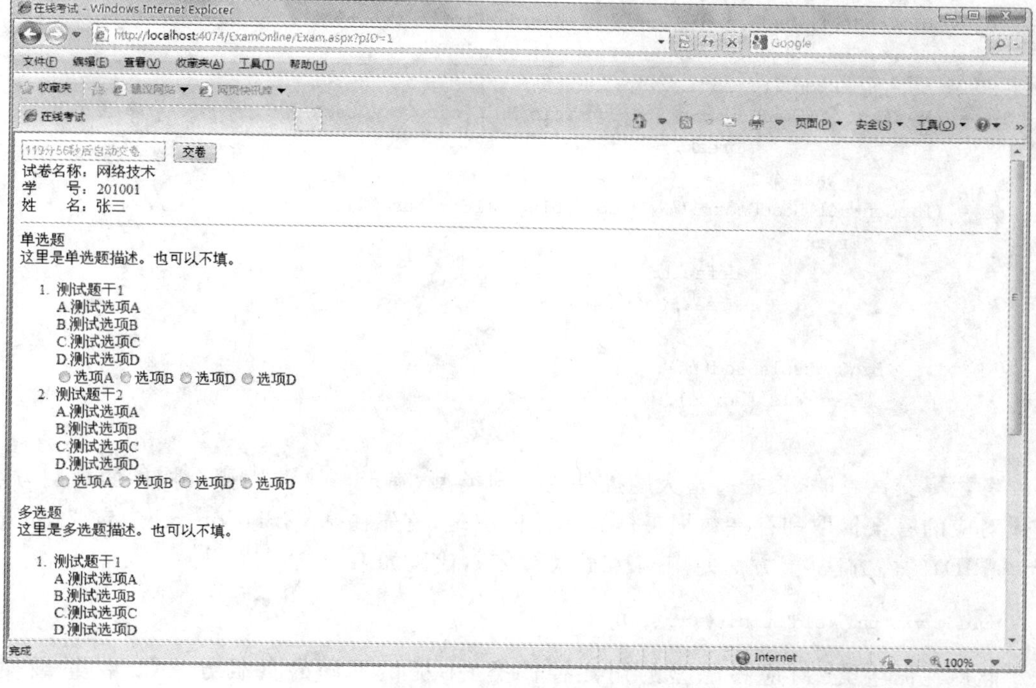

图 5.20　在线考试页

在已建好的 Controls 文件夹下分别创建单选题（SinChoiceCtrl. ascx）、多选题（MulChoiceCtrl. ascx）、填空题（FillBlankCtrl. ascx）、判断题（TorFCtrl. ascx）和问答题（QuestionCtrl. ascx）的用户控件，并使得这些用户控件类继承自 BigControl 类。BigControl 类（BigControl. cs）位于 App_Code 文件夹下，用来定义各题型用户控件的共同属性和方法。关键功能的实现如下：

生成考卷时，首先获取用于容纳考卷呈现的面板，然后根据试卷每道大题的不同题型，确定应当装载的对应用户控件，并将其添加到面板中。其中的关键代码如下：

```
Control c = FindControl("Panel1");                    //获取考卷呈现面板
        bigControls = new List<BigControl>();
        Paper p = Paper.GetPaperByID(pID);
        for (int i = 0; i < p.Big.Count; i++)
          {
          int t = p.Big[i].Type;
          BigControl bc = new BigControl();
          switch (t)
          {
              case 0:
bc = (BigControl)LoadControl("~/Controls/QuestionCtrl.ascx");          //问答
                          break;
              case 1:
bc = (BigControl)LoadControl("~/Controls/FillBlankCtrl.ascx");         //填空
break;
              case 2:
bc = (BigControl)LoadControl("~/Controls/SinChoiceCtrl.ascx");         //单选
                    break;
              case 3:
bc = (BigControl)LoadControl("~/Controls/MulChoiceCtrl.ascx");         //多选
                    break;
              case 4:
bc = (BigControl)LoadControl("~/Controls/TorFCtrl.ascx");              //判断题
            break;
                    default:
                    break;
          }
          bigControls.Add(bc);
          c.Controls.Add(bc);
      }
```

考生提交试卷时，根据每道大题控件的不同类型，确定应该调用哪个控件的提交方法，完成对应的答案提取和存储数据工作。具体做法是，首先在基类 BigControl 中定义 Submit（int sPID）的虚方法（虚方法使用 virtual 关键字），代码如下：

```
public virtual void Submit(int sPID) { };
```

然后在派生类（对应各题型的用户控件类）中提供不同的重载方法（方法重载使用 override 关键字）以满足对不同题型提供不同实现的要求。代码如下：

```
public override void Submit(int sPID) {//此处省略了方法实现代码};
```

举例来说，若该大题为单选题（或者多选题、判断题），则在记录考生答题信息的同时，还需通过与正确答案的比对进行评分并记录，而填空题、问答题等主观题则无需记录得分。对于不同题型需要提交的数据类型也不同。最后，当考生单击“提交”按钮时，在代码隐藏页（Exam.aspx.cs）“提交”按钮的 Click 事件（btnSub_Click）中循环调用 BigControl 类的 Submit 方法，依次提交每个大题的答题信息。关键代码如下：

```
在考试页面 Exam.aspx.cs 中:
//取新答卷 ID
var q = (from sp in dc.sPaper
orderby sp.sPaperID descending
select sp).FirstOrDefault();
//根据不同题型调用不同的 Submit 方法
List < BigControl > bigControls;
for (int i = 0; i < bigControls.Count; i++)
{
    bigControls[i].Submit(q.sPaperID);
}
在单选题控件 SinChoiceCtrl.ascx.cs 中:
        public override void Submit(int sPID)
        {
          for (int i = 0; i < rptQuestion.Items.Count; i++)
          {
              var item = rptQuestion.Items[i];
              Answer ans = new Answer();
              ans.sNO = Session["UserName"].ToString();
              ans.qID = Convert.ToInt32(((Label)item.FindControl("LabelQID")).Text);
              ans.sPID = sPID;
              if (((RadioButton)item.FindControl("ANS_A")).Checked)
              {
                ans.sAnswer = "A";
              }
              if (((RadioButton)item.FindControl("ANS_B")).Checked)
              {
                ans.sAnswer = "B";
              }
              if (((RadioButton)item.FindControl("ANS_C")).Checked)
              {
                ans.sAnswer = "C";
              }
              if (((RadioButton)item.FindControl("ANS_D")).Checked)
            {
              ans.sAnswer = "D";
            }
          //实现单选题自动评分
          ExamOnlineDataContext dc = new ExamOnlineDataContext();
          Question q = Question.GetQuesByID(ans.qID);
          if (ans.sAnswer == q.Answer) ans.sScoring = q.Score;
          else ans.sScoring = 0;
          Answer.AddAnswer(ans);
          sPaper.AddScore(sPID, ans.sScoring);
        }
}
```

使用 JavaScript 技术实现在线考试系统的计时功能。主要代码如下：

```
<script type="text/javascript">
    //设定考试时间为 120 分钟
    var sum = 120 * 60;
    var str;
//用于显示倒计时的函数
    function cDate(oSum)
{
        var min = Math.floor(oSum / 60);
        if (min<1) { min == 0 }
        var sec = oSum % 60;
        str = min + "分" + sec + "秒后自动交卷";
        return str;
    }
//用于提交表单的函数
    function submitForm()
{
        sum = sum - 1
        cDate(sum)
        document.getElementById("txtTime").value = str
        // 如果时间结束了,就清除刷新时间间隔
        if (sum == 0)
{
            clearInterval(newstimer)
            document.getElementById("btnSub").click();
        }
    }
    //每隔 1000 毫秒(也就是 1 秒)调用方法 submitForm()一次
    var newstimer = setInterval("submitForm()", 1000)
</script>
```

3）成绩查询

具体过程同样参看 5.3.1 节。成绩管理页如图 5.21 所示。

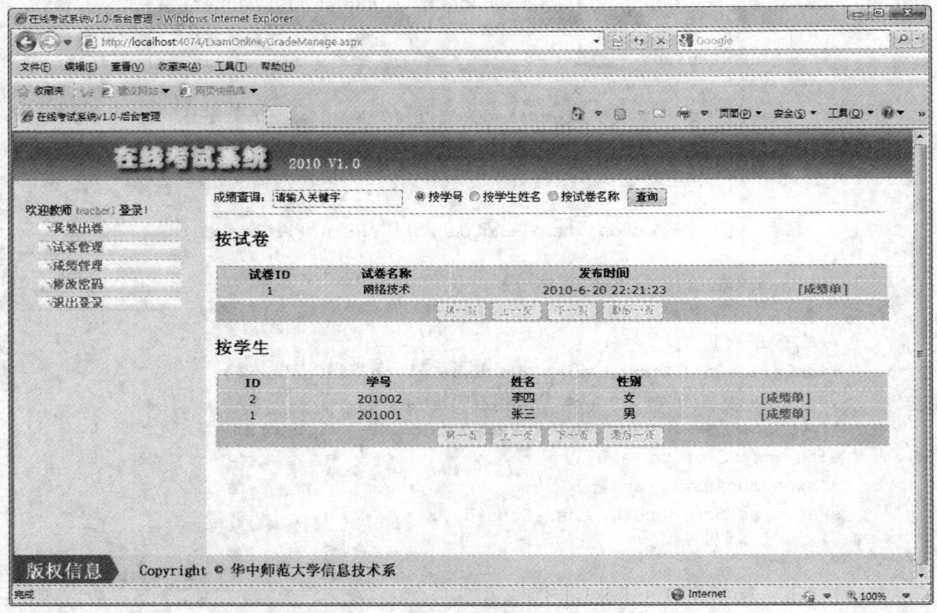

图 5.21　成绩管理页

功能实现：

以下主要介绍管理员和教师成绩查询模块的功能实现。

选择查询方式以及输入关键字后，页面将跳转到 GradeResult. aspx 页面以显示查询结果。在该页面的代码隐藏文件（即 GradeResult. aspx. cs）的 PageLoad 函数中输入如下代码：

```
if (!Page.IsPostBack)
{
//获取关键字和查询方式等参数
string Key = Server.UrlDecode(Request.QueryString["key"]);
string Cond = Request.QueryString["cond"];
//调用 Paper 类的 SearchGrade 函数
Paper.SearchGrade(Cond, Key, ListView1);
}
```

SearchGrade 函数位于 Paper. cs 类文件中，代码如下：

```
//函数功能：根据查询条件和关键字查询并显示成绩
//函数调用：Paper.SearchGrade(Cond, Key, lsv)
//传入参数：查询条件，关键字，用于显示成绩的 ListView 控件 ID
public static void SearchGrade(string Cond,String Key,ListView lsv)
{
var result = from s in dc.sPaper
join p in dc.Paper on s.pID equals p.PaperID
join st in dc.Student on s.sNO equals st.StuNO
select new{s.sNO, st.StuName, p.PaperName, s.sTotalScore};
switch (Cond)
{
    //按学号查询
    case "BySno": result = result.Where(x => x.sNO.Contains(Key));
    break;
    //按学生姓名查询
    case "ByStuName": result = result.Where(x => x.StuName.Contains(Key));
    break;
    //按试卷名称查询
    case "ByPaperName": result = result.Where(x => x.PaperName.Contains(Key));
    break;
}
    //设置用于显示查询结果的 ListView 控件数据源
    lsv.DataSource = result;
    //绑定数据源
    lsv.DataBind();
}
```

3. 系统管理模块

系统管理模块分为用户管理、试卷管理和成绩管理 3 个部分。其中用户管理包括教师管理和学生管理。这里仅介绍试卷管理部分功能的实现。教师用户登录后转到试卷列表页（PaperList. aspx），如图 5.22 所示。

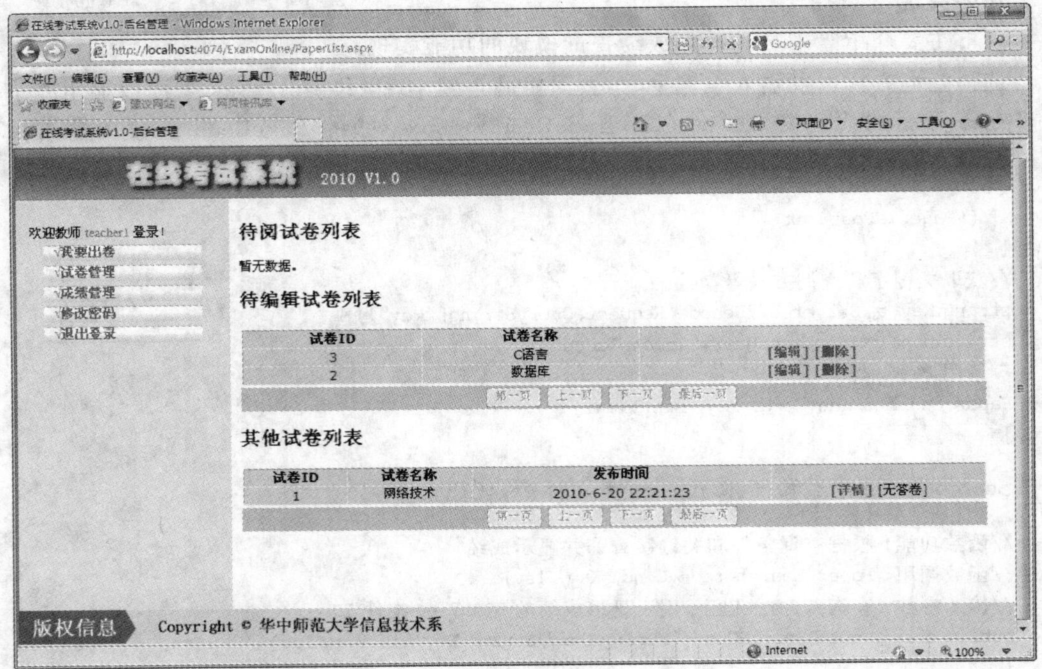

图 5.22　试卷列表页

功能实现：

阅卷功能的实现和在线考试记录答卷信息的功能实现类似，请读者参考相关代码。这部分需要注意的是，当删除某套试卷时，应连同其下题目（包括所有大题和其下小题）一并删除。这里用到了 Paper 类的 DelDataByPaperID (int PaperID)函数，代码如下：

```
//函数功能：通过试卷 ID 删除试卷(连同其下所有题目一并删除)
//函数调用：Paper.DelDataByPaperID (pID)
//传入参数：试卷 ID
public static void DelDataByPaperID(int PaperID)
{
var PaperDel = from p in dc.Paper
where p.PaperID == PaperID
select p;
    //若该试卷存在
    if (PaperDel.Count() != 0)
    {
        var BigDel = from b in dc.Big
        where b.pID == PaperID
        select b;
        //若该试卷下有大题
        if (BigDel.Count() != 0)
        {
//对于每个大题
            foreach (var itemB in BigDel)
            {
                var QuesDel = from q in dc.Question
```

```
                where q.bID == itemB.BigID
                select q;
                //若该大题下有小题,则删除所有小题
                if(QuesDel.Count() != 0)
                    dc.Question.DeleteAllOnSubmit(QuesDel);
            }
            //删除所有大题
            dc.Big.DeleteAllOnSubmit(BigDel);
        }
//删除该试卷
dc.Paper.DeleteAllOnSubmit(PaperDel);
dc.SubmitChanges();
    }
}
```

为了读者能够更直观地掌握本项目实现的全貌,大致把项目的功能与实现对应关系总结如下,供读者参考,如表 5.8 所示。

表 5.8 功能与实现对应表

功　能	文　件
登录	Login.aspx, Login.aspx.cs
修改密码	PwdModify.aspx PwdModify.aspx.cs
注册用户	Register.aspx, Register.aspx.cs
学生列表	StuList.aspx StuList.aspx.cs
教师列表	TeaList.aspx TeaList.aspx.cs
学生考试	Exam.aspx Exam.aspx.cs
添加试卷	PaperAdd.aspx PaperAdd.aspx.cs
试卷列表	PaperList.aspx PaperList.aspx.cs
添加判断题	TorFAdd.aspx TorFAdd.aspx.cs
添加单选题	SinChoiceAdd.aspx SinChoiceAdd.aspx.cs
添加多选题	MulChoiceAdd.aspx MulChoiceAdd.aspx.cs
添加填空题	BlankAdd.aspx BlankAdd.aspx.cs
添加问答题	QuestionAdd.aspx QuestionAdd.aspx.cs

续表

功　能	文　件
试卷管理	BigList. aspx BigList. aspx. cs
大题管理	BigDetail. aspx BigDetail. aspx. cs
试卷预览	Preview. aspx Preview. aspx. cs
改卷	CheckPaper. aspx CheckPaper. aspx. cs
成绩列表	GradeSearch. aspx GradeSearch. aspx. cs
成绩单	GradeView. aspx GradeView. aspx. cs
教师成绩管理	GradeManage. aspx GradeManage. aspx. cs
试卷数据类	Paper. cs
大题数据类	Big. cs
试题数据类	Question. cs
答案数据类	Answer. cs
大题控件	BigControl. cs
判断题控件	TorFCtrl. ascx TorFCtrl. ascx. cs
单选题控件	SinChoiceCtrl. ascx SinChoiceCtrl. ascx. cs
多选题控件	MulChoiceCtrl. ascx MulChoiceCtrl. ascx. cs
填空题控件	FillBlankCtrl. ascx FillBlankCtrl. ascx. cs
问答题控件	QuestionCtrl. ascx QuestionCtrl. ascx. cs
母版页	Management. master Management. master. cs
数据库对象关系映射文件	ExamOnline. dbml
网站配置文件	Web. Config

5.5　本项目评估

教师对学生设计的在线考试系统可以从以下几个方面进行评价。

(1) 在线考试系统的功能设计：系统是否能满足在线考试基本的功能需求，有哪些欠缺和不合适的地方。

(2) 在线考试系统的结构设计：系统结构的好坏直接影响到系统的可用性、易用性。

教师可从结构设计是否合理,操作流程是否符合用户的逻辑思维顺序以及是否易于操作等方面进行评价。

(3) 在线考试系统的界面设计：系统的人机交互界面是否友好,可从色彩搭配、布局、导航策略等方面进行评价。

(4) 在线考试系统的稳定性：在线考试系统的运行是否稳定,能否保障信息的传输及时流畅,是否采用了必要的异常处理机制等。

5.6 本项目进一步延伸和拓展

作为课程设计的一个章节,本项目开发的在线考试系统仅仅提供了在线考试系统所需要的基本和通用功能,不涉及题库、班级等概念,也没有特别研究系统的安全性和可靠性,读者可以在本项目已有功能的基础上对它继续进行完善,下面提出几点可以改进的地方,以供读者参考：

(1) 在用户管理模块,可加入班级的概念。这样做的好处一方面是方便管理,另一方面可以为不同班级分配不同的考试科目,提高了系统的实用性。

(2) 在教师出卷模块,可加入题库的概念。有了题库,教师出题的负担将减轻许多。教师可以为某一科目的题库准备若干题目,而不需要为某次特定的考试出题,系统自动根据难度系数和题量进行组卷,同时也提高了试题的可重用性。

(3) 在成绩管理模块,读者可尝试为教师提供成绩统计功能,便于教师对学生成绩进行横向和纵向的比较。

(4) 在成绩查询模块,可允许学生查看试卷答案以及某次考试的错题信息,便于学生考后进行自我反思。

(5) 读者还可尝试提高系统对师生互动交流的支持,如添加站内公告、短信、留言等功能。

(6) 考虑到系统的安全性,对恶意攻击采取相应的防范措施。如可对学生注册进行人工审核并要求输入验证码；在密码安全方面,对用户密码进行 MD5 加密等。

第6章 班级网站的设计与实现

本章提要:

本章以一个班级网站的开发为例,介绍了注册、登录、论坛、相册、资源共享、投票等功能模块的一般实现方法。在开发过程中以 SQL Server 作为网站的后台数据库,利用 Microsoft Visual Studio 集成开发环境,以 Dreamweaver 8.0 为网页制作工具,并使用了基于C#的 ASP.NET 技术。

本章重点:

- 了解班级网站的功能需求。
- 掌握网络相册中图片的管理及显示的实现方法。
- 掌握网络投票的实现及结果显示方法。

6.1 本项目背景及要求说明

教育部2000年决定在全国中小学实施“校校通”工程至今,校园网已经走入寻常学校,网络推动了学校办公自动化的进程,拓展了班级管理的空间和渠道。班级网站教育是一种以班级为中心、以网站为载体、以促进学生的主动发展、形成创新人格为目标的现代班级教育模式。它为教师、学生和家长提供了一个信息互动平台,它为班级每一个成员都提供了平等、自由的发言机会,使相互的交流跨越了时间和空间的距离,也打破了教师、学生和家长之间的障碍。因此,创建一个功能齐全、实时互动班级网站是有必要的。

目前常见的班级网站的组建有以下几种方式:

(1) 利用现有的公共个人博客作为班级网站,如百度、雅虎、搜狐等网站的个人博客。这种网站的功能有限,多是一些文字、图片或视频信息的发布。

(2) 使用公共网中专用的班级网站,这类网站通常功能较齐全,但有的附加功能需要付费才能使用。

(3) 在学校网站上给每个班级分配一定的空间,每个班级可自行制作自己的班级网站。

本章阐述一个班级网站的设计及开发过程。

6.2 本项目需求分析

班级网站的作用主要是:

(1) 班级宣传窗口,介绍班级的优点与特色;

(2) 作为班级成员沟通的平台;

(3) 发布班级公告;

(4) 资源共享的平台；

(5) 班级事务管理。

6.2.1 班级网站功能分析

根据以上分析，对系统功能的需求分析如下。

(1) 用户管理：用户登录系统需要进行身份验证。验证成功方可登录系统，验证失败则需重新输入验证信息。登录成功后根据用户不同的身份授予不同的权限。

(2) 信息管理：动态地发布或删除信息。

(3) 资源管理功能：对资源进行添加、删除和修改。

(4) 交流功能。

6.2.2 班级网站系统数据分析

(1) 用户数据：包括用户名、密码以及用户信息等基础数据。

(2) 相册数据：包括照片名称、发布者、发布时间等数据。

(3) 新闻数据：包括各学科教师发布的学科信息等数据。

(4) 论坛数据：包括论坛主题、帖子信息等数据。

(5) 网站公告数据：包括公告作者、标题、内容、发布时间等数据。

(6) 网站投票数据：包括投票主题、投票结果显示等数据。

6.3 本项目系统设计

班级网站分为 4 种用户角色：系统管理员、学科教师、班主任和学生。不同角色的用户拥有不同的权限。管理员具有用户管理(包括教师用户和学生用户)权限；学科教师能够发布各学科的信息，班主任除了拥有学科教师的全部权限外，还有管理网站资源和发布投票信息的权限。班长能够根据班级实际发布各种公告；学生能够参与投票，上传资源等权限。系统各功能之间的关系如图 6.1 所示。

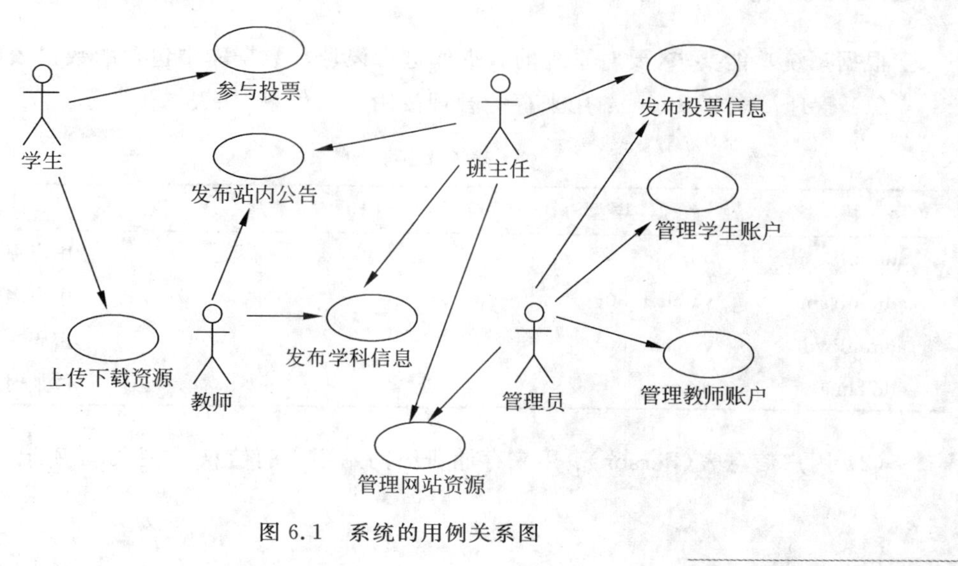

图 6.1　系统的用例关系图

6.3.1 系统模块设计

本项目的功能模块如图 6.2 所示。

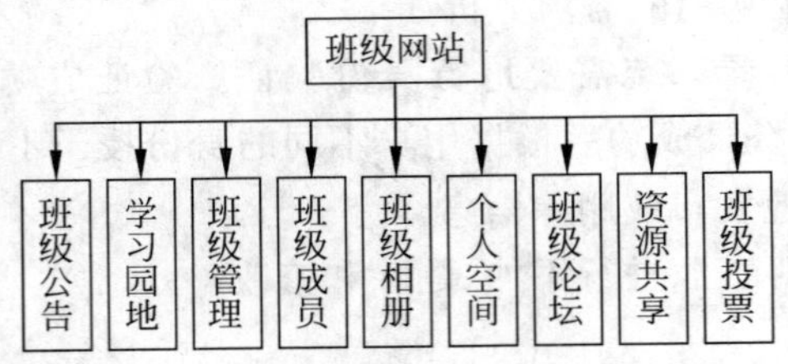

图 6.2 系统功能图

(1) 班级管理：班级成员管理；在新成员注册后进行资格审核,可以删除成员。

(2) 班级公告：公开信息。班级重要事件通知。

(3) 班级成员：班级的每位成员的自我介绍,班级成员需登录后才能浏览,成员可以修改自己的个人简介。

(4) 班级相册：展示班级活动及班级成员的风采,可以上传、删除照片或视频。上传者可以根据需要选择是只在班级内部公开或对外开放。

(5) 学习园地：公开信息。按学科分类由各学科教师发布学科教学的相关内容。

(6) 班级论坛：与一般论坛类似,供班级成员交流使用。

(7) 个人空间：班级成员的个人空间,与个人博客类似。

(8) 资源共享：可以上传、下载、删除资源。

(9) 班级投票：发布投票主题,班级成员对班级事务进行投票。自动统计设票结果。

(10) 站内搜索：根据关键词进行站内搜索。

6.3.2 数据库设计

根据系统功能要求,要对系统的数据库进行设计。数据库中包含的数据表如下所示。

(1) 管理员表(Admin)：用来存储管理员用户的信息,如表 6.1 所示。

表 6.1 管理员表

字 段 名	数据类型	可否为 NULL	默 认 值	字段说明
adminID	int	否		用户 ID,主键,自增
adminName	varchar(50)	否		用户名
adminPwd	varchar(50)	否		密码
addTime	datetie	是		添加时间

(2) 用户信息表(Person)：用来存储班级网站用户的信息,如表 6.2 所示。

表 6.2　用户信息表

字段名	数据类型	可否为 NULL	默认值	字段说明
userID	int	否		用户 ID,主键,自增
userName	varchar(20)	否		用户名
userPwd	varchar(20)	否		密码
trueName	varchar(20)	否		真实姓名
address	varchar(50)	否		地址
birthday	datetime	否		出生日期
QQ	varchar(20)	否		QQ 账号
Email	varchar(50)	否		电子邮件
personImage	varchar(50)	否		个人照片链接信息
Role	varchar(50)	否		用户角色,有三种,值分别为学生、学科教师、班主任

(3) 班级相册表(ClassAlbum):用来存储班级相册的信息,如表 6.3 所示。

表 6.3　班级相册表

字段名	数据类型	可否为 NULL	默认值	字段说明
PhotoID	int	否		照片 ID,主键,自增
PhotoName	varchar(200)	否		照片名称
PhotoUrl	varchar(200)	否		照片链接信息
UpUserName	varchar(50)	否		照片上传者
UpTime	datetime	否		照片上传时间

(4) 公告信息表(Gonggao):用来存储班级网站公告的信息,如表 6.4 所示。

表 6.4　公告信息表

字段名	数据类型	可否为 NULL	默认值	字段说明
Id	int	否		公告 ID,主键,自增
Author	varchar(20)	否		公告作者
Title	varchar(200)	否		公告标题
Content	varchar(5000)	否		公告内容
Input	nchar(20)	否		公告录入者
Time	datetime	否		公告发布时间

(5) 学科新闻表(News):用来存储各学科教师发布的学科新闻,如表 6.5 所示。

表 6.5　学科新闻表

字段名	数据类型	可否为 NULL	默认值	字段说明
NewsID	int	否		新闻 ID,主键,自增
NewsAuthor	varchar(20)	否		新闻作者
NewsTitle	varchar(200)	否		新闻标题
NewsContent	varchar(5000)	否		新闻详细内容
NewsInput	varchar(20)	否		新闻录入者
NewsTime	datetime	否		新闻录入时间
NewsType	int	否		新闻类别,对应于 NewsTypeName 表中的新闻类别

(6) 学科新闻类型表(NewsTypeName)：用来存储不同学科类别的信息。其中字段 id 对应于学科新闻表(News)的 NewsType 字段，如表 6.6 所示。

表 6.6 学科新闻类型表

字 段 名	数 据 类 型	可否为 NULL	默 认 值	字 段 说 明
Id	int	否		学科新闻类别编号
Name	Nchar(10)	否		学科新闻类别名称

(7) 班级论坛帖子信息表(Appear)：用来存储班级论坛帖子的信息，如表 6.7 所示。

表 6.7 班级论坛帖子信息表

字 段 名	数 据 类 型	可否为 NULL	默 认 值	字 段 说 明
AppearID	int	否		帖子 ID，主键，自增
AppearAuthor	varchar(20)	否		发帖作者
AppearTitle	varchar(50)	否		帖子标题
AppearContent	varchar(3000)	否		帖子内容
AppearType	varchar(50)	否		帖子所属类别
AppearTime	datetime	否		帖子发布时间
ClickNum	int	否		帖子点击查看数
ReplyNum	int	否		帖子回复数

(8) 班级论坛帖子回复表(Reply)：用来存储班级论坛帖子回复的数据信息，如表 6.8 所示。

表 6.8 班级论坛帖子回复信息表

字 段 名	数 据 类 型	可否为 NULL	默 认 值	字 段 说 明
ReplyID	int	否		回复帖子 ID，主键，自增
AppearID	int	否		帖子 ID，对应于 Appear 表中的 AppearID
ReplyAuthor	varchar(20)	否		回帖者
ReplyContent	varchar(3000)	否		回帖内容
ReplyTime	datetime	否		回帖时间

(9) 用户上传资源信息表(UserFile)：用来存储用户上传资源的信息，如表 6.9 所示。

表 6.9 用户上传资源信息表

字 段 名	数 据 类 型	可否为 NULL	默 认 值	字 段 说 明
ID	int	否		文件 ID，主键，自增
filename	varchar(50)	否		文件名称
filetype	varchar(100)	否		文件类型
filetsize	nchar(20)	否		文件大小
creator	varchar(20)	否		文件上传者
uploadTime	datetime	否		文件上传时间

(10) 投票主题表(Topics)：用来存储投票主题的信息，如表 6.10 所示。

表 6.10 投票主题信息表

字段名	数据类型	可否为 NULL	默认值	字段说明
TopicID	int	否		投票主题 ID，主键，自增
Name	varchar(200)	否		投票主题名称
Body	text	否		投票主题内容
IsCurrent	bit	否		用户是否为当前投票主题的标识

(11) 投票项目信息表(Subjects)：用来存储投票项目的信息，如表 6.11 所示。

表 6.11 投票项目信息表

字段名	数据类型	可否为 NULL	默认值	字段说明
SubjectID	int	否		投票项目 ID，主键，自增
Name	nvarchar(100)	是		投票项目的名称
Mode	bit	否		投票项目的选择模式(单选或多选)
TopicID	int	否		投票项目所属主题 ID

(12) 投票选择项表(Items)：用来存储投票选项的信息，如表 6.12 所示。

表 6.12 投票选择项表

字段名	数据类型	可否为 NULL	默认值	字段说明
ItemID	int	否		投票选择项 ID，主键，自增
Name	varchar(1000)	否		投票选择项的名称
VoteCount	int	否		投票累计票数
SubjectID	int	否		投票所属项目的 ID

(13) 投票系统配置信息表(Profile)：用来存储投票系统配置的信息，如表 6.13 所示。

表 6.13 投票系统配置信息表

字段名	数据类型	可否为 NULL	默认值	字段说明
ProfileID	int	否		投票系统设置 ID，主键，自增
IsRepeatVote	bit	否		是否允许重复投票的标识

6.3.3 系统界面设计

考虑到该系统较多页面都有一些公共元素，在进行设计时，主要采用了 MasterPage 技术来实现。在班级网站中，总共使用了 3 种不同的模板页，分别为 Master. master，它用来定义前台页面呈现的界面风格；Master1. master 主要定义网站内某些二级界面呈现的风格；backpage. master 主要用来定义后台管理页面呈现的风格，3 种模板页如图 6.3、图 6.4 和图 6.5 所示。

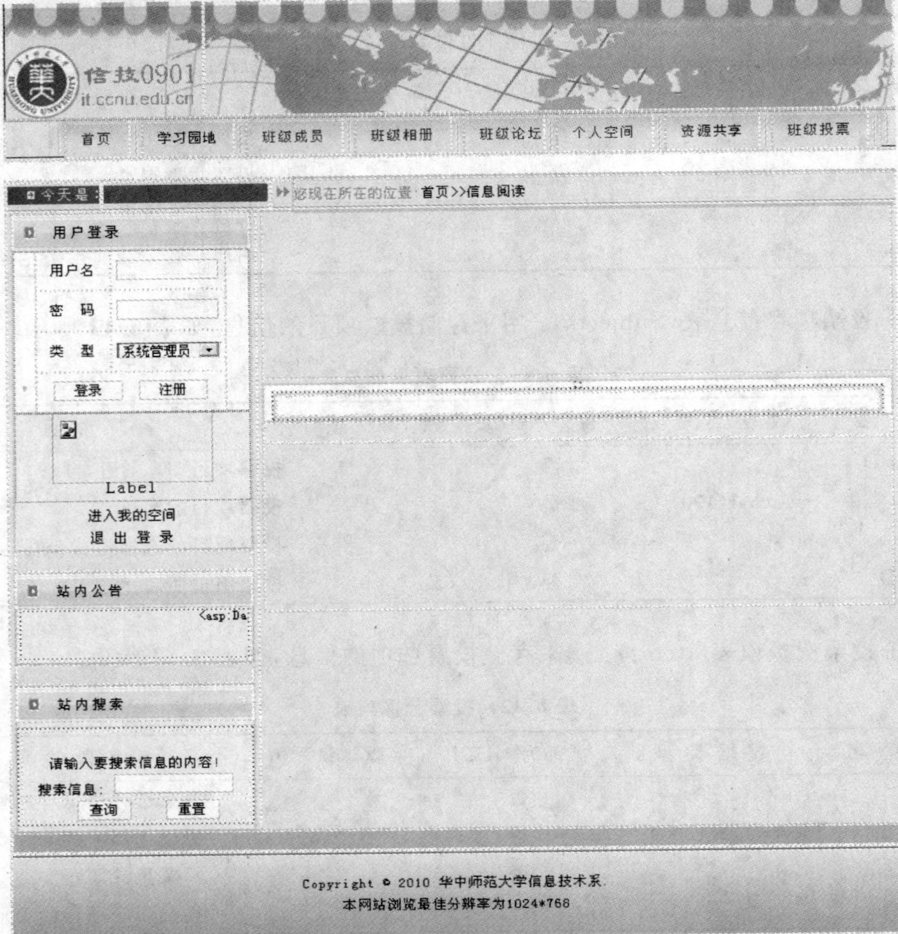

图 6.3 班级网站模板页 Master. master

图 6.4 班级网站模板页 Master1. master

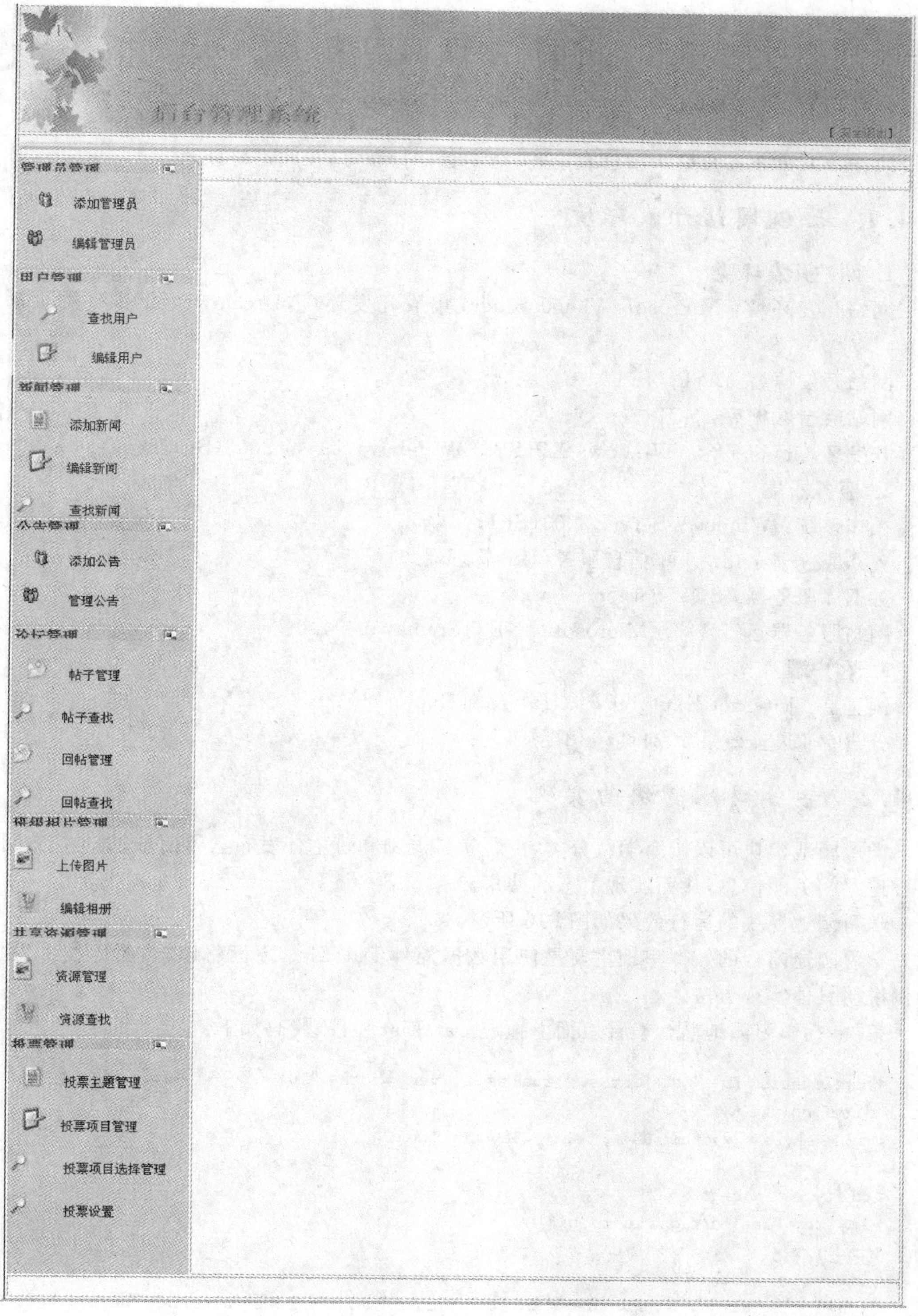

后台管理系统

管理员管理

添加管理员

编辑管理员

用户管理

查找用户

编辑用户

新闻管理

添加新闻

编辑新闻

查找新闻

公告管理

添加公告

管理公告

论坛管理

帖子管理

帖子查找

回帖管理

回帖查找

班级相片管理

上传图片

编辑相册

共享资源管理

资源管理

资源查找

投票管理

投票主题管理

投票项目管理

投票项目选择管理

投票设置

图 6.5　班级网站模板页 backpage.master

6.4 本项目实施

项目实施包括班级网站的开发环境及各功能模块的实现，其中用户管理模块及班级论坛模块在本书第3章及第7章已有论述，请读者自行参考，在此不再详述。

6.4.1 班级网站开发环境

1. 网站开发环境

网站开发环境：Microsoft Visual Studio 集成开发环境，Dreamweaver 8.0 网页制作工具。

网站开发语言：ASP.NET +C#。

网站后台数据库：SQL Server。

开发环境运行平台：Windows XP(SP3)/Windows Server 2003(SP1)。

2. 服务器端

操作系统：Windows Server 2003(SP1)。

Web 服务器：Internet 信息服务(IIS)管理器。

数据库服务器：SQL Server。

网站服务器运行环境：Microsoft .NET Framework 4.0。

3. 客户端

浏览器：Internet Explorer 6.0、Internet Explorer 7.0。

分辨率：最佳效果 1024×768 像素。

6.4.2 学习园地模块的实现

学习园地模块可以按照学科分类，由各学科老师和班主任发布学科信息，学生用户可以查看这些相关的信息，从而实现信息的共享。

学习园地模块的运行效果如图 6.6 所示。

学习园地前台的数据呈现主要是使用数据控件 DataList，下面将以“数据库技术”栏目为例说明具体实现方法。

第一，在学习园地前台设计页面上拖放 DataList 控件，代码如下：

```
<asp:DataList ID = "DataListNews" runat = "server" Width = "101 % ">
<ItemTemplate>
<table style = "width: 100 % ; table - layout: fixed">
<tr>
<td style = "width: 5 % ">
<img src = "images/right_arrow.gif" />
</td>
<td style = "width: 75 % ">
<a href = "DetailNews1.aspx?id = '<% # DataBinder.Eval(Container.DataItem,"NewsID") %>'">
<% # DataBinder.Eval (Container.DataItem,"NewsTitle") %>
</a>
</td>
```

```
<td style="width: 20%">
<%# (DataBinder.Eval(Container.DataItem,"NewsTime").ToString()).Substring(0,9) %>
</td>
</tr>
</table>
</ItemTemplate>
</asp:DataList>
```

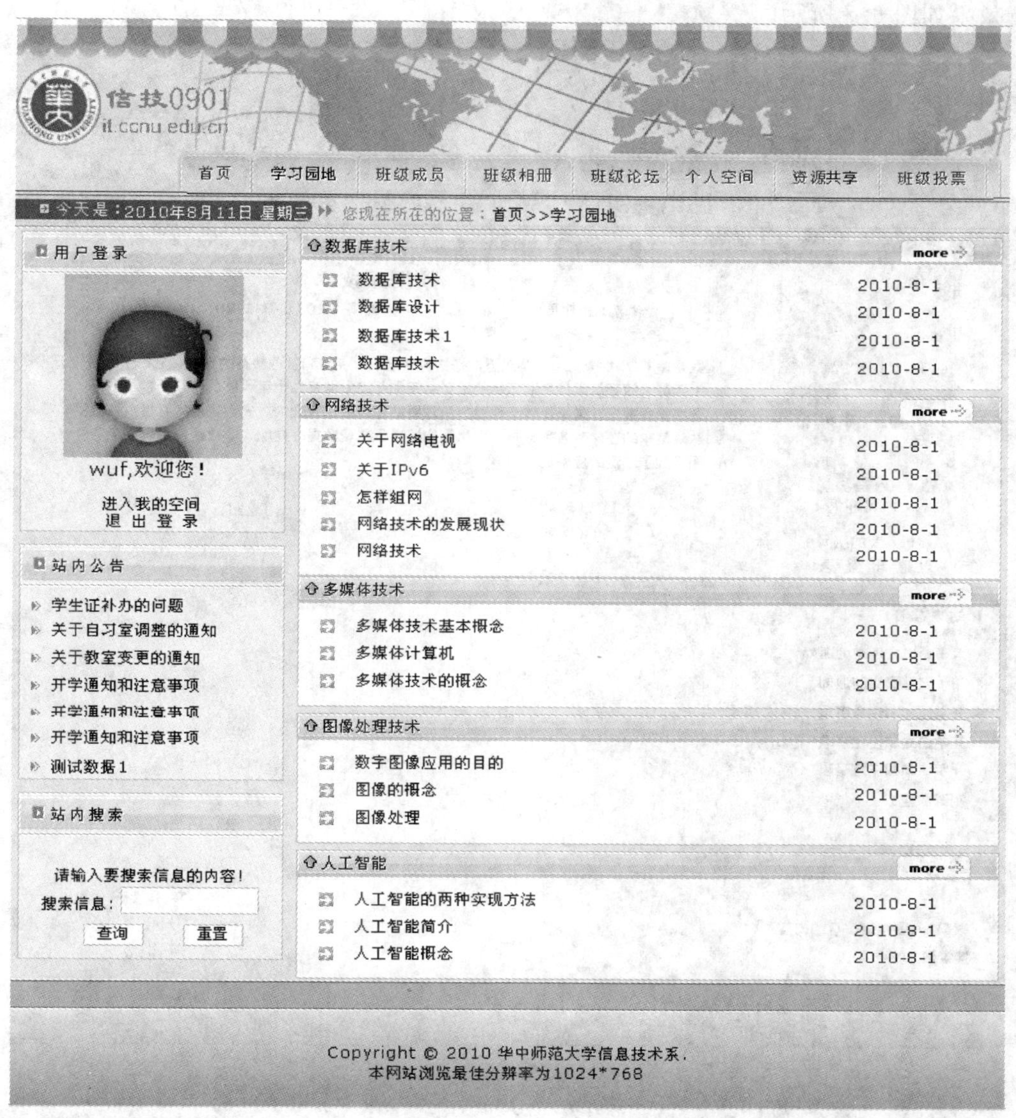

图 6.6　学习园地模块运行界面

第二，在后台代码文件中，对上述数据控件进行数据绑定，在页面加载时呈现给用户数据，代码如下：

```
private void dataBindShujuku()          //数据库技术
{
```

```
    this.DataListNews.DataSource = op.GetDataSet("select top 7 * from News where newstype =
'1' order by NewsTime DESC");
    this.DataListNews.DataBind();
}
```


第三，在DataList中的<ItemTemplate>模板中在绑定数据时给定了在单击数据条目时页面的跳转页面DetailNews1.aspx，用以显示数据条目的具体内容，详细新闻显示页面运行效果如图6.7所示。

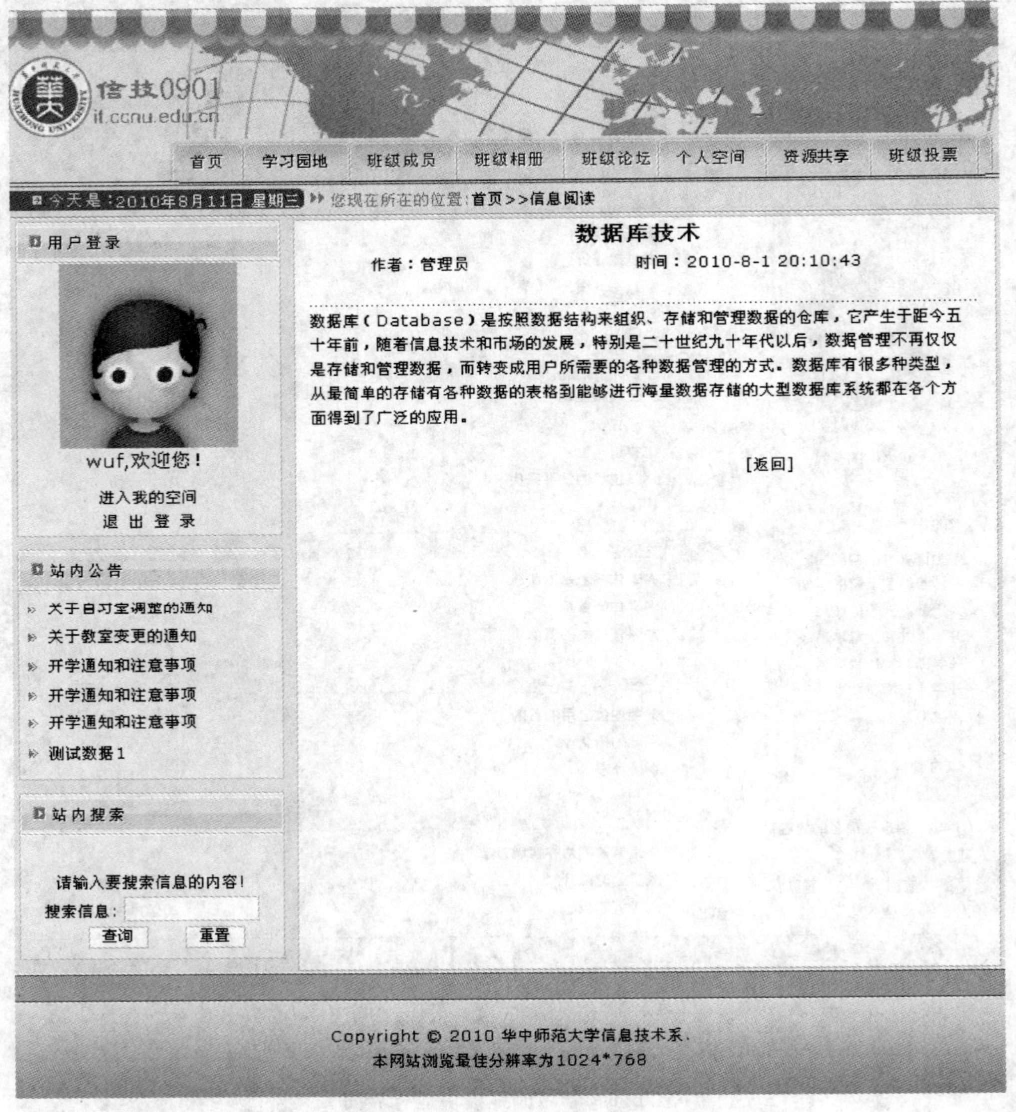

图6.7　详细学科新闻显示页面

在该显示页面的后台代码中，通过使用QueryString得到上一个页面传递过来的新闻ID值，然后通过在数据库中查询数据，得到要显示新闻的作者、时间和具体内容，呈现在新闻显示页面上，具体代码如下：

```
public partial class DetailNews1 : System.Web.UI.Page
{
    OperationData op = new OperationData();
    public string newsTitle = null;
    public string newsContent = null;
    public string newsAuthor = null;
    public DateTime newsTime;
protected void Page_Load(object sender, EventArgs e)
    {
        getNews();
    }
    private void getNews()
    {
        try
        {
            string id = Request.QueryString["id"].ToString();
            string sql = "select * from News where NewsID = " + id + "";
            SqlDataReader sdr = op.GetDataReader(sql);
            while (sdr.Read())
            {
                newsAuthor = sdr.GetString(1);
                newsTitle = sdr.GetString(2);
                newsContent = sdr.GetString(3);
                newsTime = sdr.GetDateTime(5);
            }
            sdr.Close();
        }
        catch
        {
            Response.Redirect("NewsList.aspx");
        }
    }
}
```

在该页的前台页面上，通过引用后台代码中得到的变量值，呈现新闻的具体细节，代码如下：

```
<table style = "width: 100%; table-layout:fixed">
    <tr>
        <td style = "font-weight: bold; font-size: 18px; width: 100%; text-align: center">
<% = newsTitle %>
        </td>
    </tr>
    <tr>
        <td style = "width: 100%; text-align: center">
            作者：<% = newsAuthor %>    时间：<% = newsTime %>
        </td>
    </tr>
    <tr>
        <td background = "images/bj_02.gif" colspan = "3" style = "width:100%; height: 1px;">
        </td>
```

```
    </tr>
    <tr>
        <td style="width: 100%; text-align: left; height: 589px;">
            <div id="c" style="overflow :auto; height:108%">
                <% = newsContent %>
                <br />
                [<asp: LinkButton  ID = " LinkButton1 "  runat = " server "  PostBackUrl =
"~/Default.aspx">返回</asp:LinkButton>]
            </div>
        </td>
    </tr>
</table>
```

学习园地中其他几个版块，如“网络技术”等实现方法与上述过程类似，这里不再赘述。

6.4.3 班级成员模块的实现

在班级成员模块中，班级成员登录之后，可以查看其他成员的信息。该模块运行的效果如图 6.8 所示。

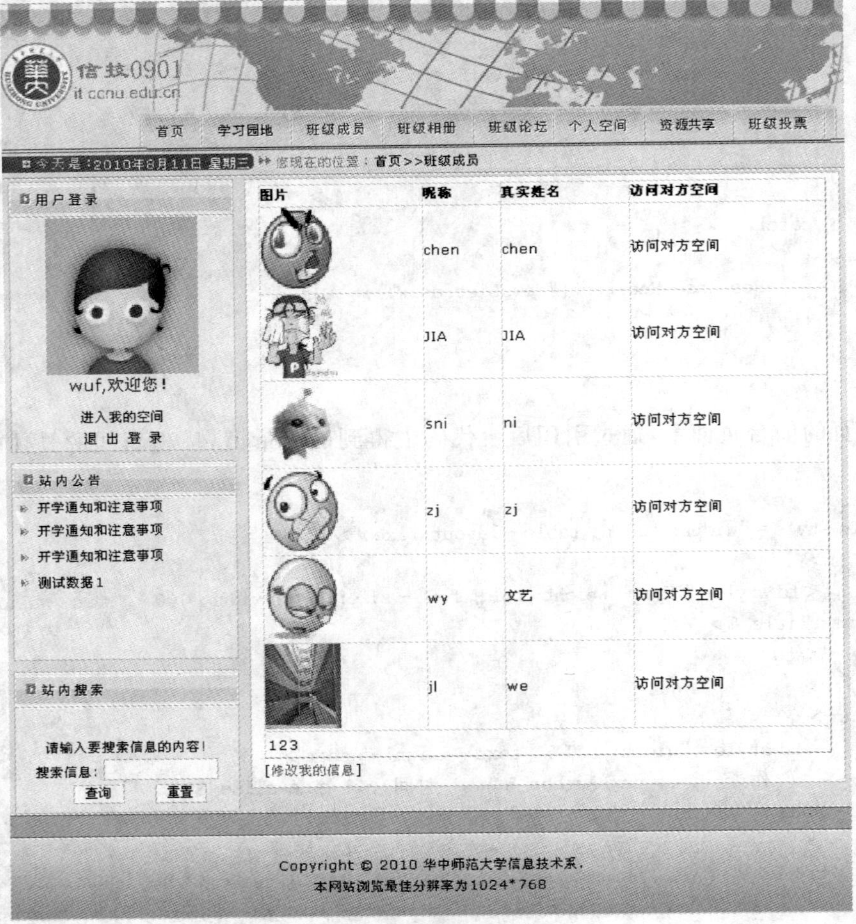

图 6.8　班级成员页面

班级成员页面主体使用了 GridView 控件呈现数据,代码如下：

```
<asp:GridView ID = "GridView1" runat = "server" AllowPaging = "True" AutoGenerateColumns =
"False" DataKeyNames = "trueName" Font - Size = "14px" OnPageIndexChanging = "GridView1_
PageIndexChanging"
      PageSize = "6" Style = "border - top - width: 1px; border - left - width: 1px; border -
bottom - width: 1px; border - right - width: 1px" Width = "100 %">
  <Columns>
      <asp:TemplateField HeaderText = "图片">
          <EditItemTemplate>
              <asp:TextBox ID = "TextBox1" runat = "server" Text = '<% # Eval("personImage")
%>'></asp:TextBox>
          </EditItemTemplate>
          <ItemTemplate>
              <a id = '<% # DataBinder.Eval(Container.DataItem,"userID") %>' class =
"imageShow" href = "#">
              asp:Image ID = "Image1" runat = "server" Height = "80px" ImageUrl = '<% # Eval
("personImage") %>' Width = "70px" /></a>
          </ItemTemplate>
          </asp:TemplateField>
          <asp:BoundField DataField = "userName" HeaderText = "昵称" />
          <asp:BoundField DataField = "trueName" HeaderText = "真实姓名" />
          <asp:TemplateField HeaderText = "访问对方空间">
        <ItemTemplate>
              <asp:LinkButton ID = "LinkButton1" runat = "server" Font - Size = "13px" OnClick =
"LinkButton1_Click">访问对方空间</asp:LinkButton>
        </ItemTemplate>
    </asp:TemplateField>
  </Columns>
</asp:GridView>
```

在后台代码文件中,主要对前台的数据控件 GridView 进行数据绑定,代码如下：

```
public partial class MemberData : System.Web.UI.Page
{
    OperationData op = new OperationData();
    protected void Page_Load(object sender, EventArgs e)
    {
        if (!IsPostBack)
        {
            DataBindGridView1();
        }
    }
    private void DataBindGridView1()
    {
        string sql = "select * from Person";
        this.GridView1.DataSource = op.GetDataSet(sql);
        this.GridView1.DataBind();
    }
    protected void GridView1_PageIndexChanging(object sender, GridViewPageEventArgs e)
    {
```

```
        this.GridView1.PageIndex = e.NewPageIndex;
        DataBindGridView1();
    }
    protected void LinkButton1_Click(object sender, EventArgs e)
    {
        string userName = ((GridViewRow)(((LinkButton)sender).Parent.Parent)).Cells[1].
Text;
        Session["user"] = userName;
        Response.Redirect("Blog/ShowArticle.aspx");
            }
    }
```

当登录网站的用户单击页面链接“修改我的信息”链接时，登录到网站的学生用户就能够在用户信息修改页修改自己注册时的信息，信息修改页的页面运行效果如图 6.9 所示。

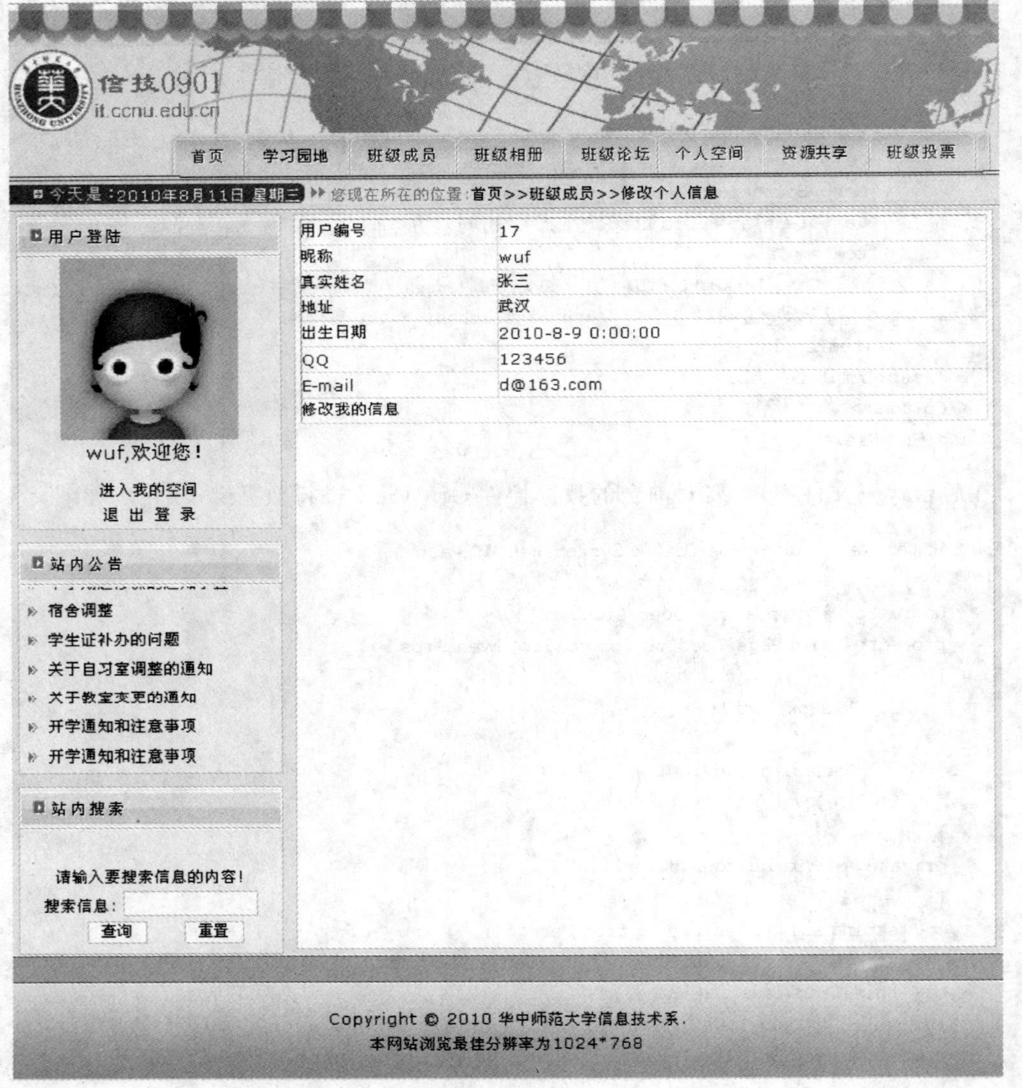

图 6.9　用户个人信息修改页面

在该页面上，首先会呈现用户的基本信息，信息的呈现是通过数据控件 DetailsView 和 SqlDataSource 实现的，其中，DetailsView 主要用来呈现数据，代码如下：

```
<asp:DetailsView ID = "DetailsView1" runat = "server" AutoGenerateRows = "False"
    DataKeyNames = "userID" DataSourceID = "SqlDataSource1" Height = "50px"
    Width = "540px" BackColor = "White" BorderColor = "#CCCCCC" BorderStyle = "None"
    BorderWidth = "1px" CellPadding = "3">
    <FooterStyle BackColor = "White" ForeColor = "#000066" />
    <RowStyle ForeColor = "#000066" />
    <PagerStyle BackColor = "White" ForeColor = "#000066" HorizontalAlign = "Left" />
    <Fields>
        <asp:BoundField DataField = "userID" HeaderText = "用户编号" InsertVisible = "False"
            ReadOnly = "True" SortExpression = "userID" />
        <asp:BoundField DataField = "userName" HeaderText = "昵称"
            SortExpression = "userName" />
        <asp:BoundField DataField = "trueName" HeaderText = "真实姓名"
            SortExpression = "trueName" />
        <asp:BoundField DataField = "address" HeaderText = "地址"
            SortExpression = "address" />
        <asp:BoundField DataField = "Birthday" HeaderText = "出生日期"
            SortExpression = "Birthday" />
        <asp:BoundField DataField = "QQ" HeaderText = "QQ" SortExpression = "QQ" />
        <asp:BoundField DataField = "Email" HeaderText = "Email" SortExpression = "Email" />
        <asp:CommandField ShowEditButton = "True" EditText = "修改我的信息" />
    </Fields>
    <HeaderStyle BackColor = "#006699" Font - Bold = "True" ForeColor = "White" />
    <EditRowStyle BackColor = "#669999" Font - Bold = "True" ForeColor = "White" />
</asp:DetailsView>
```

在 DetailsView1 的 DataSourceID 属性中，指定了数据控件的数据来源，即 DetailsView 绑定的数据来源于 SqlDataSource1，具体代码如下：

```
<asp:SqlDataSource ID = "SqlDataSource1" runat = "server"
    ConflictDetection = "CompareAllValues"
    ConnectionString = "<% $ ConnectionStrings:ConnectionString %>"
    DeleteCommand = "DELETE FROM [Person] WHERE [userID] = @original_userID AND [userName] =
@original_userName AND [trueName] = @original_trueName AND [address] = @original_address
AND [Birthday] = @original_Birthday AND [QQ] = @original_QQ AND [Email] = @original_
Email"
    InsertCommand = "INSERT INTO [Person] ([userName], [trueName], [address], [Birthday],
[QQ], [Email]) VALUES (@userName, @trueName, @address, @Birthday, @QQ, @Email)"
    OldValuesParameterFormatString = "original_{0}"
    SelectCommand = "SELECT [userID], [userName], [trueName], [address], [Birthday], [QQ],
[Email] FROM [Person] WHERE ([userName] = @userName)"
    UpdateCommand = "UPDATE [Person] SET [userName] = @userName, [trueName] = @trueName,
[address] = @address, [Birthday] = @Birthday, [QQ] = @QQ, [Email] = @Email WHERE
[userID] = @original_userID AND [userName] = @original_userName AND [trueName] =
@original_trueName AND [address] = @original_address AND [Birthday] = @original_Birthday
AND [QQ] = @original_QQ AND [Email] = @original_Email">
```

```
        <SelectParameters>
            <asp:SessionParameter Name="userName" SessionField="userName" Type="String" />
        </SelectParameters>
        <DeleteParameters>
            <asp:Parameter Name="original_userID" Type="Int32" />
            <asp:Parameter Name="original_userName" Type="String" />
            <asp:Parameter Name="original_trueName" Type="String" />
            <asp:Parameter Name="original_address" Type="String" />
            <asp:Parameter Name="original_Birthday" Type="DateTime" />
            <asp:Parameter Name="original_QQ" Type="String" />
            <asp:Parameter Name="original_Email" Type="String" />
        </DeleteParameters>
        <UpdateParameters>
            <asp:Parameter Name="userName" Type="String" />
            <asp:Parameter Name="trueName" Type="String" />
            <asp:Parameter Name="address" Type="String" />
            <asp:Parameter Name="Birthday" Type="DateTime" />
            <asp:Parameter Name="QQ" Type="String" />
            <asp:Parameter Name="Email" Type="String" />
            <asp:Parameter Name="original_userID" Type="Int32" />
            <asp:Parameter Name="original_userName" Type="String" />
            <asp:Parameter Name="original_trueName" Type="String" />
            <asp:Parameter Name="original_address" Type="String" />
            <asp:Parameter Name="original_Birthday" Type="DateTime" />
            <asp:Parameter Name="original_QQ" Type="String" />
            <asp:Parameter Name="original_Email" Type="String" />
        </UpdateParameters>
        <InsertParameters>
            <asp:Parameter Name="userName" Type="String" />
            <asp:Parameter Name="trueName" Type="String" />
            <asp:Parameter Name="address" Type="String" />
            <asp:Parameter Name="Birthday" Type="DateTime" />
            <asp:Parameter Name="QQ" Type="String" />
            <asp:Parameter Name="Email" Type="String" />
        </InsertParameters>
    </asp:SqlDataSource>
```

通过配置该数据源，可以实现对具体的数据条目进行修改操作，如修改用户的昵称、真实姓名、电子邮件等信息，修改的信息将会保存在数据表 Person 当中。

6.4.4 班级相册模块的实现

班级相册模块用于展示班级活动或者班级成员的风采，系统的合法用户可以上传照片。管理员可以在后台对相片进行管理，而浏览者则可以再前台单击班级相册中的缩略图放大照片查看。班级相册页运行效果如图 6.10 所示。

班级相册页面的前台界面依然是采用母版页技术，主体部分采用了 DataList 控件呈现系统中用户的照片信息，代码如下：

图 6.10 班级相册页面

```
<asp:Content ID = "Content2" ContentPlaceHolderID = "ContentPlaceHolder1" Runat = "Server">
        <asp:DataList ID = "DataListAblum" runat = "server" CellSpacing = "4"
                      RepeatColumns = "4" Width = "433px">
            <ItemTemplate>
              <a class = "firstebox" href = '<% # DataBinder.Eval(Container.DataItem,"PhotoUrl") %>'
                            rel = "gallery">
              <asp:Image Height = "130px" Width = "130px" runat = "server"  ImageUrl =
'<%  #DataBinder.Eval(Container,"DataItem.PhotoUrl") %>'/>
              </a>
          </ItemTemplate>
      </asp:DataList>
<table>
        <tr>
```

```
<td style="width: 660px; height: 32px; text-align: right" valign="top">
                                      <font color =
"red">[</font><asp:LinkButton
                        ID="LinkButton2" runat="server" ForeColor="#FF3300"
                        PostBackUrl="~/UpClassImage.aspx">我要上传图片</asp:LinkButton>
                    <font color="red">]</font>  
                              
                </td>
        </tr>
          </table>
</asp:Content>
```

此处 DataList 控件<ItemTemplate>模板中放置了一个 Image 对象，程序中给定了 Image 对象 ImageUrl 属性，表明单击缩略图时页面所呈现的照片。在页面代码文件中，对前台的数据控件进行数据绑定，代码如下：

```
public partial class ClassAlbum : System.Web.UI.Page
{
    OperationData op = new OperationData();
    protected void Page_Load(object sender, EventArgs e)
    {
        if (!IsPostBack)
        {
            DataBindAblum();
        }
    }
    private void DataBindAblum()
    {
        string sql = "select * from ClassAlbum order by UpTime DESC";
        this.DataListAblum.DataSource = op.GetDataSet(sql);
        this.DataListAblum.DataBind();
    }
}
```

班级网站合法用户除了能够浏览系统内的照片，还可以上传本地计算机上的图片，在单击前台页面上的“我要上传图片”链接时，页面会跳转到上传图片的页面，该页面的运行效果如图 6.11 所示。

设计上传照片页主要使用了 FileUpLoad 控件，默认情况下，ASP.NET 的文件上传大小限制为 2MB。一般情况下，2MB 的大小足够文件上传使用了，因为网络带宽的影响，文件太大容易引起网络堵塞，从而导致文件上传失败。但某些情况下，如系统部署在百兆位以上的局域网内时，某些特殊需求，就需要实现较大文件的上传，这时，可以通过修改网站的 Web.Config 文件来定义最大文件的大小，在本例中，统一规定上传文件大小为 20MB，程序代码设置如下：

```
<httpRuntime executionTimeout="600" maxRequestLength="204800" useFullyQualifiedRedirectUrl=
"false"/>
```

在该页的前台中，主要使用了母版页技术，采用了一个布局表格设计了页面呈现的各项，代码如下：

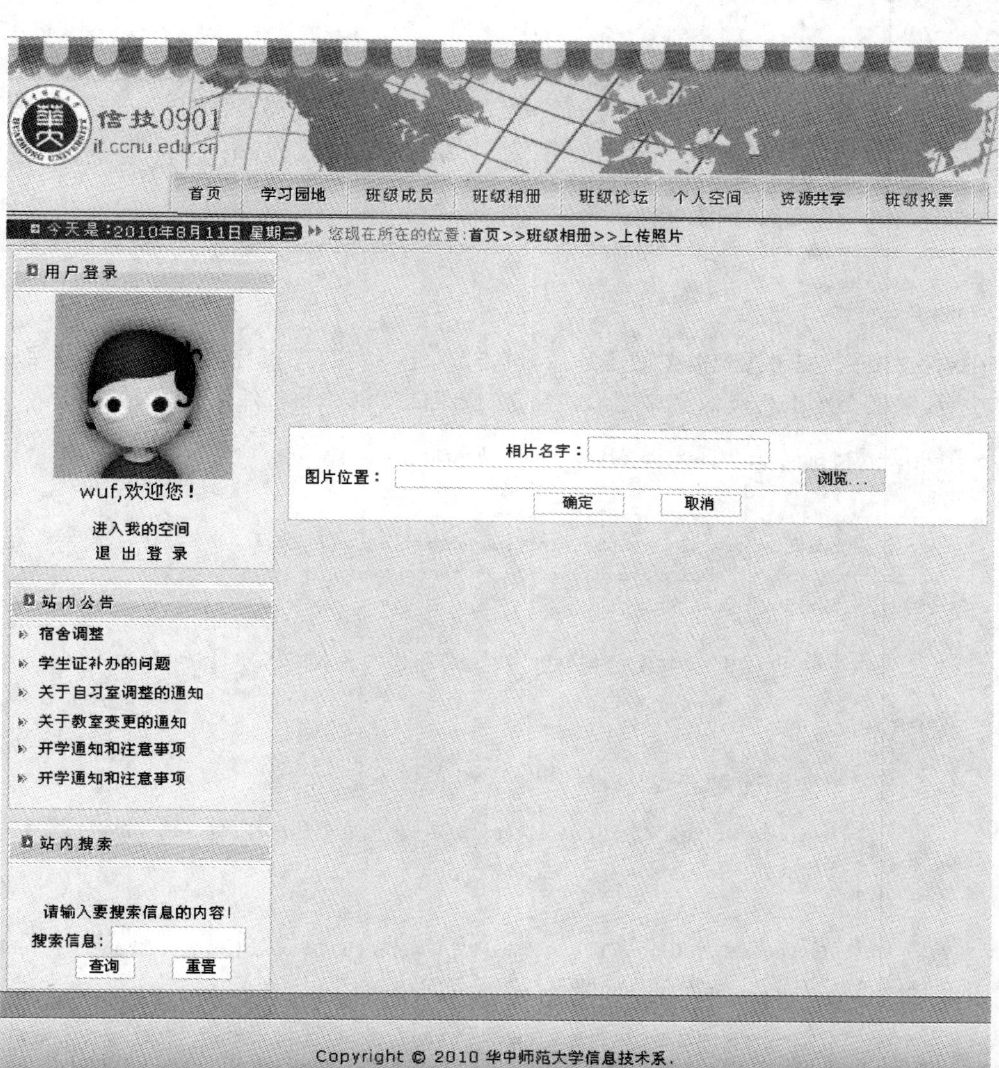

图 6.11　上传照片页面

```
<asp:Content ID = "Content3" ContentPlaceHolderID = "ContentPlaceHolder1" Runat = "Server">
        <table style = "font - size: 13px; width: 100 % ; height: 100 % ">
            <tr>
                <td  style = "text - align: center">
                    相片名字: <asp:TextBox ID = "TextBox1" runat = "server" Width = "141px"></asp:
TextBox>
                </td>
            </tr>
            <tr>
                <td style = "height:10px">
                    图片位置:
                  <asp:FileUpload ID = "FileUpload1" runat = "server" Width = "385px" />
                </td>
            </tr>
```

```
            <tr>
                <td style="height: 10%; text-align: center">
                        <asp:Button ID="Button1" runat="server" OnClick="Button1_Click"
Text="确定"  Width="71px" />
                <asp:Button ID="Button2" runat="server" OnClick="Button2_Click" Text="取消"
                  Width="63px" />
                </td>
            </tr>
        </table>
</asp:Content>
```

在单击“浏览”按钮找到需要的图片后，单击“确定”按钮，即可完成照片的上传，照片上传成功后，系统会给出相应的窗口提示，“确定”按钮的 OnClick 事件代码如下：

```
protected void Button1_Click(object sender, EventArgs e)
{
    string imageName = FileUpload1.FileName;
    string subPath = imageName.Substring(imageName.LastIndexOf(".") + 1);
    string photoUrl = "album/classimages/" + imageName;
    if (this.TextBox1.Text.Trim() == "")
    {
        Response.Write("<script>alert('对不起,图片名字不能为空!')</script>");
    }
    else
    {
        if (imageName == null || imageName == "")
        {
            Response.Write("<script>alert('对不起,你未上传图片!')</script>");
        }
        else
        {
            if (subPath.ToLower() == "jpg" || subPath.ToLower() == "bmp" || subPath.
ToLower() == "gif" || subPath.ToLower() == "jpeg")
            {
                if (op.UpClassImg(this.TextBox1.Text.Trim(), photoUrl, Session["userName"].
ToString()) != 0)
                {
                    Response.Write("<script>alert('恭喜,上传成功!');window.location.
href='ClassAlbum.aspx';</script>");
                    FileUpload1.SaveAs(Server.MapPath("album/classimages" + "\\" + imageName));
                }
                else
                {
                    Response.Write("<script>alert('对不起,上传图片出错,请重新上传!')</script>");
                }
            }
            else
            {
                Response.Write("<script>alert('对不起,上传的图片只能是 JPG、BMP、GIF、JPEG
格式,请检查图片格式!')</script>");
            }
        }
    }
}
```

6.4.5 资源共享模块的实现

班级网站中资源共享模块给用户提供了一个资源共享的平台，在该模块中，网站合法用户进入网站后可以上传、下载各种不同类型的资源，包括文本、图片、视音频等。

资源共享模块运行效果如图 6.12 所示。

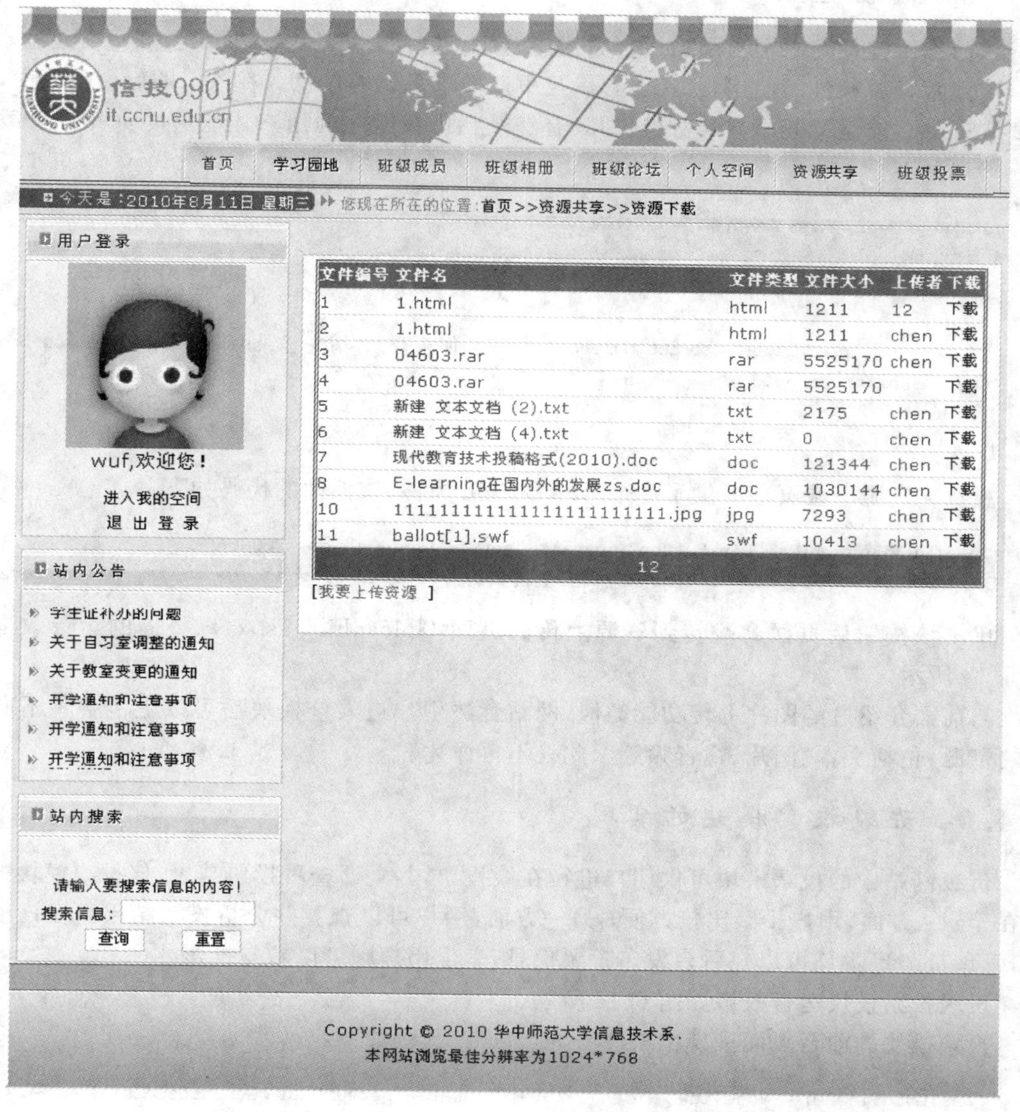

图 6.12 资源共享页面

进入资源下载页面后，页面呈现的是一个资源列表，该列表给出了资源的编号、文件名、类型、大小、上传者及下载链接，网站用户可以浏览、下载这些资源。

前台页面的主体是一个 GridView 数据控件，实现的功能是呈现资源的列表。该数据源控件绑定了后台数据库 MyClass 中 UserFile 表中的一些字段值，从而实现数据的动态呈现。在进行数据绑定时使用的是 SqlDataSource 数据源控件，在设计页面拖放一个

SqlDataSource 后，通过配置该数据源控件的数据信息，得到如下代码：

```
<asp:SqlDataSource ID = "sqlbook" runat = "server"
        ConnectionString = "<% $ ConnectionStrings:MyClassConnectionString %>"
        SelectCommand = "SELECT [id], [filename], [filetype], [filesize], [creator] FROM
[UserFile]">
</asp:SqlDataSource>
```

该数据源控件建立了与网站后台数据库的动态链接。

上述数据源控件的使用，已经能够满足页面要求呈现的信息。在该页的后台代码中，主要要实现的功能是判断用户的身份，即只有登录到班级网站的用户才能够浏览并且下载资源。代码如下：

```
protected void Page_Load(object sender, EventArgs e)
{
    if (Session["userName"] == null)
    {
        Response.Write("<script>alert('对不起,你未登录,请先登录!');window.location.href =
'Login.aspx'</script>");
    }
}
```

注意在资源下载页还提供了一个 LinkButton 控件，该控件的代码如下：

```
<asp:LinkButton ID = "LinkButton2" runat = "server" ForeColor = "#0066FF"
PostBackUrl = "~/UploadFile.aspx">我要上传资源</asp:LinkButton>
```

单击该按钮后页面会跳转到资源上传的页面 UploadFile.aspx，该页面的运行效果如图 6.13 所示。

与前面介绍过的图片上传功能类似，网站合法用户进入该模块后可以上传各种不同类型的资源，包括文本、图片、视音频等。此处不再详述。

6.4.6 班级投票模块的实现

班级网站中的投票模块可供用户进行在线投票，并立即查看投票结果，该投票模块的优势在于：一方面，用户投票比较方便；另一方面，用户可以查看并分析投票结果。在该模块中，管理员与班主任可以在后台发布投票信息，学生用户则可以参与投票。

班级投票模块运行效果如图 6.14 所示。

投票模块的前台页面呈现投票选项，前台设计代码如下：

```
<asp:GridView ID = "VoteView" Width = "100 % " runat = "server" AutoGenerateColumns = "False"
BorderColor = "SteelBlue" BorderWidth = "1px" BackColor = "GradientActiveCaption" CellPadding = "3"
OnRowDataBound = "VoteView_RowDataBound" CssClass = "GbText" DataKeyNames = "SubjectID,Mode"
BorderStyle = "None" CellSpacing = "1">
    <FooterStyle ForeColor = "#8C4510" BackColor = "#F7DFB5"></FooterStyle>
<SelectedRowStyle Font - Bold = "True" ForeColor = "White" BackColor = "#738A9C" BorderColor =
"CornflowerBlue" />
<RowStyle ForeColor = "DarkBlue" BackColor = "#FFF7E7" BorderColor = "CornflowerBlue"
BorderStyle = "Solid"/>
<HeaderStyle Font - Bold = "True" ForeColor = "White" CssClass = "GbText" BackColor =
```

```
"RoyalBlue"></HeaderStyle>
                <Columns>
                    <asp:TemplateField HeaderText="详细说明">
                        <ItemTemplate>
                            <%# DataBinder.Eval(Container.DataItem,"Name") %>
    <asp:Panel ID="ItemPanel" runat="server" Width="100%" CssClass="GbText" Direction=
"LeftToRight"></asp:Panel>              </ItemTemplate>
                        <ItemStyle HorizontalAlign="Left" />

                    </asp:TemplateField>
                </Columns>
        <PagerStyle ForeColor="#8C4510" HorizontalAlign="Center" />
        <AlternatingRowStyle BorderColor="#FF8000" BorderWidth="1px" />
    </asp:GridView>
```

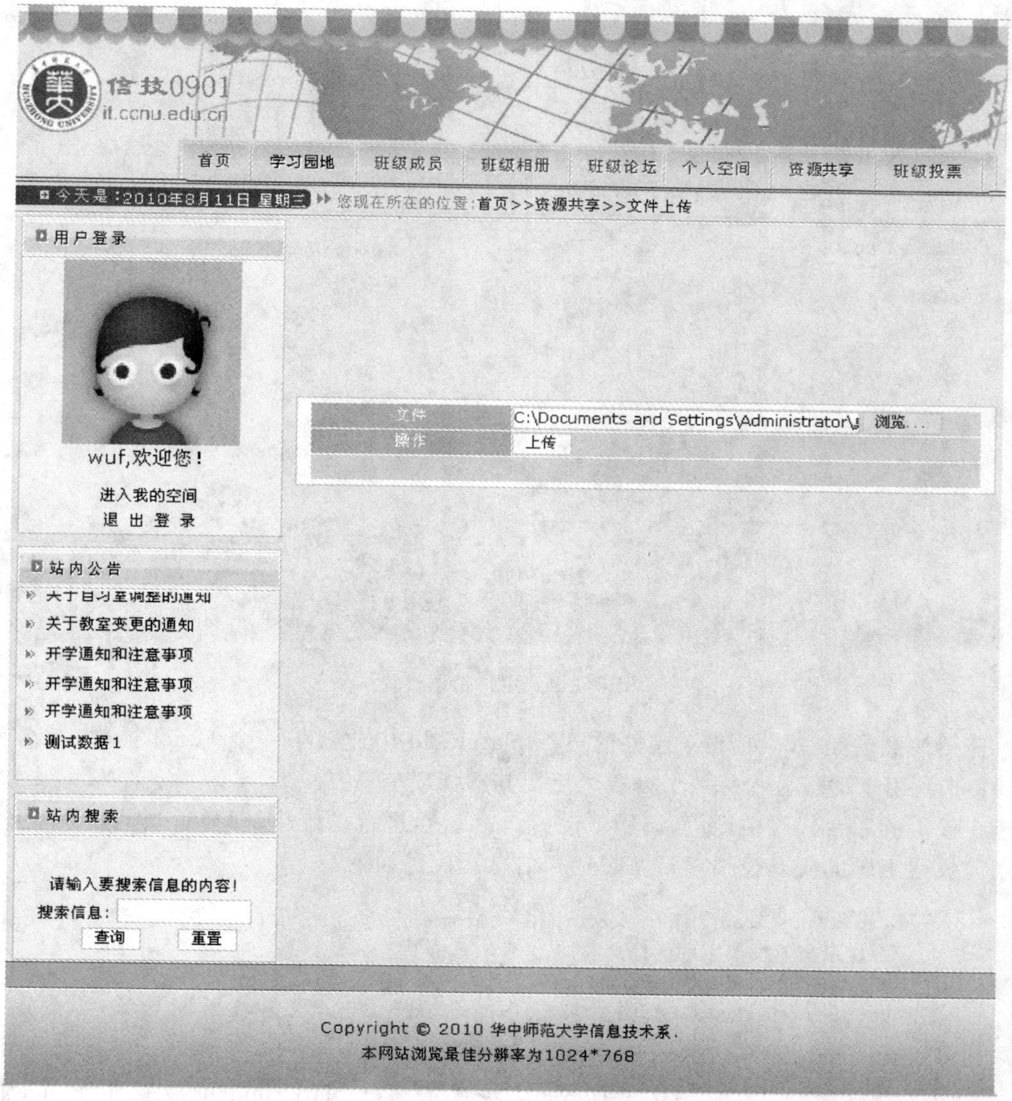

图 6.13　资源上传页面

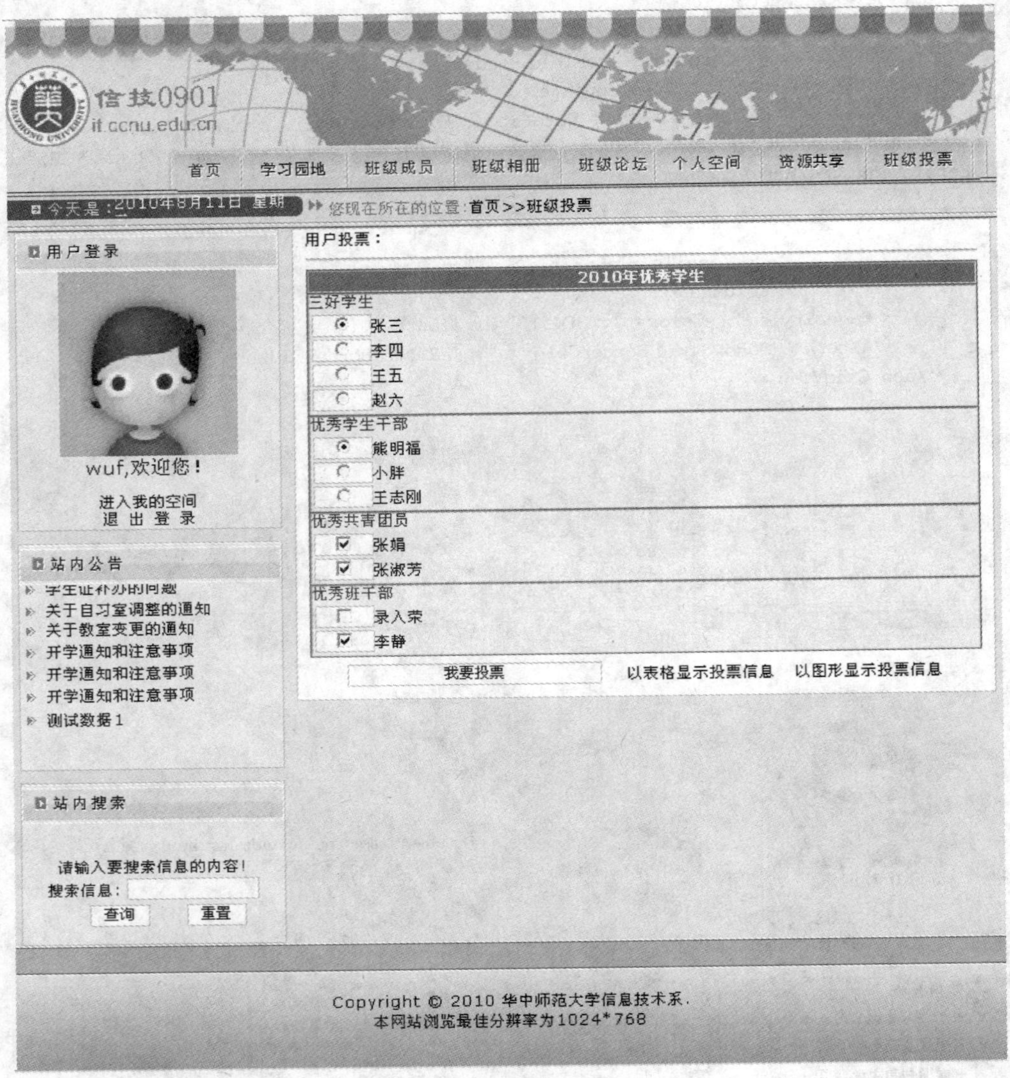

图 6.14　用户投票模块

值得注意的是，VoteView 控件的 TemplateField 中放置了一个 Panel 控件，其名称为 ItemPanel，用来动态显示每一个投票项目及其选择项信息。

在该页的后台代码中，页面调用 Page_Load 函数进行初始化，即显示当前投票主题，以及当前投票主题的所有投票项目及其选择信息。代码如下：

```
protected void Page_Load(object sender, EventArgs e)
    {  ///显示当前投票主题的信息
       BindSubjectData(GetCurrentTopic());
       VoteView.HeaderRow.Cells[0].Text = sHeadText;
}
```

上面已经提及，前台呈现的 GridView 控件的 TemplateField 中放置了 Panel 控件 ItemPanel，该控件用来动态加载投票项目及其选择项信息，并且可以以单选模式和多选模式显示选择项的信息。动态加载投票项目选择功能主要由代码页中的两个方法实现，分别为 BindItemData（RadioButtonList radioList， int nSubjectID）和 BindItemData（CheckBoxList checkList， int nSubjectID），前一方法加载单选模式下的投票信息，后一方法加载多选模式下的选择项，代码如下：

```
private void BindItemData(RadioButtonList radioList, int nSubjectID)//单选投票模式
{   ///获取数据
        IItem item = new Item();
        SqlDataReader dr = item.GetItemBySubject(nSubjectID);
        ///绑定数据
        radioList.DataSource = dr;
        radioList.DataTextField = "Name";
        radioList.DataValueField = "ItemID";
        radioList.DataBind();
        ///关闭数据源
        dr.Close();
}
private void BindItemData(CheckBoxList checkList, int nSubjectID)//多选投票模式
{   ///获取数据
        IItem item = new Item();
        SqlDataReader dr = item.GetItemBySubject(nSubjectID);
        ///绑定数据
        checkList.DataSource = dr;
        checkList.DataTextField = "Name";
        checkList.DataValueField = "ItemID";
        checkList.DataBind();
        ///关闭数据源
        dr.Close();
}
```

上述两个函数实现的功能类似，都是直接通过数据库读取，然后绑定到列表。

另外，ItemPanel 控件动态加载投票项目是在 VoteView 控件绑定数据时实现，代码如下：

```
protected void VoteView_RowDataBound(object sender, GridViewRowEventArgs e)
{
        Panel ItemPanel = (Panel)e.Row.FindControl("ItemPanel");
        if (ItemPanel != null)
        {   ///获取显示的模式(包括单选和多选)
            if (VoteView.DataKeys[e.Row.RowIndex].Values["Mode"].ToString().ToLower() == "false")
            {
                RadioButtonList radioList = new RadioButtonList();
                radioList.ID = "radioList";
                BindItemData(radioList, Int32.Parse(VoteView.DataKeys[e.Row.RowIndex].
Values["SubjectID"].ToString()));
                ItemPanel.Controls.Add(radioList);
                if (radioList.Items.Count <= 0)
                {
```

```
                    ItemPanel.Controls.Add(new LiteralControl("< font class = GbText color =
red>没有提供选择项!</font>"));
                }
            }
            if (VoteView.DataKeys[e.Row.RowIndex].Values["Mode"].ToString().ToLower() == "true")
            {
                CheckBoxList checkList = new CheckBoxList();
                checkList.ID = "checkList";
                  BindItemData(checkList, Int32.Parse(VoteView.DataKeys[e.Row.RowIndex].
Values["SubjectID"].ToString()));
                ItemPanel.Controls.Add(checkList);
                if (checkList.Items.Count <= 0)
                {
                    ItemPanel.Controls.Add(new LiteralControl("< font class = GbText color =
red>没有提供选择项!</font>"));
                }
            }
        }
}
```

班级网站用户在单击按钮“我要投票后”可以实现在线投票功能，按钮的事件代码如下：

```
protected void VoteBtn_Click(object sender, EventArgs e)
    {
        if (Session["IsRepeatVote"] != null && Session["Vote"] != null)
        {
            if(Session["IsRepeatVote"].ToString().ToLower() == "false"&& Session["Vote"].
ToString() == "true")
            {
                Response.Write("< script> alert('" + "您已经投票,不能重复投票!" + "');</script>");
                return;
            }
        }
        foreach (GridViewRow row in VoteView.Rows)
        {
            Panel ItemPanel = (Panel)row.FindControl("ItemPanel");
            if (ItemPanel == null) { continue; }
            IItem item = new Item();
            foreach (Control control in ItemPanel.Controls)
            {
                if (control is RadioButtonList)
                {
                    foreach (ListItem listItem in ((RadioButtonList)control).Items)
                    {
                        if (listItem.Selected == true)
                        {
                            try
                            {
                              item.UpdateItemVoteCount(Int32.Parse(listItem.Value));
```

```
                        }
                        catch (Exception ex)
                        {
                            Response.Redirect("ErrorPage.aspx?ErrorMsg = " + ex.Message.
Replace("<br>", "").Replace("\n", "")
 + "&ErrorUrl = " + Request.Url.ToString().Replace("<br>", "").Replace("\n", ""));
                        }
                        break;
                    }
                }
            }
            if (control is CheckBoxList)
            {
                foreach (ListItem listItem in ((CheckBoxList)control).Items)
                {
                    if (listItem.Selected == true)
                    {
                        try
                        {
                            item.UpdateItemVoteCount(Int32.Parse(listItem.Value));
                        }
                        catch (Exception ex)
                        {
                            Response.Redirect("ErrorPage.aspx?ErrorMsg = " + ex.Message.
Replace("<br>", "").Replace("\n", "")
                            + "&ErrorUrl = " + Request.Url.ToString().Replace("<br>", "").
Replace("\n", ""));
                        }
                    }
                }
            }
        }
    }
    Session["Vote"] = "true";
    Response.Write("<script>alert('" + "投票成功,请妥善保管好你的数据!" + "');
</script>");
    }
}
```

用户投票结束之后,根据实际需要,可以查看投票的信息,例如,用户可以以表格形式或者是条形图的方式查看数据,当用户单击"以图形显示投票信息"时,页面运行效果如图 6.15 所示。

使用方形图显示统计结果的功能由 ShowVoteByPic.aspx 页实现,该页实现过程如下:

首先,在页面中添加一个 GridView 控件,名称为 VoteView,这个数据控件用来以图形显示数据,代码如下:

```
<asp:GridView ID = "VoteView" runat = "server" AutoGenerateColumns = "False"
    BackColor = "GradientActiveCaption" BorderColor = "SteelBlue" BorderStyle = "None"
```

```
    BorderWidth = "1px" CellPadding = "3" CellSpacing = "1" CssClass = "GbText"
    DataKeyNames = "SubjectID" OnRowDataBound = "VoteView_RowDataBound" Width = "100 % ">
    < FooterStyle BackColor = " # F7DFB5" ForeColor = " # 8C4510" />
    < SelectedRowStyle BackColor = " # 738A9C" BorderColor = "CornflowerBlue"
    Font - Bold = "True" ForeColor = "White" />
    < RowStyle BackColor = " # FFF7E7" BorderColor = "CornflowerBlue" BorderStyle = "Solid"
ForeColor = "DarkBlue" />
< HeaderStyle BackColor = " RoyalBlue" CssClass = " GbText" Font - Bold = " True" ForeColor =
"White" />
< Columns >
        < asp:TemplateField HeaderText = "详细说明">
            < ItemTemplate >
              <% # DataBinder.Eval(Container.DataItem,"Name") %>
              < asp:GridView ID = "VoteInfoView" runat = "server" AutoGenerateColumns = "false"
  BorderStyle = "None" ShowHeader = "true" Width = "100 % ">
              < HeaderStyle BackColor = "RoyalBlue" BorderColor = "blue" BorderStyle = "Solid"
BorderWidth = "1" ForeColor = "White" />
< Columns >
< asp:TemplateField HeaderText = "选择项" ItemStyle - Width = "50 % ">
< ItemTemplate >
<% # ((ItemInformation)Container.DataItem).Name %>
</ItemTemplate >
</asp:TemplateField >
< asp:TemplateField HeaderText = "所占总票的百分比" ItemStyle - BorderWidth = "1"
ItemStyle - HorizontalAlign = "Left">
< ItemStyle Width = "300px" />
< ItemTemplate >
< asp: Image ID = "voteImage" Runat = "server" Height = "20" ImageUrl = " images/vote. gif" Width =
"<% #FormatVoteImage ( FormatVoteCount ((( ItemInformation ) Container. DataItem ). VoteCount,
((ItemInformation)Container.DataItem).SumVoteCount)) %>" />
<% # FormatVoteCount ((( ItemInformation) Container. DataItem). VoteCount, (( ItemInformation)
Container.DataItem).SumVoteCount) %>%
</ItemTemplate >
</asp:TemplateField >
< asp:TemplateField HeaderText = "票数" ItemStyle - Width = "20 % ">
< ItemTemplate >
<% # ((ItemInformation)Container.DataItem).VoteCount %>
</ItemTemplate >
</asp:TemplateField >
</Columns >
</asp:GridView >
</ItemTemplate >
< ItemStyle HorizontalAlign = "Left" />
</asp:TemplateField >
</Columns >
< PagerStyle ForeColor = " # 8C4510" HorizontalAlign = "Center" />
< AlternatingRowStyle BorderColor = " # FF8000" BorderWidth = "1px" />
</asp:GridView >
```

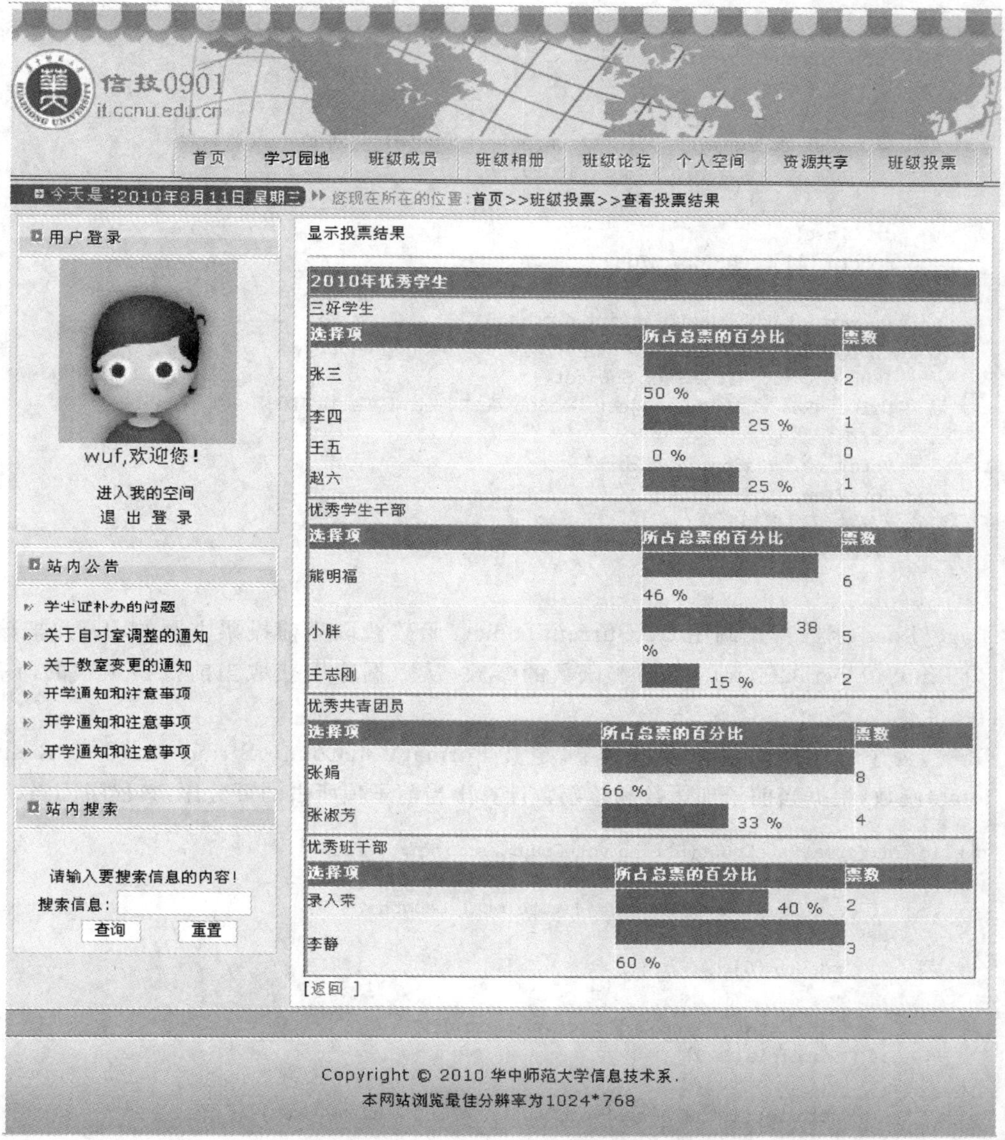

图 6.15 以图形显示投票结果页面

该页的后台代码如下：

```
private static string sHeadText = "";
    protected void Page_Load(object sender, EventArgs e)
    {
        if (!Page.IsPostBack)
        {
            BindSubjectData(GetCurrentTopic());
        }
        VoteView.HeaderRow.Cells[0].Text = sHeadText;
    }
    private int GetCurrentTopic()
    {
        ITopic topic = new Topic();
```

```
        SqlDataReader dr = topic.GetCurrentTopic();
        int nCurrentTopicID = -1;
        if (dr.Read())
        {
            nCurrentTopicID = Int32.Parse(dr["TopicID"].ToString());
            sHeadText = dr["Name"].ToString();
        }
        dr.Close();
        return (nCurrentTopicID);
    }
    private void BindSubjectData(int nTopicID)
    {   ///获取数据
        ISubject subject = new Subject();
        SqlDataReader dr = subject.GetSubjectByTopic(nTopicID);
        ///绑定数据
        VoteView.DataSource = dr;
        VoteView.DataBind();
        ///关闭数据源
        dr.Close();
    }
```

Page_Load 函数首先调用 GetCurrentTopic()函数获取当前投票主题的 ID,并把该 ID 值作为 BindSubjectData(int nTopic)函数的参数,从数据库中获取当前投票主题的所有投票项目。

其次,为了使用图形显示投票结果,定义 FormatVoteCount(String voteCount, string voteTotal)函数,根据当前子项票数和总票数计算出当前子项所占的百分比,其程序代码如下:

```
public int FormatVoteCount(String voteCount, string voteTotal)
{
        if (voteCount.Length <= 0 || voteTotal.Length <= 0)
        {
            return (0);
        }
        int nVoteTotal = Int32.Parse(voteTotal);
        if (nVoteTotal > 0)
        {
            return ((Int32.Parse(voteCount) * 100 / nVoteTotal));
        }
        return (0);
}
```

FormatVoteImage(int voteCount)函数根据当前子项票数计算出显示当前子项票数图形的长度,程序代码如下:

```
    public int FormatVoteImage(int voteCount)
    {
    return (voteCount * 3);
}
```

上述过程显示了网站用户参与投票的过程,为了使用户参与投票的项目能够及时更新,网站管理员及教师用户可以根据需要及时发布投票信息,实现上述功能,管理员需要登录到系统后台,程序运行效果如图 6.16 所示。

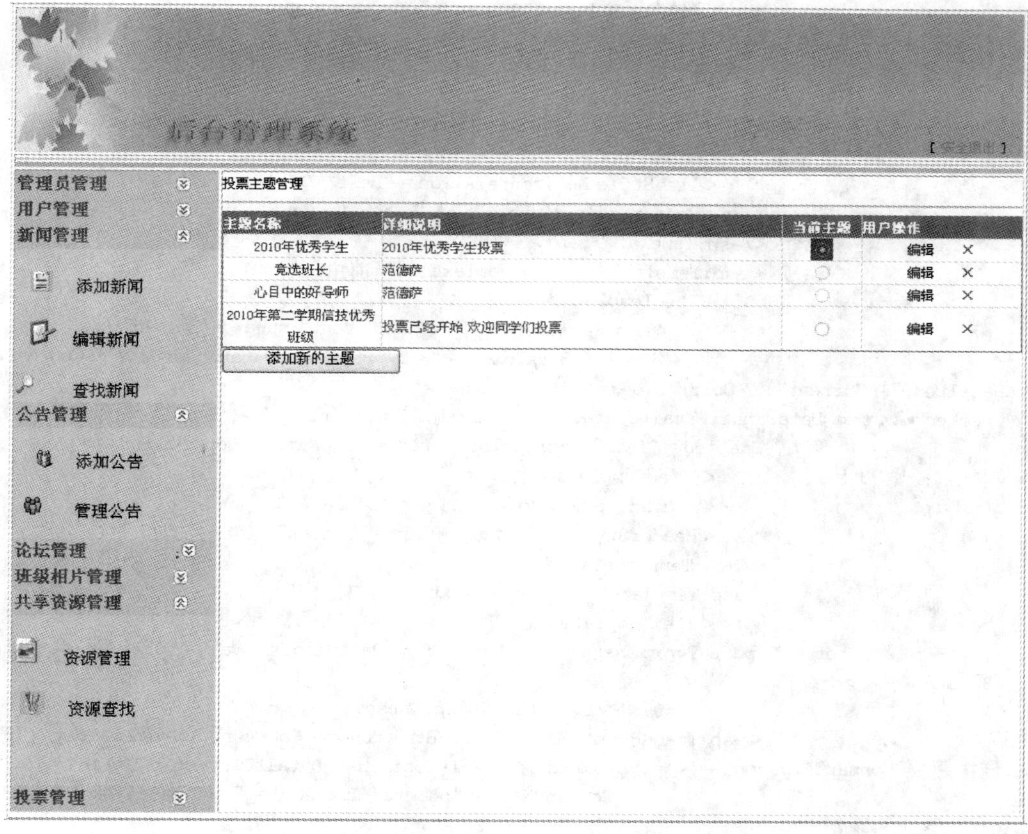

图 6.16 管理员发布投票主题页面

在该页面的设计中，主体部分仍然采用了数据控件 GridView 呈现数据，主要代码如下：

```
<asp:GridView ID = "TopicView" runat = "server" AutoGenerateColumns = "False"
                BackColor = "White" BorderColor = "#3B6BD1" BorderWidth = "1px" CellPadding = "4"
                CssClass = "GbText" OnRowCommand = "TopicView_RowCommand"
                OnRowDataBound = " TopicView _ RowDataBound " OnRowDeleting = " TopicView _
RowDeleting"
                Width = "100 % ">
                <FooterStyle BackColor = "#FFFFCC" ForeColor = "#330099" />
                <SelectedRowStyle BackColor = "#FFCC66" BorderColor = "CornflowerBlue"
Font - Bold = "True" ForeColor = "#663399" />
                <RowStyle BackColor = "White" BorderColor = "CornflowerBlue" BorderStyle =
"Solid"  ForeColor = "#330099" />
                <HeaderStyle BackColor = "#3B6BD1" CssClass = "GbText" Font - Bold = "True"
 ForeColor = "#FFFFCC" />
                <Columns>
                    <asp:TemplateField HeaderText = "主题名称">
                        <ItemTemplate>
                            <%#DataBinder.Eval(Container.DataItem,"Name") %>
                        </ItemTemplate>
                        <ItemStyle HorizontalAlign = "Center" />
```

```
                    < HeaderStyle Width = "20 % " />
                </asp:TemplateField >
                < asp:TemplateField HeaderText = "详细说明">
                    < ItemTemplate >
                        <% # DataBinder.Eval(Container.DataItem,"Body") %>
                    </ItemTemplate >
                    < ItemStyle HorizontalAlign = "Left" />
                    < HeaderStyle Width = "50 % " />
                </asp:TemplateField >
                < asp:TemplateField HeaderText = "当前主题">
                    < ItemTemplate >
                        < asp:RadioButton ID = "IsCurrent" runat = "server"
                                BackColor = '<% # (bool)DataBinder.Eval(Container.
DataItem,"IsCurrent") ? Color.Blue : Color.White %>'
Checked = '<% # DataBinder.Eval(Container.DataItem,"IsCurrent") %>'
                Enabled = "false" ForeColor = "red" GroupName = "TopicGroup" />
                    </ItemTemplate >
                    < ItemStyle HorizontalAlign = "Center" />
                    < HeaderStyle HorizontalAlign = "Center" Width = "10 % " />
                </asp:TemplateField >
                < asp:TemplateField HeaderText = "用户操作">
                    < ItemTemplate >
        < ahref = 'UpdateTopic.aspx? TopicID = <% # DataBinder.Eval(Container.DataItem,
"TopicID") %>'>
                        编辑</a >    
                < asp:ImageButton ID = "DeleteBtn" runat = "server" AlternateText = "删除
该主题"  CommandArgument = '<% # DataBinder.Eval(Container.DataItem,"TopicID") %>'
                            CommandName = "delete" ImageUrl = "~/admin/images/delete.
gif" />
                    </ItemTemplate >
                    < ItemStyle HorizontalAlign = "Center" />
                    < HeaderStyle Width = "20 % " />
                </asp:TemplateField >
            </Columns >
        < AlternatingRowStyle BorderColor = "CornflowerBlue" />
</asp:GridView >
```

页面在调用 Page_Load 函数进行初始化时，即显示投票主题信息，代码如下：

```
protected void Page_Load(object sender, EventArgs e)
{
    if (!Page.IsPostBack)
    {
        BindTopicData();
    }
}
private void BindTopicData()
{    ///获取数据
     ITopic topic = new Topic();
     SqlDataReader dr = topic.GetTopics();
     ///绑定数据
     TopicView.DataSource = dr;
     TopicView.DataBind();
     ///关闭数据源
```

```
        dr.Close();
    }
```

BindTopicData 方法调用 ITopic 接口被 Topic 类实现的 GetTopics()方法从数据库中获取所有的主题信息，并使用 GridView 控件显示获取的主题信息。

在前台界面上，单击“添加新的主题”按钮，触发按钮事件，页面跳转至 AddTopic.aspx 页面，程序代码如下：

```
protected void AddBtn_Click(object sender, EventArgs e)
{
    ///跳转到添加页面
    Response.Redirect("AddTopic.aspx");
}
```

该页运行效果如图 6.17 所示。

图 6.17 管理员添加投票主题页面

页面前台文件主要使用布局表格呈现发表投票主题所需的各个文本框，管理员或教师在这些控件中输入相应的信息确认无误后，单击“确定”按钮，即可在系统中添加新的投票主题，按钮的事件处理程序如下：

```
protected void AddBtn_Click(object sender, EventArgs e)
{
    try
    {   ///定义对象
        ITopic topic = new Topic();
        ///执行数据库操作
        topic.AddTopic(Name.Text.Trim(), Body.Text);
        Response.Write("<script>alert('" + "添加数据成功,请妥善保管好你的数据!" + "');
</script>");
    }
    catch (Exception ex)
    {  ///跳转到异常错误处理页面
    Response.Redirect("../ErrorPage.aspx?ErrorMsg=" + ex.Message.Replace("<br>", "").
Replace("\n", "") + "&ErrorUrl=" + Request.Url.ToString().Replace("<br>", "").Replace
("\n", ""));
    }
}
```

该段代码将用户在各个文本框中输入的信息写入到数据库，如果写入错误，将会跳转到系统的错误页面，错误页面将会给出出错的具体信息。

单击“取消”按钮后，相应的事件被触发，按钮的事件处理程序如下：

```
    protected void ReturnBtn_Click(object sender, EventArgs e)
    {  ///跳转到管理页面
    Response.Redirect("TopicManager1.aspx");
}
```

这段代码实现页面用户取消新的投票内容发布后页面跳转到 TopicManager1.aspx 页面。

6.5 本项目评估

教师对学生设计的班级网站可以从以下几个方面进行评价。

(1) 班级网站的功能设计：系统是否能满足班级在线管理的功能需求，有哪些欠缺和不合适的地方。

(2) 班级网站的页面设计。页面链接符合浏览规律，导航清晰，信息查找快速有效。页面条理清晰，布局合理，美观大方。

6.6 本项目进一步延伸和拓展

作为课程设计的一个章节，本项目开发的班级网站仅仅提供了一个班级管理的基本和通用功能，不能做个性化的设计，本项目还可以在以下几个方面加以拓展：

（1）本项目做的是一个独立的班级网站，读者可以增加一项功能，使管理员可以动态地创建新班级。

（2）实现功能模块的可选择性。不同的班级对于班级网站的需求是不一样的，可以考虑将班级网站的功能模块设置为可选项，管理员在创建班级时可以根据需要选择相应的功能模块。

第7章 专题学习网站的设计与实现

本章提要:

本章介绍了专题学习网站的设计与实现的一般方法,对设计和开发过程中可能遇到的各种问题做了详细的分析,并提出了解决方案。在实际开发过程中,以 Microsoft Visual Studio 作为主要开发工具,并使用了基于 C#的 ASP.NET 技术。

本章重点:

- 了解专题学习网站的基本结构。
- 掌握专题学习网站设计的基本步骤。
- 掌握专题学习网站中结构化资源的分类方法。
- 掌握专题学习网站各功能模块实现的关键技术。

7.1 本项目背景及要求说明

在传统教育中,人们重视学生对知识的掌握。信息化环境下的教育更强调对学生的创新精神和科学研究能力的培养,而信息化的学习环境也为这种培养提供了很好的条件。

专题学习网站是围绕某一专题进行的详细而深入的资源建设,利用网站的功能模块,组织学习者使用网站提供的资源,通过自主学习、合作学习、探究学习等学习方式对该专题进学习,在创设的情境下(如教学活动、各种问题情境以及虚拟实验,甚至游戏)分析信息、利用信息,培养学习者的观察、思维能力,同时利用网站提供的资源进行知识的重构,创作作品,改变传统的教学方式和学生的学习方式,培养学生的创新精神和实践能力。

专题学习网站的本质是基于专题资源的研究、协作式学习系统。其目的是为学生对专题内容开展深入的学习、研究提供必要的支持、引导、管理和帮助。因此,专题学习网站的核心是专题学习资源以及在此基础上进行的两类学习活动:其一是对专题知识的学习,其二是基于专题知识的研究性学习活动。其中,专题知识的学习是基础,强调学习的主动性和灵活性。

专题学习网站的设计通常包括选题设计、教学设计和系统设计 3 个步骤。

1. 专题学习网站的选题

选题是网站的设计关键,主题的选择要体现专题的特点,可以涉及与学生学习相关的学科知识、人文社会、自然科学等方面。相对于课程网站的系统性和完整性,专题学习网站的选题定位要小,内容要精。专题学习的内容通常是针对一项具体的知识内容,选题在专题范围内自成体系,各相关知识点围绕专题设立,有些专题甚至涉及多个学科的知识。

2. 专题学习网站的教学设计

选题确定以后，就要对专题学习网站进行教学内容和教学活动的设计。在对学习者特征进行分析的基础上，确定专题网站的学习目标，再根据学习目标选择学习内容，明确学习者可以在专题学习网站的支持下开展哪些学习活动，最后确定资源的具体表现形式。

3. 专题学习网站的系统设计

专题学习网站的系统设计包括系统需求分析、系统功能分析、数据库设计和系统构建设计。这也是本章的重点内容，下面以《红楼梦》专题学习网站的系统设计及实现为例，来说明如何开发一个专题学习网站。

7.2 本项目需求分析

《红楼梦》专题学习网站主要作用如下：

(1) 作为相关学科教学的一个平台，学生可在这个平台上开展相关主题的研究。

(2) 作为红学研究的一个平台。

(3) 弘扬传统文化，让广大学生了解中国传统文化的博大精深。

7.2.1 专题学习网站的系统功能分析

《红楼梦》专题学习网站主要包括以下功能：

(1) 用户管理。能对不同角色的用户进行登录、注册和授权管理。

(2) 资源的建设与组织管理。教师和管理员能够实现动态地管理及更新资源。

(3) 教学活动管理。教学活动包括浏览网站资源、开展讨论、上传自己的作品并进行评价反思。

7.2.2 专题学习网站的系统数据分析

基于对专题学习网站的功能分析，可初步对系统所需数据作如下设计。

(1) 用户数据：包括用户名、密码以及用户信息等基础数据。

(2) 资源数据：包括所属栏目、资源名称、资源内容、更新时间等数据。

(3) 作品数据：包括作品和评论两类数据。作品数据包括作品名称、作品内容、作者、作者自评、发布时间等；评论数据包括所属作品、评论人、评论内容等。

(4) 论坛数据：包括版块、主题、回复3类数据。其中：版块数据包括版块名称、公告等数据；主题数据包括所属版块、标题、内容、发布时间等；回复数据包括所属主题、回复内容、回复时间等。

7.3 本项目系统设计

本项目分为3种用户角色：系统管理员、教师和学生。不同角色的用户拥有不同的权限。系统管理员拥有资源管理、用户管理及论坛管理的权限。教师登录后拥有资源管理的权限，也可以与学生交流互动。学生登录后可以发表作品，与其他人交流互动，并且进行自评和互评。本项目的系统的用例关系图如图7.1所示。

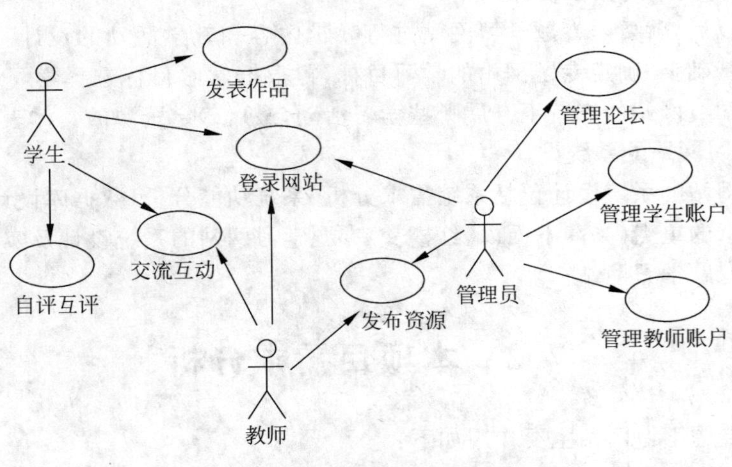

图 7.1　系统的用例关系图

7.3.1　系统模块设计

本项目分为系统管理、结构化学习资源、扩展学习资源、红楼杂谈、作品展示和学习评价 6 个功能模块，如图 7.2 所示。

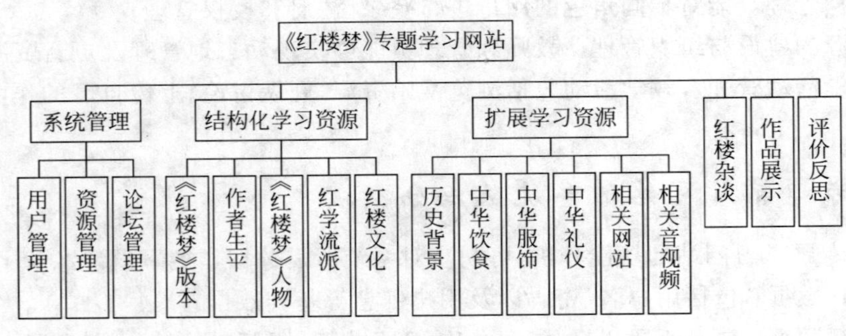

图 7.2　系统功能图

(1) 系统管理：对专题网站中的教学活动和学习资源进行有效的添加、修改和删除。能对用户进行注册、登录和授权管理。

(2) 结构化知识：将搜集、整理、制作的与本专题相关的文本、图片、动画、音频、视频等教学媒体，按一定的教学策略进行分类、组织，以网页形式制作的具有较强交互性的专题网络教学课件。《红楼梦》专题学习网站的结构化知识包括：

① 红楼版本：提供不同版本的《红楼梦》电子书以便学生下载，并对每一版本作简要说明。

② 作者生平：曹雪芹生平简介。

③《红楼梦》人物：对《红楼梦》中的主要人物进行介绍。

④《红楼梦》诗词：《红楼梦》中的相关诗词赏析。

⑤ 红学流派：介绍红学研究的主要流派。

⑥ 红楼文化：介绍《红楼梦》中的饮食文化、服饰文化和礼仪文化。

(3) 扩展学习资源：结构化知识的扩展和延伸。资源的表现形式可以直接存放在专题网站中，也可以是一些经过整理和归类的网页的集合。《红楼梦》专题学习网站的扩展资源包括历史背景、中华饮食文化、中华服饰文化、中华礼仪、相关网站和相关音视频文件。

(4) 红楼杂谈：供师生之间或学生之间进行异步交流的论坛。教师可以通过论坛给学生布置学习任务，提供学习指导，学生则可以利用论坛进行交流与协作。

(5) 作品展示：教师可将学生的优秀学习成果上传至作品展示区。

(6) 评价反思：学生及教师对教学过程及结果进行评价和反思。

7.3.2 数据库设计

本网站主要有3类用户：利用本网站对《红楼梦》这部文学作品进行学习的学生、提供学习资源并指导学生学习的教师以及系统管理员。为了简便起见，将3类用户信息存放在同一张表内，并引入用户角色字段来区分用户权限。系统的初始用户设置为系统管理员，管理员可对其他用户的用户角色进行更改。系统开放给用户注册，用户信息表存放了用户的注册信息，如表7.1所示。

作为专题学习网站，系统主要提供两类学习资源：一类是结构化知识，即按一定的教学策略进行分类、组织的与本专题相关的文本、图片、动画、音频、视频等教学媒体，以物理(即文件)和非物理(例如超文本和超链接)的形式存放在专题学习网站中；另一类是扩展学习资源，即对结构化知识的扩展，其资源表现形式与结构化知识类似，都要求系统具有动态添加信息和上传资源的功能。因此，在数据组织上，可以将这两种资源的数据信息(即以网页形式呈现的超文本，不包括以物理形式存储的文件)存放在同一张表中，如表7.2所示。

专题学习网站不应仅局限于对学习内容和资源的呈现，作为一个开放的网络社区，应更强调交流协作，并能搜集学生在专题学习过程中的表现和学习成果，便于学生自评以及师生和生生间的互评。系统允许用户发布作品(学习成果)，并允许其他用户进行评论。这里涉及两张表，作品表和评论表，如表7.3和表7.4所示。

在交流协作方面，本网站设有学习交流区，主要是论坛。由于对论坛的开发不是本章的重点，这里仅提供对论坛一般功能的实现，供读者参考。涉及的数据表主要有3个，版块表、主题表和回复表，如表7.5、表7.6和表7.7所示。

本项目使用Microsoft SQL Server Express作为数据库系统，并将数据库命名为SubjectStudy。该数据库中包含的数据表如下所示。

(1) 用户信息表(User)：用来存储用户信息，包括管理员、教师和学生3种角色，如表7.1所示。

表 7.1　用户信息表

字段名	数据类型	可否为 NULL	默认值	字段说明
UserID	int	否		用户 ID,主键,自增
UserName	varchar(50)	否		用户名
UserPWD	varchar(50)	否		密码
UserEmail	varchar(50)	否		E-mail
UserRegTime	varchar(20)	否		注册时间
UserLastLogTime	varchar(20)	否		最后登录时间
UserRole	int	否	0	用户角色,0 为学生用户,1 为教师用户,2 为管理员用户

(2) 学习资源表(Info):用来存储学习资源的信息,如表 7.2 所示。

表 7.2　学习资源表

字 段 名	数 据 类 型	可否为 NULL	默 认 值	字 段 说 明
InfoID	int	否		资源 ID,主键,自增
Infotype	int	否		所属栏目
InfoTitle	varchar(50)	否		标题
InfoContent	text	否		正文
InfoUpdateTime	datetime	否		更新时间

(3) 学生作品表(Works):用来存储学生作品的信息,如表 7.3 所示。

表 7.3　学生作品表

字 段 名	数 据 类 型	可否为 NULL	默 认 值	字 段 说 明
WorksID	int	否		作品 ID,主键,自增
WorksTitle	varchar(50)	否		作品名称
WorksAuthor	varchar(50)	否		作者
WorksContent	text	否		正文
WorksPostTime	datetime	否		发布时间
SelfComment	text	否		自评
ClickNO	int	否	0	点击次数
CommentNO	int	否	0	评论数

(4) 作品评论表(Comment):用来存储作品评论的信息。其中字段 wID 对应于学生作品表(Paper)的 WorksID 字段,如表 7.4 所示。

表 7.4　作品评论表

字 段 名	数 据 类 型	可否为 NULL	默 认 值	字 段 说 明
ComID	int	否		作品评论 ID,主键,自增
ComAuthor	varchar(50)	否		评论人
ComContent	text	否		正文
ComPostTime	datetime	否		评论时间
wID	Int	否		作品 ID

(5) 论坛版块表(Board)：用来存储论坛版块的信息，如表 7.5 所示。

表 7.5 论坛版块表

字段名	数据类型	可否为 NULL	默认值	字段说明
BoardID	int	否		版块 ID，主键，自增
BoardName	varchar(50)	否		版块名称
BoardInfo	text	否		版块公告

(6) 论坛主题表(Post)：用来存储论坛主题的相关信息。其中字段 bID 对应于论坛版块表(Board)的 BoardID 字段，如表 7.6 所示。

表 7.6 论坛主题表

字段名	数据类型	可否为 NULL	默认值	字段说明
PostID	int	否		主题 ID，主键，自增
PostTitle	varchar(50)	否		标题
PostContent	text	否		正文
PostAuthor	varchar(50)	否		作者
PostTime	datetime	否		发布时间
UpdateTime	datetime	是		更新时间
UpdateAuthor	varchar(50)	是		更新人
NewReTime	datetime	是		最近回复时间
ClickNo	int	否	0	点击次数
ReplyNo	int	否	0	回复数
bID	int	否		所属版块

(7) 主题回复表(Reply)：用来存储论坛主题的回复信息。其中字段 pID 对应于论坛主题表(Post)的 PostID 字段，如表 7.7 所示。

表 7.7 主题回复表

字段名	数据类型	可否为 NULL	默认值	字段说明
ReplyID	int	否		回复 ID，主键，自增
ReplyContent	text	否		正文
ReplyAuthor	varchar(50)	否		回复人
ReplyTime	datetime	否		回复时间
UpdateAuthor	varchar(50)	是		更新人
UpdateTime	datetime	是		更新时间
pID	int	否		所属主题

7.3.3 系统界面设计

本项目使用 DIV+CSS 配合 ASP.NET 母版页技术为网站设计风格一致、内容与结构分离的网站界面，以红色为主色调呼应《红楼梦》的主题。不同页面根据呈现内容的不同在母版页的基础上进行扩展。网站主要页面如图 7.3 到图 7.6 所示。

图 7.3　网站首页

图 7.4　学习资源页

图 7.5 作品展示页

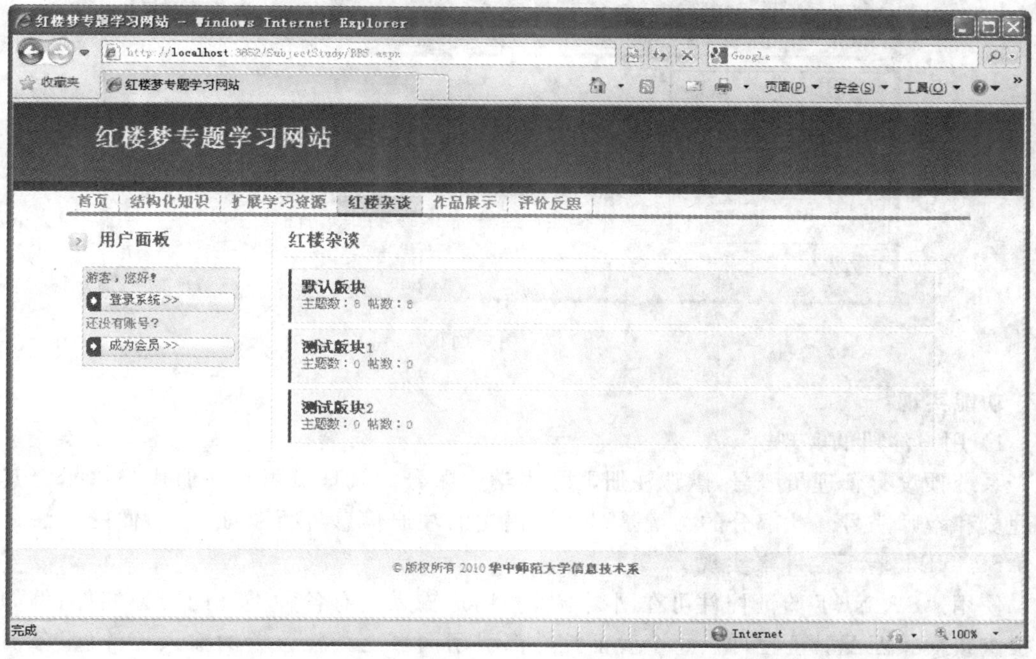

图 7.6 论坛页

7.4 本项目实施

本项目使用基于 C# 的 ASP.NET 技术，采用 LINQ to SQL 进行数据库访问，以 Visual Studio 为开发工具。关于 LINQ to SQL，本书第 5 章中有详细介绍，请读者自行参考。这里就不一一赘述。

本节主要介绍用户模块、资源模块、作品模块和论坛模块的实现。

7.4.1 用户模块的实现

系统分为学生、老师和管理员 3 种用户角色，并允许浏览者以游客的身份访问网站。游客仅拥有对部分页面的访问权限，并且无法发表作品或参与论坛讨论。为了更好地使用专题学习网站，首先应该注册一个账号。进入网站首页，浏览者可单击“用户面板”（如图 7.7 所示）下的“成为会员”转到注册页（如图 7.8 所示）。若已注册过账号，则可单击“登录系统”转到登录页（如图 7.9 所示）。

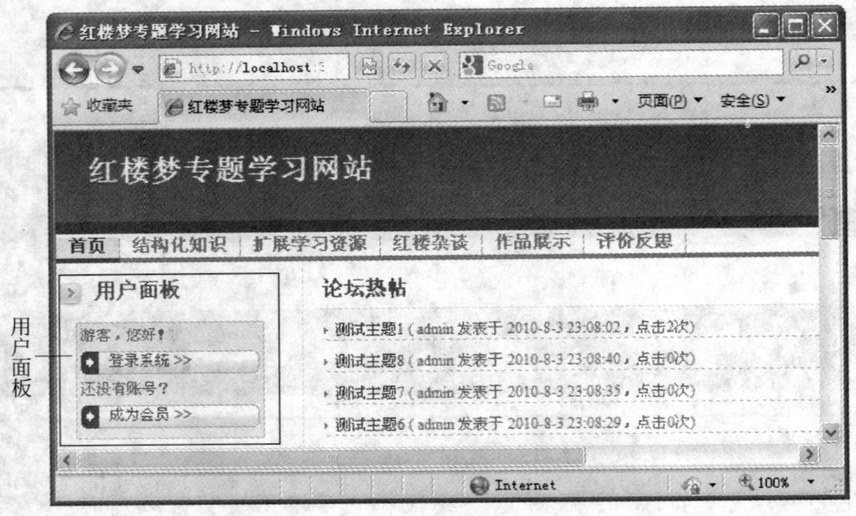

图 7.7 用户面板

功能实现：

1) 用户注册的实现

系统预设有管理员账号，默认注册账号为学生账号。管理员可从注册用户中指定其他管理员和教师账号。此部分的关键是对用户提交的注册信息进行验证，最简便的方法是使用 ASP.NET 验证控件来实现。

使用 ASP.NET 验证控件可在网页上检查用户输入。有各种类型的验证控件，例如范围检查或模式匹配验证控件。每个验证控件都引用网页上其他位置的输入控件（服务器控件）。当处理用户输入时（例如，当提交网页时），验证控件会对用户输入进行测试，并设置属性以指示输入是否通过了测试。调用了所有验证控件后，会在网页上设置一个属性以指示是否出现验证检查失败。

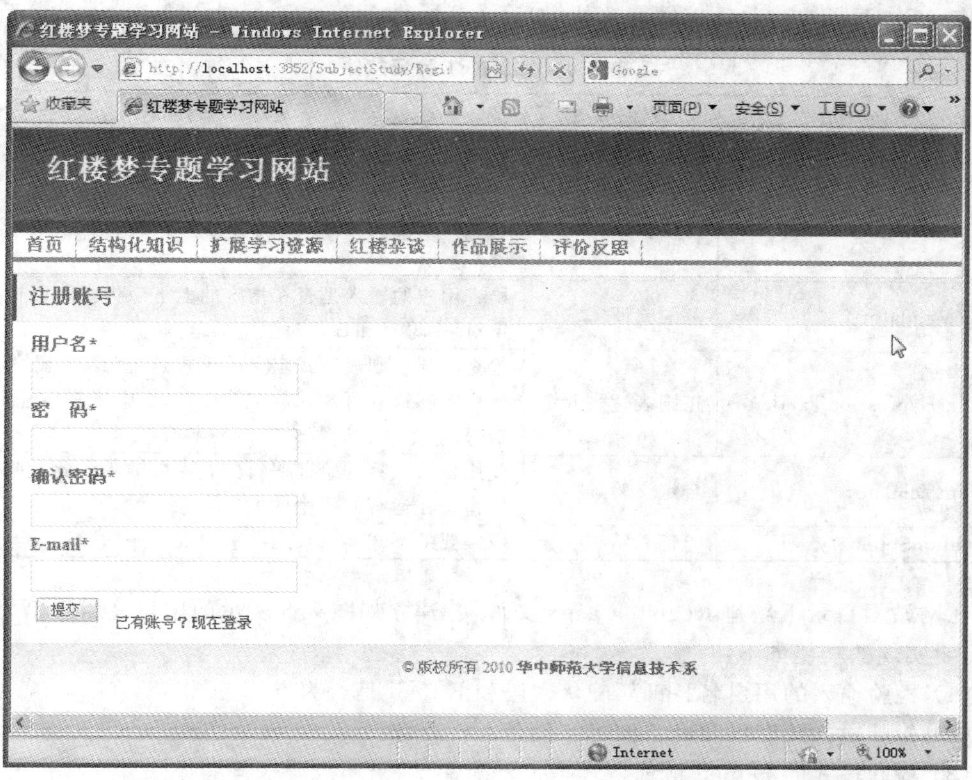

图 7.8 注册页

图 7.9 登录页

在 ASP.NET 中，验证控件有 6 种，如表 7.8 所示。

表 7.8 ASP.NET 验证控件

控 件 名	验 证 类 型	说 明
RequiredFieldValidator	必填字段验证	确保用户不会跳过某一项输入
CompareValidator	比较验证	将用户输入与一个常数值或者另一个控件或特定数据类型的值进行比较(使用小于、等于或大于等比较运算符)
RangeValidator	范围验证	检查用户的输入是否在指定的上下限内。可以检查数字对、字母对和日期对限定的范围
RegularExpressionValidator	正则表达式验证	检查项与正则表达式定义的模式是否匹配。此类验证使您能够检查可预知的字符序列，如电子邮件地址、电话号码、邮政编码等内容中的字符序列
CustomValidator	自定义验证	使用自己编写的验证逻辑检查用户输入。此类验证能够检查在运行时派生的值
ValidationSummary	验证总结	以摘要的形式显示页上所有验证程序的验证错误

在网站根目录下新建 Register.aspx 文件，并建立如图 7.8 所示的用户注册表单。经分析，需要实现的功能如下：

(1) 检验输入的用户名、密码、确认密码和 E-mail 是否为空。

(2) 检验输入的密码和确认密码字段是否一致。

(3) 检验输入的 E-mail 地址格式是否正确。

(4) 检验注册的用户名或 E-mail 是否存在。

实现以上功能分别用到了 RequiredFieldValidator、RangeValidator、CompareValidator 和 RegularExpressionValidator 4 种验证控件以及 DBheper 类下的 IsUserExist 和 IsEmailExist 方法。IsUserExist 和 IsEmailExist 方法的使用涉及有关数据库的操作，请读者参考 DBheper 类。这里仅介绍验证控件的使用。

(1) RequiredFieldValidator 控件的使用：验证输入是否为空。

将 RequiredFieldValidator 控件拖拽到"用户名"输入框(ID 为 txtUserName)后面。打开属性面板，对 RequiredFieldValidator 控件的属性进行设置。将 ID 设置为 rfvUserName；将 ControlToValidate 设为 txtUserName，表示要进行检查控件 ID；将 ErrorMessage 设为"＊用户名不能为空!"，表示当检查不合法时出现的错误信息；将 ValidationGroup 设置为 Sub(也可以是其他值，但要注意和表单中其他验证控件保持一致)，表示所属验证组的名称。设置完成后，打开"源"，可看到如下代码：

```
<asp:RequiredFieldValidator ID = "rfvUserName" runat = "server" ErrorMessage = " * 用户名不能为空!"
ValidationGroup = "Sub" ControlToValidate = "txtUserName"></asp:RequiredFieldValidator>
```

类似地，可以为"密码"、"确认密码"和 E-mail 输入框添加必填字段验证，请读者自行完成。

(2) CompareValidator 控件的使用：验证两次输入的密码是否一致。

将 CompareValidator 控件拖拽到"确认密码"输入框(ID 为 txtPWDConfirm)后面并对

其属性进行设置。注意 ControlToCompare 与 ControlToValidate 的区别，ControlToCompare 表示要比较的控件，ControlToValidate 表示要验证的控件。设置完成后的代码如下：

```
<asp:CompareValidator ID = "cvPWDConfirm" runat = "server" ErrorMessage = " * 两次密码输入不一致!" ControlToValidate = " txtPWDConfirm" ControlToCompare = " txtUserPWD" ValidationGroup = "Sub"></asp:CompareValidator>
```

(3) RegularExpressionValidator 控件的使用：验证输入的 E-mail 格式是否正确。

将 RegularExpressionValidator 控件拖拽到 E-mail 输入框(ID 为 revUserEmail)后面并对其属性进行设置。ValidationExpression 为验证条件，即正则表达式。Visual Studio 内置了验证 E-mail 格式的正则表达式，单击 RegularExpressionValidator 控件属性面板上 ValidationExpression 选项后面的省略号，弹出"正则表达式编辑器"窗口，选择"Internet 电子邮件地址"即可获得。设置完成后的代码如下：

```
<asp:RegularExpressionValidator ID = "revUserEmail" runat = "server" ErrorMessage = " Email 地址格式错误!"
ValidationExpression = "\w+([-+.']\w+)*@\w+([-.]\w+)*\.\w+([-.]\w+)*"
ControlToValidate = "txtUserEmail" ValidationGroup = "Sub"></asp:RegularExpressionValidator>
```

(4) 提交按钮的设置：触发验证。

拖入一个 ImageButton 控件(也可以是 Button 或 LinkButton 控件)，对其属性进行设置。这里需要注意的是，设置按钮的 ValidationGroup 为 Sub，表示通过点击 Button 控件触发验证。设置完成后的代码如下：

```
<asp:ImageButton ID = "btnSub" runat = "server" OnClick = "btnSub_Click" ValidationGroup = "Sub" ImageUrl = "~/images/Submit_button.gif" />
```

2) 用户登录的实现

用户登录功能的实现主要是通过判断输入的用户名、密码以及用户角色和数据库 User 表中的注册信息是否一致。有关数据库的访问和操作，将在"信息系统的实现"中介绍，这里就不展开叙述了。

3) 权限验证的实现

登录成功以后，根据用户角色的不同，浏览者将看到不同的"用户面板"，对页面的访问和操作权限也有所不同，如图 7.10 到图 7.12 所示。

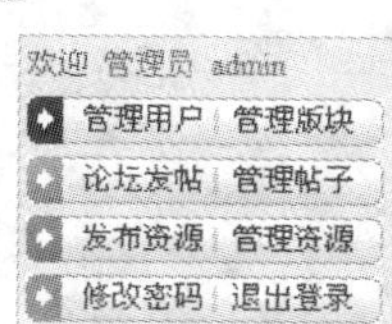

图 7.10 管理员用户面板

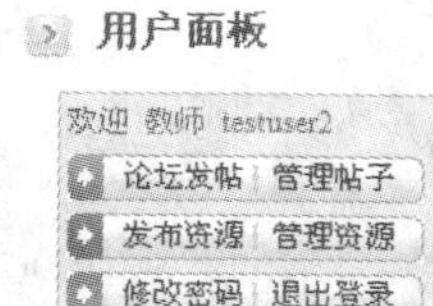

图 7.11 教师用户面板

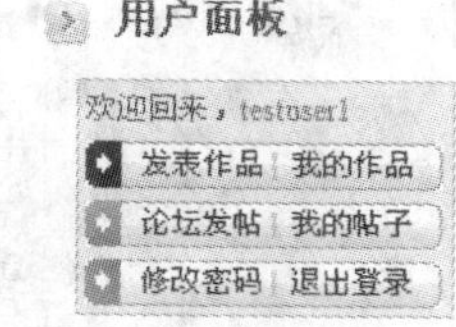

图 7.12 学生用户面板

在本项目中，权限验证实现的核心是对 Session 对象的应用。Session 对象是 ASP. NET 的内置对象之一，使用 Session 对象可存储特定的用户会话所需的信息。当用户在应用程序的页之间跳转时，存储在 Session 对象中的变量不会清除。

用户登录成功后，系统将记录用户名和用户权限的 Session 值，并在进入有访问和操作权限的页面时对 Session 进行判断。

(1) 用户登录：写入 Session。

以学生用户登录为例，关键代码如下：

```
//…此处省略判断用户登录是否成功的代码
//将用户名写入 Session,其中等号右边的 UserName 是从用户登录时输入的表单中获得的变量值
Session["UserName"] = UserName;
//将用户权限写入 Session,学生权限为 0,教师权限为 1,管理员权限为 2
Session["Purview"] = 0;
```

(2) 设置访问权限：进入页面时验证 Session。

以访问用户管理页(UserList. aspx)为例，仅系统管理员具有访问该页面的权限。在该页面的代码隐藏页(UserList. aspx. cs)的 PageLoad 函数中输入如下代码：

```
//判断页面用户 Session 值是否为空
if(Session["UserName"] == null || Session["Purview"] == null)
{
  //若为空,则弹出提示并转到登录页
  Response.Write("<script language = 'javascript'> alert('对不起,您无权访问此页!');
location.href = 'Login.aspx'</script>");
  Response.End();
}
  //若用户 Session 不为空,则通过 CheckPurview 方法判断该用户是否管理员
  else if (Session["UserName"] != null && Session["Purview"] != null)
    if (!function.CheckPurview(2, Session["Purview"].ToString().Trim()))
    {
        Response.Write("<script language = 'javascript'> alert('对不起,您无权访问此页!');
location.href = 'Login.aspx'</script>");
        Response.End();
    }
```

CheckPurview 方法位于 function 类(在 App_Code 文件夹下建立的通用操作类)下，代码如下：

```
public static bool CheckPurview(int CheckType, string Purview)
    {
        bool flag = false;
        switch (CheckType)
        {
            //0: 判断用户是否登录
            case 0:
                if (Purview == "0" || Purview == "1" || Purview == "2") flag = true;
                break;
            //1: 判断是否具有管理权限
            case 1:
                if (Purview == "1 || Purview == "2) flag = true;
                break;
            //2: 判断用户是否管理员
            case 2
```

```
                if (Purview == "2) flag = true;
                break;
            default: flag = false;
                break;
        }
        return flag;
    }
```

3）设置操作权限：通过判断 Session 控制服务器控件的显隐

权限验证的实现还应考虑以下情况：用户虽然对页面具有访问权限，但页面的某些操作并不对所有用户可见。以论坛主题显示页（ShowPost. aspx）为例，该页面对所有浏览者可见，但仅注册用户可以发表回复，仅管理员（包括教师）和主题发布者可以修改主题，仅管理员和回复发布者可以修改回复，而仅管理员具有主题和回复的删除权限。因此应根据实际情况设置"回复"、"修改"、"删除"等按钮的显示和隐藏。

具体实现方法如下：

(1) 在 ShowPost. aspx 页面将需要设置权限的内容（通常是按钮、链接或提交表单）设置为隐藏，即将服务器控件的 Visible 属性设为 Fasle。若需要设置权限的内容包含非服务器控件或多个控件，可以将内容放入 Panel 控件，通过设置 Panel 控件的 Visible 属性来实现内容的隐藏。

(2) 在 ShowPost. aspx 的代码隐藏页（ShowPost. aspx. cs）对用户权限按内容分别进行判断，通过验证的用户可获得操作权限，即将服务器控件的 Visible 属性设为 True。判断方法和访问权限的判断类似，这里就不展开叙述了。

7.4.2 资源模块的实现

专题学习网站的学习资源开放访问权限给所有浏览者，浏览者可通过网站的导航菜单访问学习资源。学习资源分为两大类若干小类，分别对应"结构化知识"（StructureInfo. aspx）和"扩展学习资源"（ExtendInfo. aspx）栏目。进入栏目首页，单击资源标题可进入学习资源展示页（ShowInfo. aspx），如图 7.13 所示。

仅管理员和教师具有学习资源管理权限。登录成功后，通过单击"用户面板"下的"管理资源"可以进入学习资源管理页（AllInfoList. aspx），单击"发布资源"可对已发布的资源进行编辑、删除等操作。"发布资源"按钮将转到学习资源发布页（InfoAdd. aspx），如图 7.14 所示。

功能实现：

这部分的重点主要是使用 LINQ to SQL 对数据库进行"增"、"删"、"查"、"改"的操作。在 App_Code 文件夹下新建 DBHelper 类，用于存放涉及数据库操作的各种方法。首先建立数据库实体类（本项目中是 SubjectStudyDataContext）的实例 db，代码如下：

```
private static SubjectStudyDataContext db = new SubjectStudyDataContext();
```

1）添加学习资源（"增"）

先来看一个函数（方法）。这个函数的功能是向数据库中的 Info 表（学习资源表）添加一条记录：

图 7.13　学习资源展示页

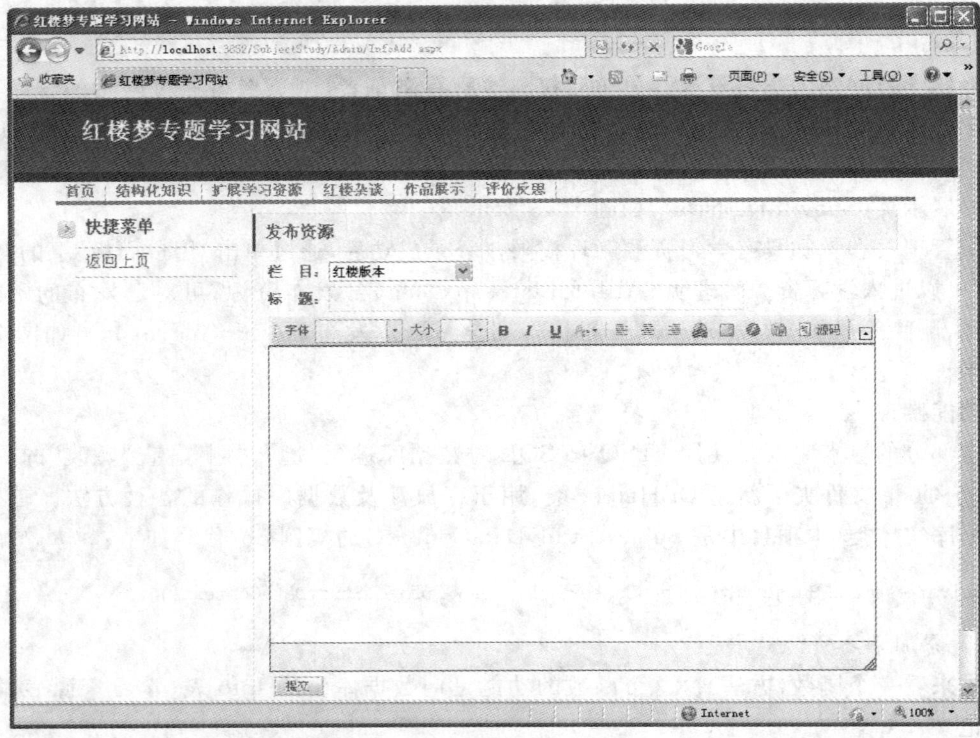

图 7.14　学习资源发布页

```
public static void AddInfo(string Title, string Content, int iType)
{
    //实例化一个 Info 对象
    Info i = new Info();
    //分别对 Info 对象的成员进行赋值
    i.InfoTitle = Title;
    i.InfoContent = Content;
    i.Infotype = iType;
    i.InfoUpdateTime = DateTime.Now;
    //将 Info 对象的相关信息插入到数据库中
    db.Info.InsertOnSubmit(i);
    //提交更改
    db.SubmitChanges();
}
```

可以将这个函数写入之前创建的 DBHelper 类中，然后在学习资源发布页的代码隐藏页(InfoAdd.aspx.cs)进行调用。由于使用了 public static 修饰符，该函数可以在项目中的任何地方无须实例化的进行调用：

```
DBHelper.AddInfo(Title, Content, iType);
```

2) 更新学习资源("查"、"改")

更新学习资源的功能实现涉及"查"和"改"两种操作。首先应获得需要更新的学习资源，通常的做法是将资源 ID 通过 URL 参数的方式传递到资源更新页，再由资源 ID 获得学习资源，最后将用户输入的更新信息提交到数据库，关键代码如下：

```
//获取资源 ID
InfoID = Convert.ToInt32(Request["InfoID"]);
//获取用户输入的更新信息
InfoTitle = InfoTitle.Text.Trim();                    //去掉首尾空格
InfoContent = InfoContent.Text;
//更新指定学习资源
DBHelper.UpdateInfo(InfoID, InfoTitle, InfoContent);
```

这里涉及 DBHelper 下的两个函数，代码如下：

(1) GetInfoByID 函数：

```
public static Info GetInfoByID(int InfoID)
{
//返回指定 ID 的学习资源
    return db.Info.SingleOrDefault(x => x.InfoID == InfoID);
}
```

(2) UpdateInfo 函数：

```
public static void UpdateInfo(int ID, string Title, string Content)
{
    //获得需要更新的学习资源
    Info i = GetInfoByID(ID);
    //分别对 Info 对象的成员进行赋值
    i.InfoTitle = Title;
```

```
    i.InfoContent = Content;
    i.InfoUpdateTime = DateTime.Now;
    //提交更改
    db.SubmitChanges();
}
```


3）删除学习资源（“查”、“删”）

删除资源的方法和更新资源类似，这里仅给出关键代码：

```
//获取资源 ID
InfoID= Convert.ToInt32(Request["InfoID"]);
//删除指定学习资源
DBHelper.DelInfoByID(InfoID);
DelInfoByID 函数：
public static void DelInfoByID(int ID)
{
    Info i = GetInfoByID(ID);
    db.Info.DeleteOnSubmit(i);
    db.SubmitChanges();
}
```

4）呈现学习资源（“查”）

呈现学习资源的方法通常是结合数据控件完成的。在下面的例子中，将结合 ListView 和 LinqDataSource 控件实现在资源子栏目页面（InfoList.aspx）显示资源列表的功能。最终效果如图 7.15 所示。

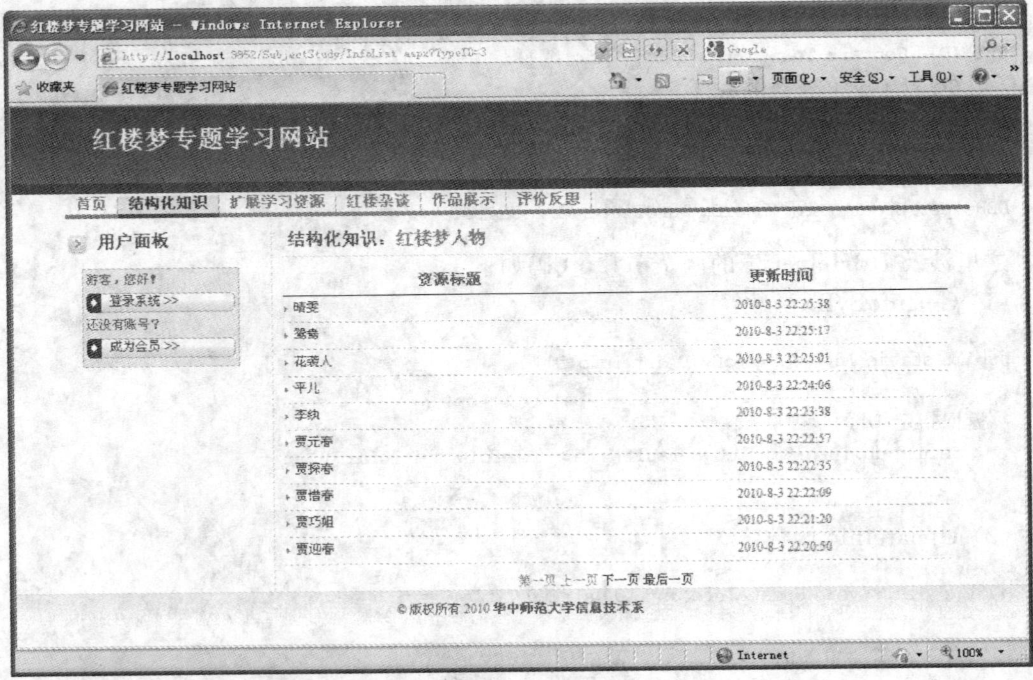

图 7.15　最终效果图

在网站根目录下新建 InfoList.aspx 文件。将 ListView 控件拖入页面，单击 ListView 控件右上角的触块，选择“新建数据源”，弹出如图 7.16 所示的“数据源配置向导”对话框。

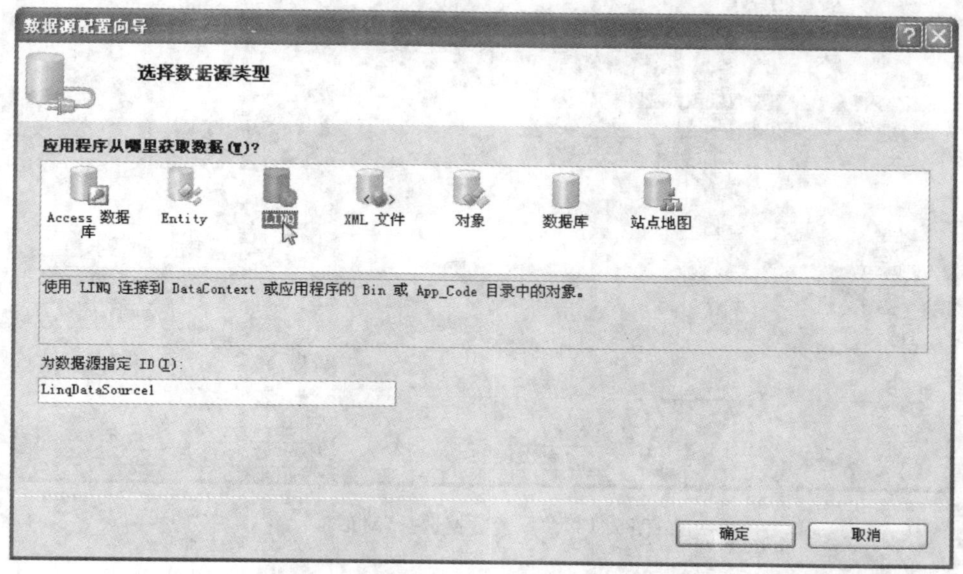

图 7.16 “数据源配置向导”对话框

单击“确定”按钮进入“配置数据源”对话框，选择 SubjectStudyDataContext 并单击“下一步”按钮，如图 7.17 所示。

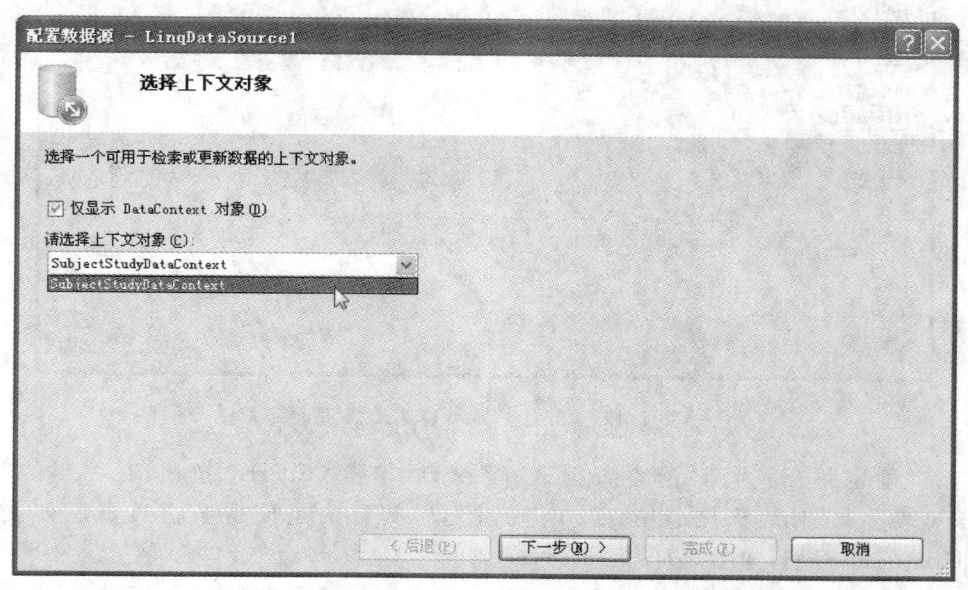

图 7.17 “选择上下文对象”对话框

在“配置数据选择”对话框中作如图 7.18 所示的配置并单击 Where 按钮。

在弹出的“配置 Where 表达式”对话框中按照图 7.19 进行配置并单击“添加”按钮，其目的是使得数据源控件根据 URL 参数 TypeID(所属子栏目)读取学习资源数据。

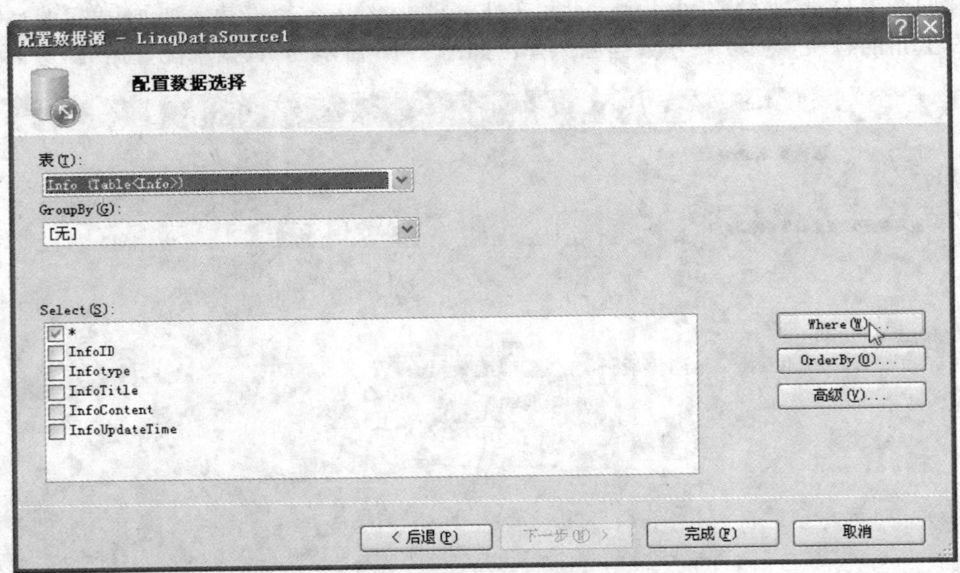

图 7.18 “配置数据选择”对话框

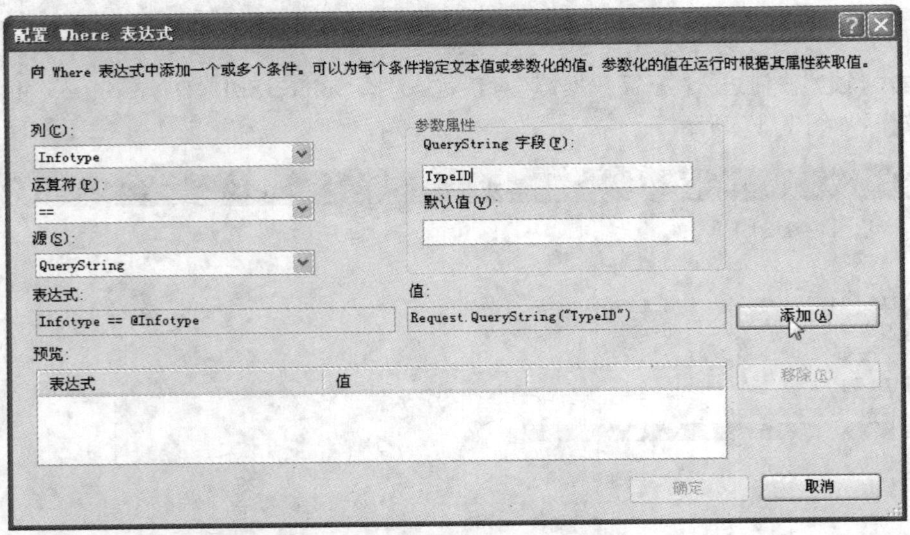

图 7.19 “配置 Where 表达式”对话框

单击“确定”按钮回到“配置数据选择”窗口，单击 OrderBy 按钮，在弹出的“配置 OrderBy 表达式”对话框按照图 7.20 进行配置，其目的是使得子栏目资源列表按照 InfoUpdateTime 进行逆序排列。

配置完成后回到编辑窗口，选择“ListView 任务”下的“配置 ListView”选项，在弹出的“配置 ListView”窗口按照图 7.21 进行配置，勾选“启用分页”。

单击“确定”按钮后，已基本能实现所需功能。接下来的任务是对 ListView 控件进行美化。限于篇幅，这里不对 ListView 控件作过多的介绍，有兴趣的读者可以参照相关文档做进一步学习。

配置 OrderBy 表达式

指定要作为排序依据的列。

排序方式

InfoUpdateTime

升序

降序

然后依据

升序

降序

然后依据

升序

降序

OrderBy 表达式:

InfoUpdateTime desc

确定 取消

图 7.20 “配置 OrderBy 表达式”对话框

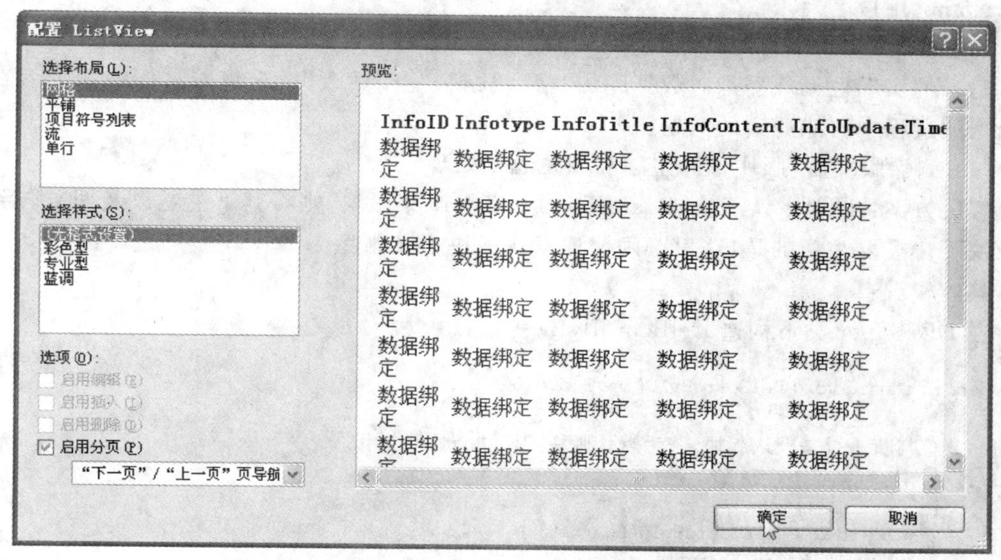

图 7.21 “配置 ListView”对话框

7.4.3 作品模块的实现

系统允许用户发布作品(学习成果),并允许其他用户进行评论。这里涉及作品表(Works)和评论(Comment)两张数据表。由于作品表中的 CommentNO(评论数)来源于回复表中对应主题的回复记录数,因此,需要注意的是添加和删除评论的同时应该对作品表中对应作品的 CommentNO 字段的值做加减。

作品模块的实现和资源模块类似,这里就不展开叙述了。

7.4.4 论坛模块的实现

专题学习网站“红楼杂谈”栏目以论坛的形式为网站用户提供了协作交流的平台。设计思路是将论坛分成若干版块，用户可以在任意版块发表主题并对任意主题进行回复，还可以对自己发表的主题或回复进行修改，管理员和教师除具有发布主题和回复主题的权限外，还可对任意主题和回复进行修改和删除。

这部分涉及四张数据表：版块表(Board)、主题表(Post)、回复表(Reply)、用户表(User)。弄清楚这四种数据之间的关系是实现论坛功能的前提和关键。根据数据库设计，将上述4种数据的关联总结如下：

(1) 主题表中的InfoType(所属版块)来源于版块表中的BoardID(版块ID)。

(2) 主题表中的PostAuthor(发布人)和UpdateAuthor(更新人)来源于用户表中的UserName(用户名)。

(3) 主题表中的ReplyNO(回复数)来源于回复表中对应主题的回复记录数。

(4) 回复表中的pID(所属主题)来源于主题表中的PostID(主题ID)。

(5) 回复表中的PostAuthor(发布人)和UpdateAuthor(更新人)来源于用户表中的UserName(用户名)。

功能实现：

论坛的实现也无外乎是对数据库的“增”、“删”、“查”、“改”。这里着重探讨下读者在制作论坛的过程中可能遇到的问题。

(1) 删除版块后，版块下的主题和回复怎么处理？

解决方案：设置默认版块(BoardID=1)，若删除某版块，则将其下主题以及回复转到默认版块下。需要注意的是，这里必须保证默认版块不被删除。

具体实现：

在DBHelper类下构造DelBoardByID函数：

```
public static void DelBoardByID(int BoardID)
{
    //判断是否是默认版块,若为默认版块则不执行删除操作
    if (BoardID != 1)
    {
        Board b = GetBoardByID(BoardID);
        //读取该版块下的主题
        var pDel = from p in db.Post
                   where p.bID == BoardID
                   select p;
        //如果该版块下有主题,则将所有主题转到默认版块
        if (pDel.Count() != 0)
        {
            Post po = db.Post.SingleOrDefault(x => x.bID == BoardID);
            po.bID = 1;
        }
        //删除指定版块
        db.Board.DeleteOnSubmit(b);
        db.SubmitChanges();
    }
```

① “删除”按钮代码如下：

```
<asp:LinkButton ID = "btnDel" runat = "server" Visible = "false" Text = "[删除]" OnClick =
"btnDel_Click" CommandArgument = '<% # Eval("BoardID") %>' OnClientClick = "return confirm
('此操作不可逆!删除后,该版块下所有主题将转到默认版块,确定删除?')" />
```

② 为“删除”按钮编写删除事件：

```
protected void btnDel_Click(object sender, EventArgs e)
{
    //获取传过来的版块 ID
    LinkButton btnDel = (LinkButton)sender;
    int BoardID = Convert.ToInt32(btnDel.CommandArgument);
      //删除指定版块
      DBHelper.DelBoardByID(BoardID);
Page.ClientScript.RegisterStartupScript(Page.GetType(), "message", "<script language =
'javascript' defer>alert('删除成功!');  </script>");
      //重新绑定版块
      //…此处省略数据控件绑定代码
}
```

③ 将默认版块的“删除”按钮隐藏：

```
//bID 为需要删除的版块 ID,hplkDel 为"删除"按钮 ID
if (bID == 1) hplkDel.Visible = false;
```

(2) 删除主题后，版块下的回复怎么处理？

解决方案：这里使用(1)的办法显然是不合适的。因为如果把某一主题的回复全部转到另一主题下，其后果是回复和讨论的主题可能南辕北辙。比较好的做法是删除主题的同时删除其下回复。

具体实现：

删除主题的实现方法和删除版块类似，这里仅给出用于删除主题的 DelPostByID 函数(定义于 DBHelper 类之下)：

```
public static void DelPostByID(int PostID)
{
//读取指定主题
    var PostDel = from p in db.Post
                  where p.PostID == PostID
                  select p;
//若存在该主题
    if (PostDel.Count() != 0)
{
//读取该主题下全部回复
          var ReplyDel = from r in db.Reply
                         where r.pID == PostID
                         select r;
//若该主题下有回复则删除全部回复
          if (ReplyDel.Count() != 0)
              db.Reply.DeleteAllOnSubmit(ReplyDel);
```

```
    //删除该主题
            db.Post.DeleteAllOnSubmit(PostDel);
            db.SubmitChanges();
        }
    }
```


7.5 本项目评估

教师对学生设计的专题学习网站可以从以下几个方面进行评价：

(1) 选题。选题内容有教育意义，符合教学规律和学习者的特点，有利于学生对系统知识的学习和创造性思维的培养，有利于学生信息素养的提高。选题在专题范围内自成体系，各相关知识点围绕专题设立，通过提炼体现知识的有机融合。

(2) 提供各种学习工具，学生可以进行在线交流和协作，支持自主学习、协作学习、研究性学习等多种学习方式。学习资源符合标准化要求，分类清晰，内容丰富、全面，具有可扩充性。

(3) 支持学生进行成果展示，具有明确的评价指标，能进行在线评价。

(4) 网站设计。导航和链接符合浏览规律，信息查找快速有效，链接正确无误。页面条理清晰，布局合理，风格统一，恰当使用图片、动画、音视频等多媒体信息。

7.6 本项目进一步延伸和拓展

作为课程设计的一个章节，本项目开发的专题学习网站仅仅提供了一般专题学习网站所需要的基本和通用功能，没有涉及学习活动的管理等方面，读者可以在本项目已有功能的基础上从以下几个方面作进一步的改进：

(1) 增加交互手段。如聊天室、问卷调查或投票等功能，为学生的研究提供更多的学习工具。

(2) 增加分组学习功能。教师能对学生进行分组，或者学生可以自行选定研究主题，选择同一主题的学生组成一个学习小组。为小组学习提供相应的学习支持和评价工具。

(3) 加强对学习的过程管理和评价。例如：统计学生在专题学习网站的在线、发帖数量，所得到的评价等等，为教学人员和管理人员提供有关学习的各种统计信息。

第8章 虚拟学习社区构建

本章提要：

本章介绍一个虚拟学习社区的设计和实现方法，该系统实现了会员管理、博客、资料管理中心、论坛和投票等功能，通过阅读本章，可对虚拟学习社区的开发有一个全面的了解，并动手打造自己的虚拟学习社区。

本章重点：

- 掌握博客子系统的开发方法，包括日志内容发布、摘要和评价模块的设计与开发方法。
- 掌握投票子系统的开发方法，理解如何合理设计控制重复投票问题。
- 掌握虚拟社区首页的集成方法。

8.1 本项目背景及要求说明

8.1.1 虚拟学习社区概念的描述

虚拟学习社区(Virtual Learning Community)，又称电子学习社区、在线学习社区、网上学习社区、网络学习共同体等等，是目前国内外教育技术领域和远程教育领域研究的一个热点。目前也有多种对虚拟学习社区的界定，但是人们对虚拟学习社区的理解仍然很模糊，分歧也相当多。本书中引用的虚拟学习社区的概念是：虚拟学习社区是以建构主义学习理论为理论基础，基于计算机信息处理技术、计算机网络资源共享技术和多媒体技术的新型远程教育网络教学支撑平台；虚拟学习社区也是一种新型的学习组织，因此它不仅具有社会学属性，同时也具有人机系统的基本属性特征；虚拟学习社区是当代社会需求和科学技术及其教与学理论相结合的产物①。

8.1.2 虚拟学习社区的组成要素

虚拟学习社区的组成要素可归纳为人员、支撑环境与学习信息3大类。

(1) 虚拟学习社区中的人员包括教师、学习者、专家、管理员等。其中，教师是讨论的组织者、学习的指导者、情感的支持者、信息的咨询者、学生意见的反馈者等角色。学习者是有明确的学习目的，希望在学术(包括知识和技能)、认知、情感等方面得以提高和发展的网络求学者。

---

① 百度百科. http://baike.baidu.com/view/2242050.htm? fr=ala0_1.

(2) 支撑环境包括虚拟聊天室、社区学习论坛、博客、资料中心、学员信息及教学支撑平台等。

(3) 学习信息是形成虚拟学习社区的核心要素，是指交互内容，包括师生之间、学生与学生之间通过交互工具进行传播的学习内容和情感内容。学习信息包括学术性(教学内容)、认知性(学习方法等)和情感性等信息①。

8.1.3 虚拟学习社区的基本功能

1. 资源整合

作为支持学习的平台，虚拟学习社区中整合了多种学习资源：文本、图形、图像、视频、音频、动画等。学习者可以直接寻找到自己需要的学习资源，或者通过交流从同伴那里得到。随着学习者的发展，整个社区的资源将得到不断扩充。

2. 交流互动

虚拟学习社区中的交流互动包括教师与学生、学生与学生、教师与教师的交流互动，这些互动可以同步进行也可以异步开展。社区成员借助虚拟学习社区提供的公共交流空间，如论坛、聊天室等进行交流和讨论。交流促进了成员彼此之间的情感交融与思想碰撞，从而推动虚拟学习社区的繁荣发展。

3. 个性化学习

学习者通过注册进入学习社区后，将拥有一个属于自己的空间，该空间提供学习者选定的课程和大量学习资源。虚拟学习是以各种讨论方式来进行的学习，学习者能够自定学习步调，有更大的弹性及空间来学习。

4. 协作学习

虚拟学习社区提供一个知识共享的学习环境。学习者之间在平等的基础上实现协作学习，在社区中可以完全不受地域限制建立合作组织，如学习小组、课题组等。学习者就共同的话题进行组间交流，共同学习。在协作学习过程中，知识得到共享、创新，从而促进个人知识建构和社会知识协作建构的紧密融合。

8.1.4 虚拟学习社区应用于教育教学中的优势

将虚拟学习社区应用到教育教学中有明显的优势：

(1) 虚拟学习社区打破了课堂时空条件的约束限制，为学习者提供了有效的知识学习、思想交流的平台；同时它也有利于“非正式”的学习，扩展了学习的范围，为实现终身学习提供了很好的支持。

(2) 有利于隐性知识的传递和共享。因为隐性知识很难在传统的课堂学习中获取，也不能通过独立的在线学习获取，而鼓励交流、分享的虚拟学习社区为隐性知识的外化、传递与共享提供了有效的途径。

(3) 虚拟学习社区为学习者提供了分享、交流和创造性的空间，学习者共同参与问题的解决和任务、项目的完成，有利于积集体智慧解决疑难问题，有利于学习者元认知能力和高阶认知能力的发展与提高，从而促使社区中的学习者共同进步。因此，结合 Blog 的功能特

① 谭敬德，陈清. 网络学习社区组成要素分析及其对 NLC 设计构建的意义[J]. 湖南第一师范学报，2007(7).

点，构建网络虚拟学习社区具有一定的现实价值。

8.2 本项目需求分析

8.2.1 虚拟学习社区系统功能分析

本项目要求实现"博客"、"资料管理中心"、"论坛"、"评价投票"等主要功能。所有本社区的会员都具有使用这些功能的权利。

(1) "博客"由成员个人自主管理，是社区成员的个人空间，发表的日志是按照年份和日期的顺序排列的，内容可以专注于特定的学习课题，也可以是个人的想法和心得，且学习者自己可以添加内容的类别。

(2) "资料管理中心"是文件资源的分享中心，具有文件上传功能、搜索功能、下载功能，实现知识的共享。

(3) "论坛"是社区成员互动、交流、分享的公共空间，每个用户都可以在上面发表自己的观点，可以对新的话题提出看法，进行非实时的交互。虽然论坛的实时交互性不及聊天室的实时交互性强，但是它可以促使学习者对问题进行更加深入的思考，发表更加有价值的观点。

(4) "评价投票"，管理员可以在虚拟社区后台更新投票的主题，设定成员能否进行重复投票；普通的社区成员只能根据管理员设定的投票次数，对当前的投票主题进行一次或多次投票，在投票之后可以查看投票的结果。

8.2.2 虚拟学习社区系统数据分析

1. 虚拟学习社区中的E-R图

E-R图也即实体-联系图(Entity Relationship Diagram)，提供了表示实体、属性和联系的方法，用来描述现实世界的概念模型。构成E-R图的基本要素是实体、属性和联系。

本项目涉及的数据主要有管理员、普通会员、日志、帖子、资料文件等。由于篇幅有限，本书中只呈现部分主要的数据E-R图，主要是用来描述该虚拟学习社区的概念模型，方便用户对虚拟学习社区设计的数据实体、属性及联系有个整体认识，给读者提供一个参考，如图8.1至图8.3所示。

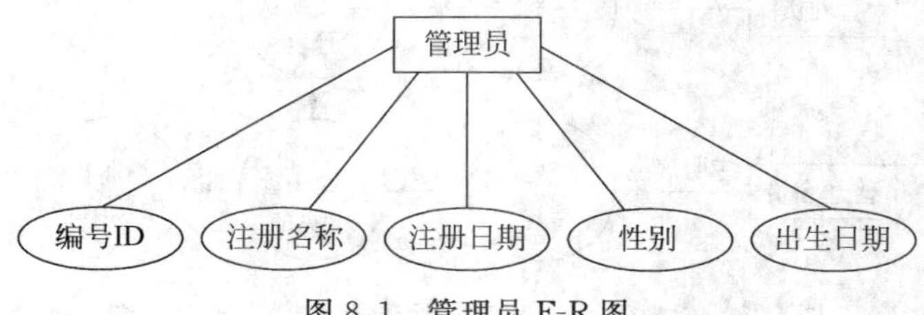

图8.1 管理员E-R图

2. 虚拟学习社区中部分数据流图

数据流图(Data Flow Diagram，DFD)从数据传递和加工角度，以图形方式表达系统的逻辑功能、数据在系统内部的逻辑流向和逻辑变换过程，是结构化系统分析方法的主要表达工具及用于表示软件模型的一种图示方法。

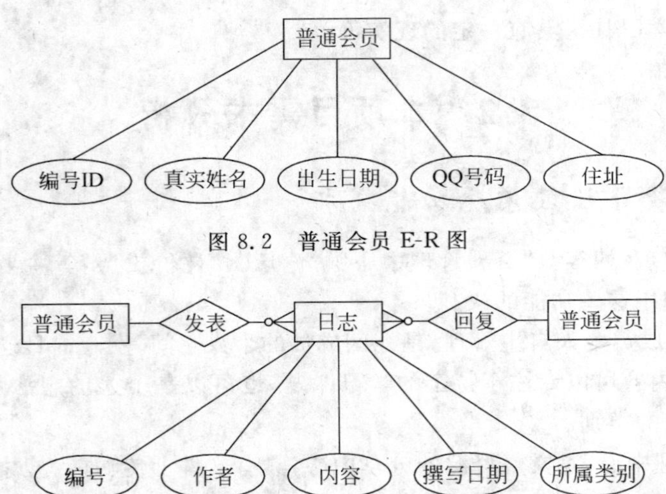

图 8.2　普通会员 E-R 图

图 8.3　普通会员参与博客 E-R 图

本章中的数据流图主要是描述虚拟学习社区中主要逻辑结构和功能及主要的数据逻辑流向，为学习者展现该社区构建的整个数据流动过程，方便学习者了解社区的构建过程。由于篇幅有限，本书中只呈现部分主要的数据流图，给读者提供一个参考，如图 8.4 至图 8.6 所示。

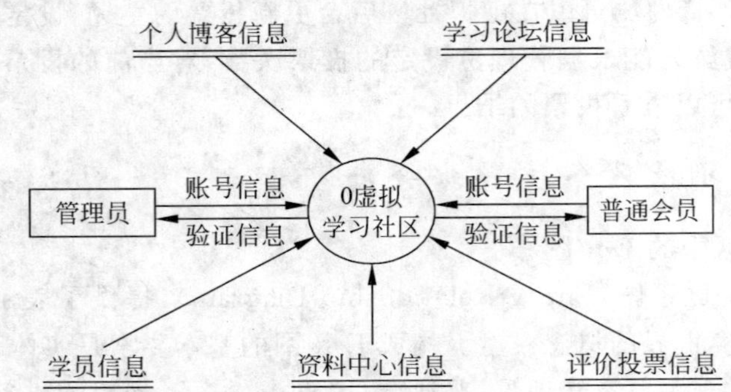

图 8.4　虚拟学习社区顶层数据流图

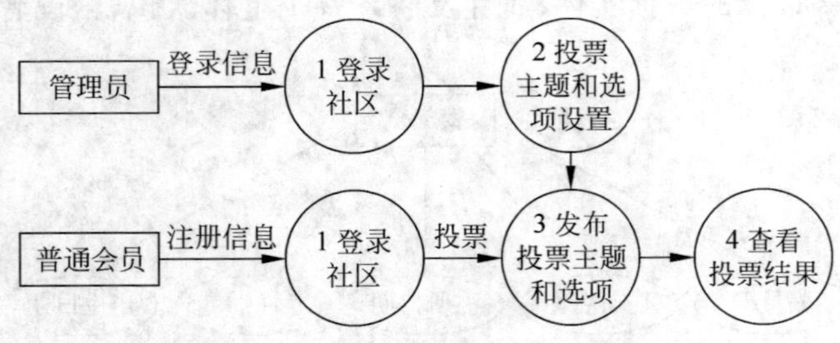

图 8.5　虚拟学习社区 1 层评价投票模块数据流图

注意：绘制数据流图时应注意：

(1) 明确虚拟学习社区中数据的层次关系；

(2) 画数据流图不是画流程图，只需描述“做什么”，不需描述“怎么做”；

(3) 父图和子图的输入数据和输出数据应保持一致，做到“父子平衡”；

(4) 下层数据流图中允许出现父图中没有的文件；

(5) 分解的深度与层次要简单易理解，编号明确。

以上数据流图的绘制方法及注意事项可参考软件工程等相关书籍。

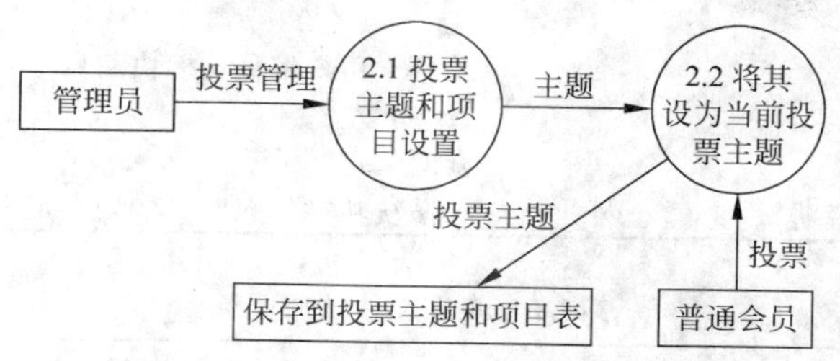

图 8.6　虚拟学习社区 2 层评价投票模块数据流图

3. 虚拟学习社区的主要数据字典

数据字典保存数据库本身以及其中储存的所有对象的基本信息，它与数据流图共同构成该社区平台的逻辑模型，展现整个虚拟学习社区构建的逻辑结构。由于篇幅有限，本书中只呈现部分主要的数据词条，给读者提供一个参考，如表 8.1 至表 8.5 所示。

表 8.1　管理员数据词条

数据项名	管理员
描述	包括管理员的主要信息
别名	无
定义	管理员编号＋注册姓名＋注册密码＋注册日期
数据量	10
峰值	随时
其他说明	在系统功能扩充时可能增加定义项

表 8.2　普通会员数据词条

数据项名	普通会员
描述	包括普通会员的主要信息
别名	无
定义	用户编号＋注册姓名＋真实姓名＋地址＋出生日期＋QQ＋电子邮箱＋格言＋头像
数据量	10 000 左右
峰值	随时
其他说明	在系统功能扩充时可能增加定义项

表 8.3　日志数据词条

数据项名	日志
描述	包括日志的主要信息
别名	无
定义	日志编号＋日志作者＋日志标题＋日志内容＋点击次数＋回复次数＋撰写日期＋所属类别
数据量	10 000 左右
峰值	随时
其他说明	在系统功能扩充时可能增加定义项

表 8.4　论坛帖子数据词条

数据项名	论坛帖子
描述	包括论坛的主要信息
别名	无
定义	编号＋用户编号＋模块编号＋名称＋内容＋撰写日期
数据量	10 000 左右
峰值	随时
其他说明	在系统功能扩充时可能增加定义项

表 8.5　资料文件数据词条

数据项名	上传的资料文件
描述	包括资料的主要信息
别名	无
定义	文件编号＋文件名称＋上传日期＋保存路径＋文件夹中的真实姓名
数据量	10 000 左右
峰值	随时
其他说明	在系统功能扩充时可能增加定义项

8.3　本项目系统设计

8.3.1　系统模块设计

本系统的功能结构如图 8.7 所示。

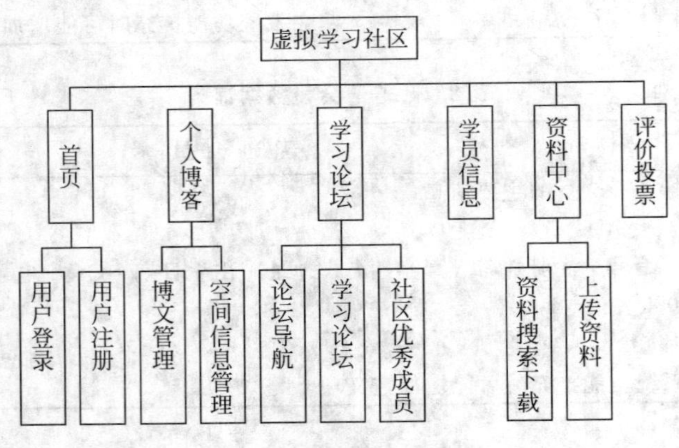

图 8.7　功能结构图

1. 首页

首页显示注册登录模块、当前在线人数、最新日志、论坛动态和一些优秀学习社区链接。

首页登录模块设置管理员和普通会员两种身份，用户注册成为普通会员。管理员成功登录后进入虚拟学习社区后台对社区进行管理。

管理员进入后台模块后，进行博客管理（发表文章、文章管理、类别管理和评论管理）、相册管理（个人相册、上传照片）、论坛管理（模块管理、帖子管理、发表帖子和帖子查找）、用户管理(用户管理、修改密码)、投票管理(投票主题管理、投票项目管理、项目选择项管理、投票系统配置、网站在线投票和查看投票结果)。

社区成员登录虚拟社区后,通过单击"进入后台管理空间"也可以进入后台,但作为普通成员只能对自己的私人空间进行管理,具体权限有:

博客管理,对自己的博客空间进行管理,包括的功能如下。

(1) 发表文章:可以选择相应的类别发表新的博客文章。

(2) 文章管理:可以对自己发表的文章进行再次编辑和删除。

(3) 类别管理:可以添加新的文章类别分类。

(4) 评论管理:可以删除其他成员对相应文章的评论。

相册管理,对自己的照片进行管理,包括的功能如下。

(1) 个人相册:可以查看、删除上传的照片。

(2) 上传照片:通过选择要上传的照片,对照片命名后,上传到个人空间。

用户管理,对自己的注册信息进行管理,包括的功能如下。

(1) 我的信息管理:可以更改头像、昵称等信息,但是角色和出生日期信息不能修改。

(2) 修改密码:通过该功能用户可以更改自己的密码。

2. 个人博客

该模块主要是个人博客,是学习者的个人空间。学习者注册登录系统后,就会拥有自己的个人博客,可以撰写博文记录自己的学习历程和心得,并且可以对自己的博客空间进行管理。

3. 学习论坛

在该模块学习者可以找到有共同爱好的学习群体,一起学习交流,形成一个个学习共同体,从而可以明显提高学习成效。在论坛导航栏目可以浏览论坛模块、浏览论坛帖子、发表帖子、查找帖子、修改个人信息。学习论坛栏目链接了一些优秀论坛,拓宽了学习渠道。社区优秀成员栏目列出登录社区较频繁的前6名学习者。

4. 学员信息

该模块显示学员信息列表,包括用户头像、用户名、真实姓名、住址、用户角色、出生日期、QQ、电子邮件等信息。

5. 资料中心

该模块主要是资料的管理区域,可以上传、下载和检索资料。

6. 评价投票

该模块主要设置一个投票系统,管理员及时更新投票主题,并将更新后的主题设为当前投票主题。学习者登录后可进行投票并可查看投票结果。

8.3.2 系统数据库设计

在项目开发过程中数据库的设计是非常关键的一个环节,如果一个系统所需的数据库设计不好,则在后期系统的维护、更新以及功能的扩充方面,甚至在项目开发过程中,都会出现比较严重的问题。本项目开发采用 SQL Server 2008 数据库系统,在该系统中创建本项目所需要的数据库,将其命名为 MyVC,根据需求分析,设计出系统所需要的数据表。表 8.6 列出了本项目开发过程中所使用到的数据表。

表 8.6 数据库表描述

表名称	描 述
Admin	虚拟社区管理员数据表：存储管理员的注册信息
Users	虚拟社区成员数据表：存储社区成员的注册信息
Blog	社区博客日志表：存储成员发表的博客文章信息
BlogClass	社区博客文章分类表：存储博客文章的分类信息
BlogReply	社区博客文章的回复表：存储访问者对博文回复的信息
Mokuai	社区论坛模块表：存储论坛模块信息
Tiezi	社区论坛帖子表：存储论坛帖子信息
hfTiezi	社区论坛帖子回复表：存储访问者对帖子回复的信息
Mark	社区论坛成员积分表：存储成员在论坛中的积分信息
Album	社区成员相册表：存储成员在社区中的头像信息及在社区中上传的图片信息
Subjects	社区评价调查模块投票项目表：存储评价调查模块主题下的项目信息
Profile	社区评价调查模块投票系统配置表：存储评价调查模块的系统配置信息即设置哪一主题为当前投票主题
Items	社区评价调查模块投票选择项表：存储投票主题项目下的选择项
Topics	社区评价调查模块投票主题表：存储投票的主题信息
Upfiles	社区资源中心上传资源信息表：存储上传资源的信息

下面详细介绍系统中的各个数据库表：

(1) Admin 数据库表是管理员注册信息表，它包含管理员注册编号、用户名、密码等基本信息，字段设置如表 8.7 所示。

表 8.7 管理员表 Admin

字 段	类 型	长 度	是否为空	描 述
adminID	int	4	否	管理员编号，自增 ID
adminName	varchar	50	否	管理员注册名称
adminPwd	varchar	50	否	管理员注册密码
adminTime	datetime		是	管理员注册日期，该字段值自动生成

(2) User 数据库表是普通用户的注册信息表，它包含用户注册编号、用户名、密码等基本信息，字段设置如表 8.8 所示。

表 8.8 用户表 Users

字 段	类 型	长 度	是否为空	描 述
userID	int	4	否	用户编号，自增 ID
userName	varchar	20	否	用户注册名称
userPwd	varchar	20	否	用户注册密码
trueName	varchar	20	是	用户真实姓名
Address	varchar	50	是	用户注册的地址
Role	varchar	50	是	用户角色
Birthday	datetime		是	用户出生日期
QQ	varchar	20	是	用户 QQ 号
Email	varchar	50	是	用户电子邮箱
Mottos	varchar	200	是	用户格言
userImage	varchar	50	是	用户头像
loginTimes	int	4	否	用户登录社区的次数
MarkID	int	4	是	用户积分编号

(3) Blog 数据库表记录的是用户所发表日志的相关数据，它包含日志编号、作者、日志标题、日志内容等信息，字段设置如表 8.9 所示。

表 8.9　发表日志表 Blog

字　段	类　型	长　度	是否为空	描　述
LogID	int	4	否	主键，日志编号，自增 ID
LogAuthor	varchar	20	否	日志作者
LogTitle	varchar	100	否	日志标题
LogContent	varchar	3000	否	日志内容
LogClickNum	int	4	是	日志点击次数
LogReplyNum	int	4	是	日志回复次数
LogTime	datetime		是	日志撰写日期
Classname	varchar	50	是	日志所属类别

(4) BlogReply 数据库表记录的是成员对日志的回复数据，它包含回复编号、回复内容等相关信息，字段设置如表 8.10 所示。

表 8.10　日志回复表 BlogReply

字　段	类　型	长　度	是否为空	描　述
ReplyID	int	4	否	主键，回复编号，自增 ID
LogID	int	4	否	日志编号
ReplyContent	varchar	2000	否	回复内容
ReplyAuthor	varchar	50	否	回复用户名称
ReplyTime	datetime		否	回复时间

(5) BlogClass 数据库表记录的是日志分类数据，表中每一行数据代表一类日志的分类信息，字段设置如表 8.11 所示。

表 8.11　日志类型表 BlogClass

字　段	类　型	长　度	是否为空	描　述
ClassID	int	4	否	主键，类型编号，自增 ID
ClassName	varchar	50	否	日志类型名称
LogNums	int	4	是	属于该类型日志的篇数

(6) Mokuai 数据库表记录的是论坛中模块的相关数据，它包含模块编号、模块名称等相关信息，字段设置如表 8.12 所示。

表 8.12　论坛模块表 Mokuai

字　段	类　型	长　度	是否为空	描　述
mkID	int	4	否	主键，模块编号，自增 ID
mkName	varchar	50	否	模块名称
mkDate	datetime		是	模块添加日期

(7) Tiezi 数据库表记录的是论坛中帖子的相关数据，它包含帖子编号、模块标号、帖子名称等相关的信息，字段设置如表 8.13 所示。

表 8.13　论坛帖子表 Tiezi

字　段	类　型	长　度	是否为空	描　述
tzID	bigint	8	否	主键，帖子编号，自增 ID
UserID	bigint	8	是	用户编号
mkID	bigint	8	是	模块编号
tzName	varchar	50	是	帖子名称
tzContent	varchar	MAX	是	帖子内容
tzDate	datetime		是	撰写帖子日期

(8) hfTiezi 数据库表记录的是对论坛帖子回复的数据，它包含回复编号、所回复帖子编号、回复内容等相关信息，字段设置如表 8.14 所示。

表 8.14　帖子回复表 hfTiezi

字　段	类　型	长　度	是否为空	描　述
hfID	bigint	8	否	主键，回复编号，自增 ID
tieziID	bigint	8	是	所回复帖子的编号
hfContent	text		是	回复内容
hfDate	datetime		是	回复日期

(9) Mark 数据库表记录的是论坛用户等级数据信息，它包含头衔名称和积分等信息，字段的设置如表 8.15 所示。

表 8.15　论坛成员头衔表 Mark

字　段	类　型	长　度	是否为空	描　述
MarkID	bigint	8	否	主键，自增 ID
MarkName	varchar	50	是	头衔名称
Mark	varchar	50	是	积分

(10) UpFiles 数据库表记录的是资料中心所上传资料的数据信息，它包含文件编号、文件名称及文件上传日期等相关信息，字段的设置如表 8.16 所示。

表 8.16　资料中心数据表 UpFiles

字　段	类　型	长　度	是否为空	描　述
fileId	int		否	主键，文件编号
filename	varchar	60	是	文件名称
fileUpdate	varchar	40	是	文件上传日期
fileLoad	varchar	240	是	文件保存路径
fileTruename	varchar	60	是	文件在文件夹中真实名称

(11) Topics 数据库表记录的是投票主题的数据信息，它的每一行代表一个投票的主题，包含投票主题名称、设置该主题是否为当前主题等相关信息，字段的设置如表 8.17 所示。

表 8.17 投票主题表 Topics

字 段	类 型	长 度	是否为空	描 述
TopicID	int		否	主键,投票主题编号
Name	varchar	200	是	投票主题名
Body	text		是	投票主题详细说明
IsCurrent	bit		是	设置该主题是否为当前主题

(12) Subjects 数据库表记录投票主题的投票项目数据信息,它的每一行代表当前主题下的一个投票项目,它包含投票项目编号、投票项目名称等相关信息,字段设置如表 8.18 所示。

表 8.18 各主题的投票项目表 Subjects

字 段	类 型	长 度	是否为空	描 述
SubjectID	int		否	主键,投票项目编号
Name	nvarchar	1000	是	投票项目名
Mode	bit		是	用来设置该项目是否为多选
TopicID	int		是	该项目所属的主题编号

8.3.3 系统界面设计

虚拟学习社区前台界面设计主要采用 DIV+CSS 技术。考虑到该项目中论坛模块的页面顶部和左侧元素相同,所以在设计时,主要采用用户控件来实现。本系统基于 Browse/Server(浏览器/服务器)模式,在 Visual Studio 集成开发环境中开发 Web 程序,界面是由 Web 窗体和窗体上的 HTML 控件、服务器控件和用户自定义控件组成的。下面分别介绍该虚拟学习社区的主要界面。

1. 社区首页

本社区共有首页、个人博客、学习论坛、学员信息、资料中心、评价投票等模块。首页界面如图 8.8 所示。

首页是网站上显示的第一页。顶部是整个网站的导航菜单,左侧是用户登录和显示社区当前在线人数;中间显示的是最新日志和论坛动态,它们分别随着日志模块和论坛模块的更新进行相应的变化;右侧是社区的新闻公告和友情链接。

本项目中的角色有管理员与普通用户两种,在虚拟学习社区中他们所拥有的权限不一样。若是管理员登录则系统自动转到社区后台管理界面;普通成员登录时,在社区首页会出现"欢迎界面"及用户注册时所选择的头像和"进入我的后台空间"链接等登录成功的信息;若是没有注册的游客则转到"提示界面"(error.aspx),游客若想继续浏览社区中的其他信息,必须先注册。

2. 博客首页

博客首页包括空间导航、我的文章分类、最新文章列表、最新评论、友情链接等模块。右侧显示博文分类、评论等相关信息。单击博文后面的链接可查看全文,查看文章的评论以及发表自己的评论,如图 8.9 所示。

图 8.8　虚拟学习社区首页

3. 学员信息

该页显示本系统所有用户注册信息，只有会员可以查看该页。它方便会员间的交流联系。通过查看其他学员的基本信息学习者可以找到志同道合的学习伙伴，增进彼此之间的情感交流，提高学习成效，如图 8.10 所示。

My Blog
社区首页 写博文 空间管理 我的相册 社区论坛 给我留言

欢迎您star
我的信息

空间导航
社区首页 空间管理
写博文 我的相册
社区论坛 给我留言

我的文章分类
教学设计
教育游戏
信息技术
学习
青少年心里发展

最新文章列表
摄影
教学设计的步骤
课程与教学论
课堂教学设计活动
教育游戏
学习

最新评论
呜呜呜呜呜胡恶化和用户和福建省计算机数据检索狙击手
好的 学习这个不错啊
好好好学习学习学习
恩 那你就好好学习吧！！！
吴凡 基金基金基金
吴凡 你好吗

友情链接
博客园
教育技术资源网
中国教育技术学
焦健力一教育技术自留地
韦钰的个人博客
維存教育

教学设计的模式
【star】【2010-5-11 18:37:48】【教学设计】
教学设计的步骤及教学设计的代表人物
浏览[3] | 评论[0]

教学设计
【star】【2010-5-11 21:52:25】【教学设计】
请写出您所熟知的教学设计模式
浏览[1] | 评论[0]

课堂教学设计活动
【star】【2010-5-11 21:59:01】【教学设计】
设计教学是门大学问
浏览[0] | 评论[0]

上一页 下一页

图 8.9 博客首页

图 8.10　学员信息

4. 论坛首页

登录社区的用户，单击首页上学习论坛可以进入此页面。该页面左侧论坛导航包括以下内容：浏览论坛模块、浏览论坛帖子、发表帖子、查找帖子、修改个人信息、返回论坛首页、退出论坛。优秀学习论坛链接是对一些优秀的、典型的学习论坛的链接，这样可以为用户提供更多的信息资源。社区优秀成员列表是按照成员登录虚拟学习社区的次数进行排名的。右侧显示用户发帖的详细内容，单击标题可以回复日志，如图 8.11 所示。

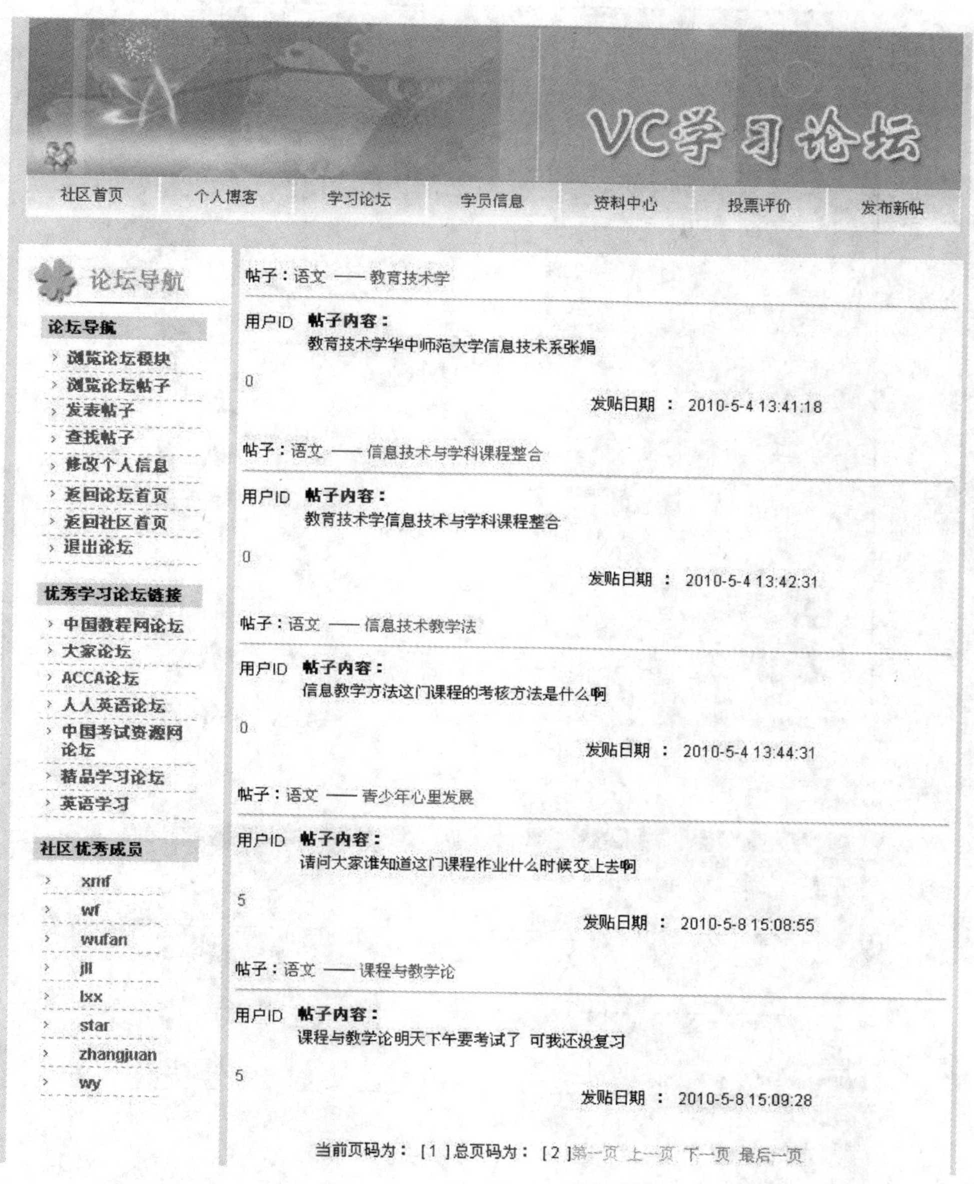

图 8.11　学习论坛首页

5. 资料中心

该模块主要是资料的管理中心，可以上传、下载和检索资料，如图 8.12 所示。

6. 投票评价

后台管理员可以对投票活动进行设置，包括添加编辑投票主题、设置每一主题的选项、题目的选择类型是多选还是单选等操作。管理员编辑好投票主题和投票选项后发布。用户登录后进入的投票页面如图 8.13 所示，用户在此页面填写问卷，提交后可以查看结果信息，管理员可以设置成员能否进行重复投票。

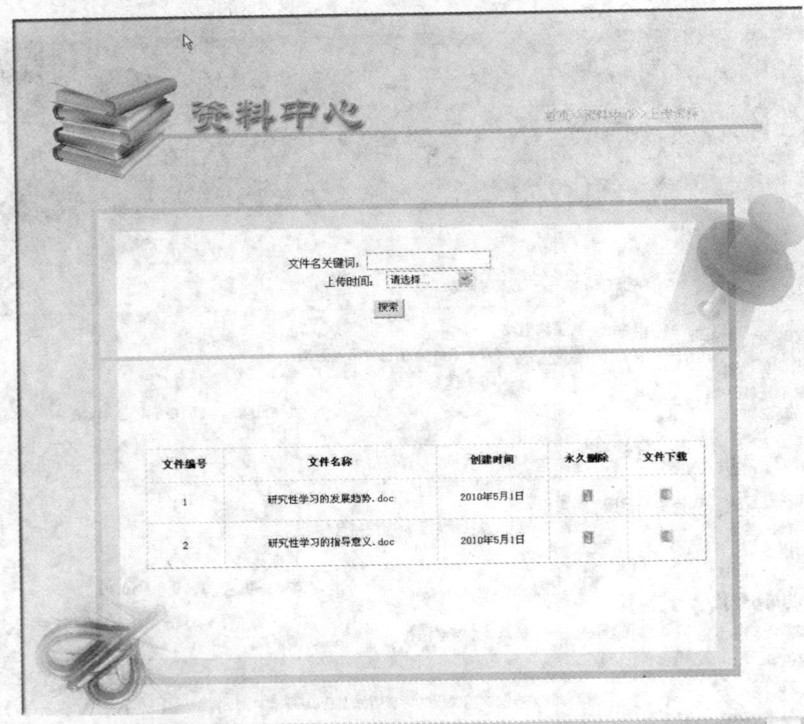

图 8.12　资料中心

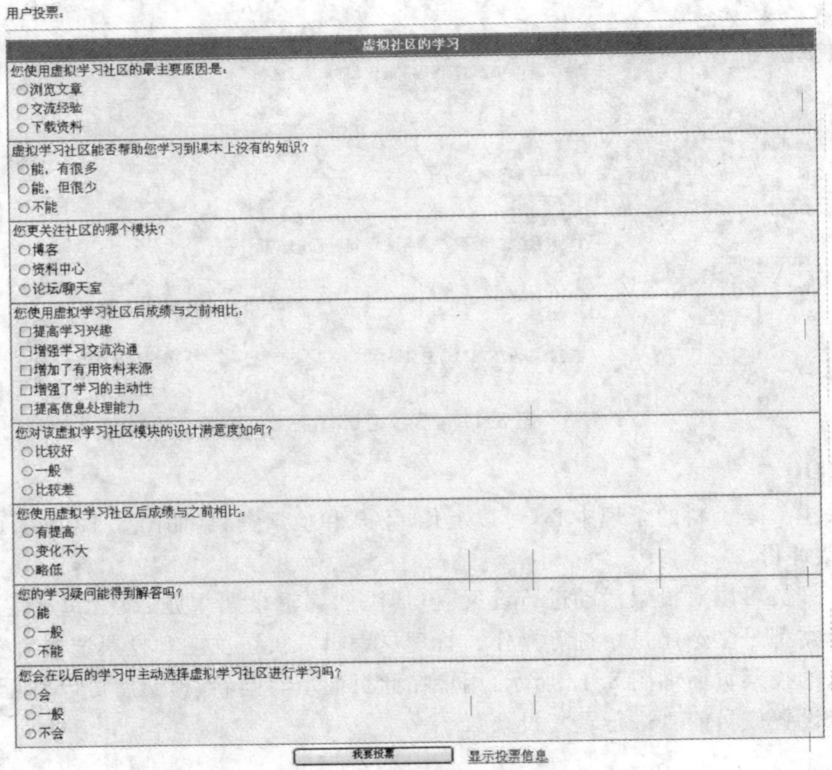

用户投票:

虚拟社区的学习

您使用虚拟学习社区的最主要原因是:
○浏览文章
○交流经验
○下载资料

虚拟学习社区能否帮助您学习到课本上没有的知识?
○能，有很多
○能，但很少
○不能

您更关注社区的哪个模块?
○博客
○资料中心
○论坛/聊天室

您使用虚拟学习社区后成绩与之前相比:
□提高学习兴趣
□增强学习交流沟通
□增加了有用资料来源
□增强了学习的主动性
□提高信息处理能力

您对该虚拟学习社区模块的设计满意度如何?
○比较好
○一般
○比较差

您使用虚拟学习社区后成绩与之前相比:
○有提高
○变化不大
○略低

您的学习疑问能得到解答吗?
○能
○一般
○不能

您会在以后的学习中主动选择虚拟学习社区进行学习吗?
○会
○一般
○不会

我要投票　显示投票信息

图 8.13　投票评价

7. 后台管理

管理员登录后对虚拟学习社区后台进行管理，包括博客管理（发表文章、文章管理、类别管理和评论管理）、相册管理、论坛管理（模块管理、帖子管理、发表帖子和帖子查找）、用户管理（用户管理和修改密码）、投票管理（投票主题管理、投票项目管理、项目选择项管理、投票系统配置、网站在线投票和查看投票结果），界面如图 8.14 所示。

同样，普通用户登录社区时，单击“进入我的后台空间”，也可以对自己的后台空间进行管理，具体的功能在前面“系统模块设计”中已经阐述，在此不再赘述，实现的页面如图 8.15 所示。

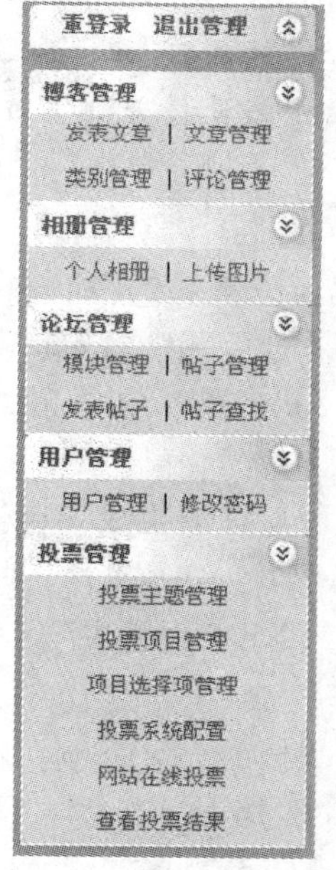

图 8.14 管理员后台管理

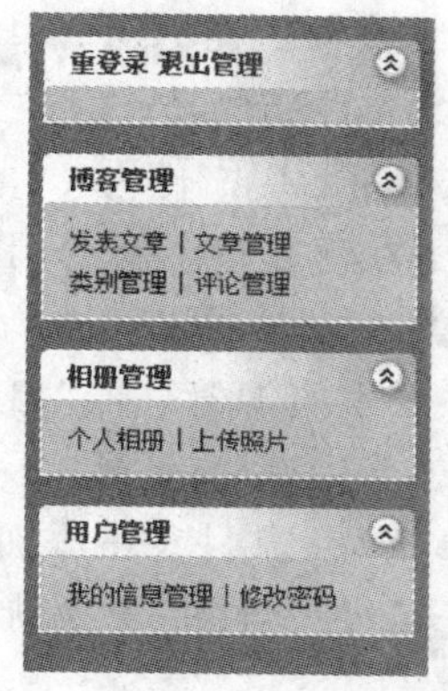

图 8.15 普通会员后台管理

8.4 本项目实施

8.4.1 数据库访问

在开发虚拟学习社区整个项目之前，为了方便数据操作和网页维护，首先需要对连接数据库的 Web.Config 文件进行配置，并封装一些常用的方法和事件，这样不仅可以提高代码的重用率，也大大方便了整个网站代码的管理，减轻程序员劳动量，收到事半功倍的效果。

1. 在 Web.Config 文件中配置连接数据库字符串

本项目在系统全局配置文件 Web.Config 中配置连接数据库的字符串和引入第三方组件 FCKeditor 的验证信息。在<configuration>字节下添加连接数据库和引入第三方组件 FCKeditor 编辑器的字符串，代码如下：

```
<appSettings>
        <add key = "ConnStr" value = "Data Source = PC - 201004011441\SQLEXPRESS;Initial
Catalog = MyVC;Integrated Security = True"/>          //连接数据库字符串
```

```
//引入第三方组件 FCkeditor 的验证信息
        <add key="FCKeditor:BasePath" value="~/fckeditor/"/>
<add key="FCKeditor:UserFilesPath" value="~/upload"/>
</appSettings>
```

注意：第三方组件 FCKeditor 是一个功能强大的支持所见即所得功能的文本编辑器，可以为用户提供如微软 Office 软件一样的在线文档编辑服务。它不需要安装任何形式的客户端，兼容绝大多数主流浏览器，支持 ASP. NET、ASP、ColdFusion、PHP、Java、Active-FoxPro、Lasso、Perl、Python 等编程环境。其官方网站：http://www.fckeditor.net/；官方文档：http://wiki.fckeditor.net/及官方下载地址：http://www.fckeditor.net/download/default.html。关于该组件的具体的使用方法请读者阅读相关资料并到官方网站下载安装使用，由于篇幅有限，在本项目中不做详细介绍。

2. 公共类编写

在项目的开发过程中合理的、良好的公共类设计可以减少重复代码的编写，有利于代码的重用性和易维护性。在 ASP. NET 页面中创建类，如果对于某个特定的目的创建类，则最好使用独立的文件和位置。存放公共类的最佳位置是 App_Code 文件夹。

1）添加 App_Code 文件夹

默认情况下在建立一个新的网站或者项目时，系统并不自动生成 App_Code 文件夹。为实现对公共类的管理，可以在网站或项目中添加该文件夹：

右击"解决方案资源管理器"相应网站名→"添加 ASP. NET 文件夹"→App_Code(O)，在网站的下面就会生成 App_Code 文件夹。

2）在 App_Code 文件夹中添加公共类

右击 App_Code 文件夹→"添加新项"→"类"项，如图 8.16 所示。

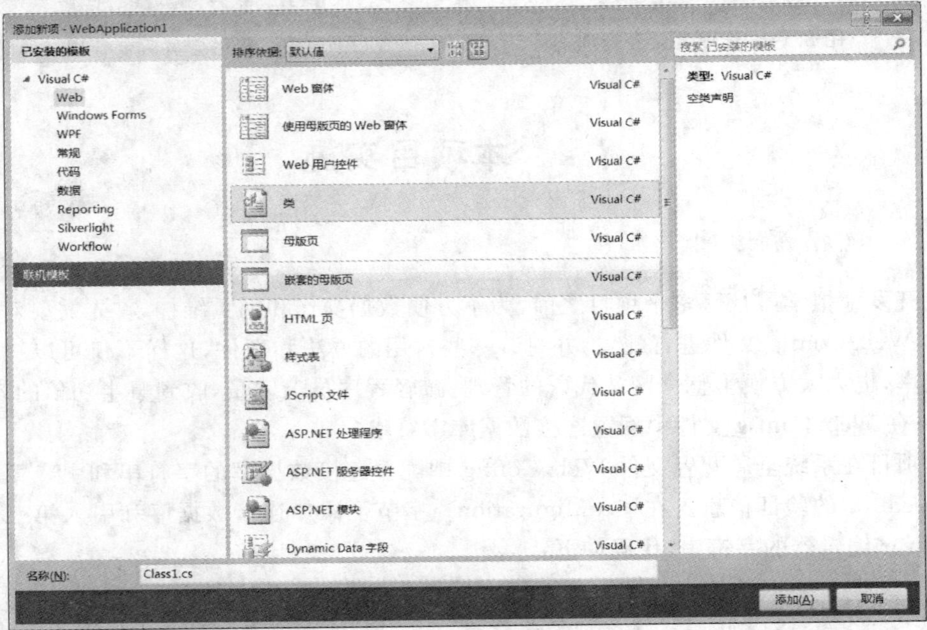

图 8.16 "添加新项"

在本网站的制作过程中，根据需求分析共创建了 9 个公共类，分别为 DBCon. cs（链接数据库类）、OperationData. cs（数据库操作类）、adminData. cs（管理员功能模块类）、Album. cs（相册管理功能模块类）、BlogData. cs（博客管理功能模块类）、ForumData. cs（学习论坛管理功能模块类）、upfiles. cs（资源管理功能模块类）、userData. cs（用户管理功能模块类）及 VoteData. cs（投票评价管理功能模块类）。其中，连接数据库与数据库操作类作用是为了访问和操作 SQL Server 2008 数据库，其他的功能模块类主要是用于处理业务逻辑功能，即实现功能窗体与数据库操作（数据层）之间的业务功能。由于篇幅有限，下面仅对其中的核心公共类进行详细阐述，其他公共类读者可以自行设计编写。

3）连接数据库类 DBCon. cs 的设计

DBCon. cs 类的功能为：从 Web. Config 文件中读取连接数据库的字符串，其关键代码如下：

```
public static SqlConnection DBcon()
{
    //使用 configurationsetting 对象的 AppSetting 属性获取配置节中连接数据库的字符串
SqlConnection con = new SqlConnection(ConfigurationSettings.AppSettings["ConnStr"]);
    return con;
}
```

4）数据库操作类 OperationData. cs 的设计

数据库操作类主要实现的功能有打开数据库连接、关闭数据库连接，还包括 findUserName、GetDataSet、GetDataReader、ExecuteSQL 与 Reg 方法，主要代码如下：

打开数据库连接：

```
public class OperationData
{
        SqlConnection con = DBCon.DBcon ();        //实例化 DBCon.cs 类,进行数据库连接
        public OperationData()
        {
        }
public SqlConnection openCon()                     //实现数据库的打开或关闭
    {
          try
          {
            con.Open();
          }
          catch
          {
              if (con.State.Equals(ConnectionState.Closed))
              {
                  con.Open();
              }
              else
              {
                  con.Close();
                  con.Open();
              }
```

```
            }
            return con;
        }
    }
```


GetDataSet()执行数据库查询,该方法返回一个 Dataset 对象的结果集。

```
public DataSet GetDataSet(string sql)
    {
SqlCommand cmd = new SqlCommand(sql, openCon());
        SqlDataAdapter sda = new SqlDataAdapter();
        sda.SelectCommand = cmd;
        DataSet ds = new DataSet();
        sda.Fill(ds);
        return ds;
    }
```

GetDataReader()执行数据的检索,返回一个 DataReader 对象的结果集,该方法与 GetDataSet()方法都是用于检索关系数据,并把它存储在内存中。使用 DataSet 对象时,一般使用 DataAdapter 对象与数据源交互,用 DataView 对象对 DataSet 中的数据进行排序和过滤。DataSet 对象提供数据库中部分数据及这些数据之间的联系在内存中的一个副本;而 DataReader 对象是一个只向前的只读光标,它需要与数据源的实时连接,提供快速、只向前、只读的来自数据库的数据流,常用于检索大量数据,一次读取一条记录,然后遍历整个结果集,这个对象不能直接实例化,必须调用 Command 对象的 ExecuteReader 方法,以获得有效的 DataReader 对象。

```
public SqlDataReader GetDataReader(string sql)
{
    SqlCommand cmd = new SqlCommand(sql,openCon ());
    SqlDataReader sdr = cmd.ExecuteReader();
    return sdr;
}
```

Reg 方法主要用来实现添加新用户功能,可以直接在页面中实例化该方法,进行新用户的添加。

```
public int Reg(string userName, string userPwd, string trueName, string address, string role,
string Birthday, string QQ, string Email, string personImage)
{
        SqlCommand cmd = new SqlCommand(" insert into Users(userName, userPwd, trueName,
address, role, Birthday, QQ, Email, userImage) values (@ userName, @ userPwd, @ trueName,
@address,@role,@Birthday,@QQ,@Email,@userImage)", openCon());
        cmd.Parameters.Add(new SqlParameter("@userName", SqlDbType.VarChar));
        cmd.Parameters["@userName"].Value = userName;     //添加参数(用户名)
        cmd.Parameters.Add(new SqlParameter("@userPwd", SqlDbType.VarChar));
        cmd.Parameters["@userPwd"].Value = userPwd;       //添加参数(密码)
        cmd.Parameters.Add(new SqlParameter("@trueName", SqlDbType.VarChar));
        cmd.Parameters["@trueName"].Value = trueName;    //添加参数(用户真实姓名)
        cmd.Parameters.Add(new SqlParameter("@address", SqlDbType.VarChar));
        cmd.Parameters["@address"].Value = address;      //添加参数(地址)
```

```
        cmd.Parameters.Add (new SqlParameter("@role", SqlDbType.VarChar));
        cmd.Parameters["@role"].Value = role;              //添加参数(角色)
        cmd.Parameters.Add (new SqlParameter("@Birthday", SqlDbType.DateTime));
        cmd.Parameters["@Birthday"].Value = Birthday;      //添加参数(出生日期)
        cmd.Parameters.Add(new SqlParameter("@Email", SqlDbType.VarChar));
        cmd.Parameters["@Email"].Value = Email;            //添加参数(邮箱地址)
        cmd.Parameters.Add(new SqlParameter("@QQ", SqlDbType.VarChar));
        cmd.Parameters["@QQ"].Value = QQ;                  //添加参数(用户名 QQ)
        cmd.Parameters.Add(new SqlParameter("@userImage", SqlDbType.VarChar));
        cmd.Parameters["@userImage"].Value = personImage;//添加参数(用户头像)
        int count = cmd.ExecuteNonQuery();
        return count;
    }
public int ExecuteSQL(string sql)
    {
        SqlCommand cmd = new SqlCommand(sql,openCon());
        int count = cmd.ExecuteNonQuery();
        return count;
}
```

根据这样的思路自己可以另辟蹊径重新设置公共类，写出根据日志的名称查询日志的类别的方法及查询所有日志、查询最新日志、查询最新回复等方法，这部分请读者自己完成。

8.4.2 主要功能模块的实现

本小节呈现了社区用户登录、博客页面日志显示、论坛页面的发帖、投票调查、资料中心等功能模块的主要代码。

1. 首页用户登录的实现

由于本项目中有两种用户身份即管理员身份和普通用户身份，所以在应用程序的开发过程中，需要对具有不同身份和权限的用户呈现不同登录界面。首页设计的主要功能之一是实现用户的登录，如果用户没有在系统进行注册，则无法查看系统部分页面的内容，系统提示“对不起，非本社区成员不能访问该页！返回首页！”，注册用户登录时需要输入用户名和密码，如果用户名存在且密码正确，则能成功进入系统。用户注册是要求用户同意遵守社区的“用户协议”，这里设计用户名、密码以及个人信息，并且要求部分内容为必填。如果没有填写完成或信息格式不对则提醒用户。这里使用 ASP.NET 提供的验证控件实现。

登录模块主要采用两个 Panel 控件实现，其中 Panel1 主要是用于用户输入登录信息和进行角色选择进行登录；Panel2 是当用户成功登录社区时显示欢迎界面。.cs 文件中的核心代码为：

```
private void startData()
{
    if (Session["userName"] == null)
    {
            //如果没有输入用户名等相关信息则显示 Panel1 控件,Panel2 控件处于隐藏状态
        this.Panel1.Visible = true;
        this.Panel1.Height = 150;
```

```
            this.Panel2.Visible = false;
        }
        else
        {
            try
            {
                SqlDataReader sdr = op.GetDataReader("select * from Users where userName = '" +
Session["userName"].ToString() + "'");
//从数据库中的Users用户数据表中读取相关信息,将用户输入的信息与数据库中存储的用户注册
//信息进行比较.如果输入正确的信息则出现"欢迎界面"
while (sdr.Read())
                {
                        this.Image7.ImageUrl = sdr.GetString(10);
                }
                sdr.Close();
                this.Label1.Text = Session["userName"].ToString() + ",欢迎你!";
                this.Panel2.Height = 160;
                this.Image7.Height = 150;
                this.Panel2.Visible = true;
                this.Panel1.Visible = false;            //登录成功Panel1隐藏,显示Panel2
            }
            catch
            { }
        }
    }
```

单击"登录"按钮代码设置如下:

```
protected void ImageButton1_Click(object sender, EventArgs e)
{
    if (DropDownList1.SelectedValue.Equals("普通会员")) //进行用户身份的验证
    {
        if (this.TextBox1.Text == "" || this.TextBox2.Text == "")
        {
            Response.Write("<script>alert('对不起,用户名和密码都不能为空!')</script>");
        }
        else
        {
            string userName = this.TextBox1.Text.Trim();
            string userPwd = this.TextBox2.Text.Trim();
            string sql = "select * from Users where userName = '" + userName + "' and
userPwd = '" + userPwd + "'";
            if (op.findUserName(sql) != 0)
            {
                Session["userName"] = this.TextBox1.Text.ToString();
                startData();                    //调用该方法对用户登录时输入的信息进行判断
                string str = "update Users set loginTimes = loginTimes + 1 where userName =
'" + Session["userName"].ToString() + "'"; //更新用户登录的次数
                SqlCommand cmd = new SqlCommand(str, op.openCon());
                cmd.ExecuteNonQuery();
            }
```

```
                else
                {
                    Response.Write("<script>alert('对不起,你的用户名或者密码有误!')</script>");
                }
            }
        }
        else
        {
            if (this.TextBox1.Text == "" || this.TextBox2.Text == "")
            {
                Response.Write("<script>alert('对不起,管理员名和密码都不能为空!')</script>");
            }
            else
            {
                string adminName = this.TextBox1.Text.Trim();
                string adminPwd = this.TextBox2.Text.Trim();
                string sql = "select * from Admin where adminName = '" + adminName + "' and
adminPwd = '" + adminPwd + "'";
                if (op.findUserName(sql) != 0)
                {
                    Session["admin"] = this.TextBox1.Text.ToString();
                    Response.Redirect("admin/admin_main.htm");
                }
                else
                {
                    Response.Write("<script>alert('对不起,你的管理员名或者密码有误!')</script>");
                }
            }
        }
    }
```

2. 博客页面日志显示的设计

在博客页面制作过程中，主要使用DataList控件绑定数据库中Blog数据表的相关数据信息，同时显示该日志被浏览和评论次数，添加3个链接用于用户进行“查看全文”、“查看评论”、“我要评论”的操作。在后台.cs文件中编写代码时，首先需要定义OperationData类对象和BlogData类对象，以便在书写代码时可以调用该类中的方法，代码如下：

```
OperationData op = new OperationData();
BlogData bd = new BlogData();
```

在Page_Load事件中调用bindLogs()、bindNewLogClass()、bindNewLogTitle()等自定义方法，分别用于显示“最新日志”、“日志分类”等相关信息，代码如下：

```
int  PageSize, RecordCount, PageCount, CurrentPage;  //实现翻页功能
  protected void Page_Load(object sender, EventArgs e)
  {
      if (Session["userName"] == null && Session["admin"] == null)
      {
          Response.Redirect("../error.aspx");  //游客浏览该页面时转向该页面给出错误信息
      }
```

```
    else
    {
        this.Label1.Text = Session["userName"].ToString();
    }
    PageSize = 5;
    //第一次请求执行
    if(!IsPostBack)
    {
        bindLogs();
        bindNewLogClass();
        bindNewLogTitle();
        bindNewLogReplys();
        CurrentPage = 0;
        ViewState["PageIndex"] = 0;
        //计算总共有多少条记录
        RecordCount = CaculateRecord();
        lblRecordCount.Text = RecordCount.ToString();
        //计算总共有多少页
        PageCount = (RecordCount / PageSize) + 1;
        lblPageCount.Text = PageCount.ToString();
        ViewState["PageCount"] = PageCount;
    }
}
private void bindLogs()
{
    DataList1.DataSource = CreateSource();            //绑定日志中的信息
    DataList1.DataBind();
    lbnNextPage.Enabled = true;
    lbnPrevPage.Enabled = true;
    if (CurrentPage == (PageCount - 1)) lbnNextPage.Enabled = false;
    if (CurrentPage == 0) lbnPrevPage.Enabled = false;
    lblCurrentPage.Text = (CurrentPage + 1).ToString();
}
private void bindNewLogClass()
{
    dtlLogClass.DataSource = bd.getNewLogClass();    //绑定日志分类中的数据信息
    dtlLogClass.DataBind();
}
private void bindNewLogTitle()
{
    dtlLogs.DataSource = bd.getNewLogs();            //绑定最新日志中的数据信息
    dtlLogs.DataBind();
}
private void bindNewLogReplys()
{
    dtlNewReply.DataSource = bd.getNewLogReply();    //绑定最新日志回复中的数据信息
    dtlNewReply.DataBind();
}
protected void Page_OnClick(object sender, CommandEventArgs e)
{
    CurrentPage = (int)ViewState["PageIndex"];
```

```
        PageCount = (int)ViewState["PageCount"];
        string cmd = e.CommandName;
            //判断 cmd,以判定翻页方向
            switch (cmd)
            {
                case "next":
                    if (CurrentPage < (PageCount - 1)) CurrentPage++;
                    break;
                case "prev":
                    if (CurrentPage > 0) CurrentPage--;
                    break;
            }
            ViewState["PageIndex"] = CurrentPage;
            bindLogs();
}
```

3. 论坛页面发帖功能实现

在 bbs/fatiez.aspx 页面具有发帖功能,用户需要填写"标题"、"所属模块"、"内容",之后单击"发表(btnDeliver)"按钮,就完成发帖动作,与数据表 Tiezi 相关联。后台实现代码如下:

```
protected void btnDeliver_Click(object sender, EventArgs e)
{
    if (this.txttzTitle.Text == "")
    {
        Response.Write("<script>alert('标题不能为空!')</script>");
    }
    else if (this.ddlmkName.SelectedIndex < 0)
    {
        Response.Write("<script>alert('请选择您要发表帖子的模块')</script>");
    }
    else if (txttzContent.Text == "")
    {
        Response.Write("<script>alert('请输入您的帖子内容!')</script>");
    }
    else
    {
        string strmk = "select mkID,mkName from Mokuai" + " where mkName = '" + ddlmkName.
SelectedValue + "'";                              //从数据表 Mokuai 中读取用户所选择的模块
        sqlconn = DBCon.DBcon();
        sqlconn.Open();
        SqlDataAdapter myApter = new SqlDataAdapter(strmk, sqlconn);
        DataSet myDS = new DataSet();
        myApter.Fill(myDS, "Mokuai");
        DataRowView rowView = myDS.Tables["Mokuai"].DefaultView[0];
        string strmkID = Convert.ToString(rowView["mkID"]);
        string sqlstr = "insert into Tiezi (UserID,mkID,tzName,tzContent)"
                + " values('" + loginID + "','" + strmkID.ToString()
                + "','" + txttzTitle.Text + "','" + txttzContent.Text + "')";
                                    //将发表的帖子的相关信息写入数据库中的 Tiezi 数据表中
```

```
        sqlBind.DataCom(sqlstr);
        Response.Write("<script language = javascript>alert('发帖子成功');</script>");
    }
}
```


4. 投票调查模块实现

管理员设定投票主题和选择项后发布,用户就能单击"投票评价"进入投票页面,填写调查表,根据投票的需要管理员可对投票的次数进行设计,设置为可以重复投票或者不可以重复投票,与数据表 Topics、Subjects 关联。

页面 vote/admin_topic.aspx,显示选定的投票主题、投票项目的选择项,管理员可以编辑添加选择项,部分功能实现代码如下:

```
protected void Page_Load(object sender, EventArgs e)
{
    if (!Page.IsPostBack)
    {                                                          //显示主题的数据
        BindTopicData();
        if (TopicList.Items.Count > 0)
        {
            TopicList.SelectedIndex = 0;
            //显示项目的数据
            BindSubjectData(Int32.Parse(TopicList.SelectedValue));
            if (SubjectList.Items.Count > 0)
            {                                                  //显示选择项数据
                SubjectList.SelectedIndex = 0;
                BindItemData(Int32.Parse(SubjectList.SelectedValue));
            }
        }
    }
}
private void BindTopicData()
{
    VoteData topic = new VoteData();
    SqlDataReader dr = topic.GetTopics();
    //绑定数据
    TopicList.DataSource = dr;
    //设置 Text 属性和 Value 属性的值
    TopicList.DataTextField = "Name";
    TopicList.DataValueField = "TopicID";
    TopicList.DataBind();
    dr.Close();
    AddBtn.Enabled = TopicList.Items.Count > 0 ? true : false;
}
```

5. 资料中心的功能实现

该模块主要是资料的管理中心,可以上传、下载和检索资料,与数据表 Upfiles 关联。

使用 GridView 绑定显示"文件编号"、"文件名称"、"创建时间"以及"永久删除"、"文件下载"按钮。页面 upfile/filesmanage.aspx 的"搜索(btnSearch)"按钮功能代码如下:

```
protected void PartGVBind()
{
    SqlConnection myConn = lei.GetConnection();
    myConn.Open();
    //查询符合搜索条件的字符串
    string sqlStr = "select * from Upfiles";
    if (this.txtFilesName.Text.Trim() != "" || ddlUD.SelectedIndex != 0)
    {
        sqlStr += " where ";
        if (this.txtFilesName.Text.Trim() != "" && ddlUD.SelectedIndex == 0)
        {
            sqlStr += "fileName like'%" + this.txtFilesName.Text.Trim() + "%'";
        }
        else if (this.txtFilesName.Text.Trim() == "" && ddlUD.SelectedIndex != 0)
        {
            sqlStr += "fileUpdate= '" + this.ddlUD.SelectedValue.ToString() + "'";
        }
        else
        {
            sqlStr += "fileUpdate='" + this.ddlUD.SelectedValue.ToString() + "'";
            sqlStr += "  and filename like'%" + this.txtFilesName.Text.Trim() + "%'";
        }
    }
    SqlDataAdapter dapt = new SqlDataAdapter(sqlStr, myConn);
    DataSet ds = new DataSet();
    //填充数据集
    dapt.Fill(ds, "files");
    this.gvFiles.DataSource = ds.Tables["files"].DefaultView;
    this.gvFiles.DataKeyNames = new string[] { "fileId" };
    this.DataBind();
    //释放占用的资源
    ds.Dispose();
    dapt.Dispose();
    myConn.Close();
}
public static int IntIsSearch;
protected void btnSearch_Click(object sender, EventArgs e)
{
    PartGVBind();
    IntIsSearch = 1;
}
```

8.5 安装及配置

1. 附加数据库

(1) 打开 SQL Server 数据库,连接到数据库后,在"对象资源管理器"中或者"摘要"中右击"数据库"节点,在弹出的菜单中选择"附加"项,弹出"附加数据库"对话框,如图 8.17 所示。

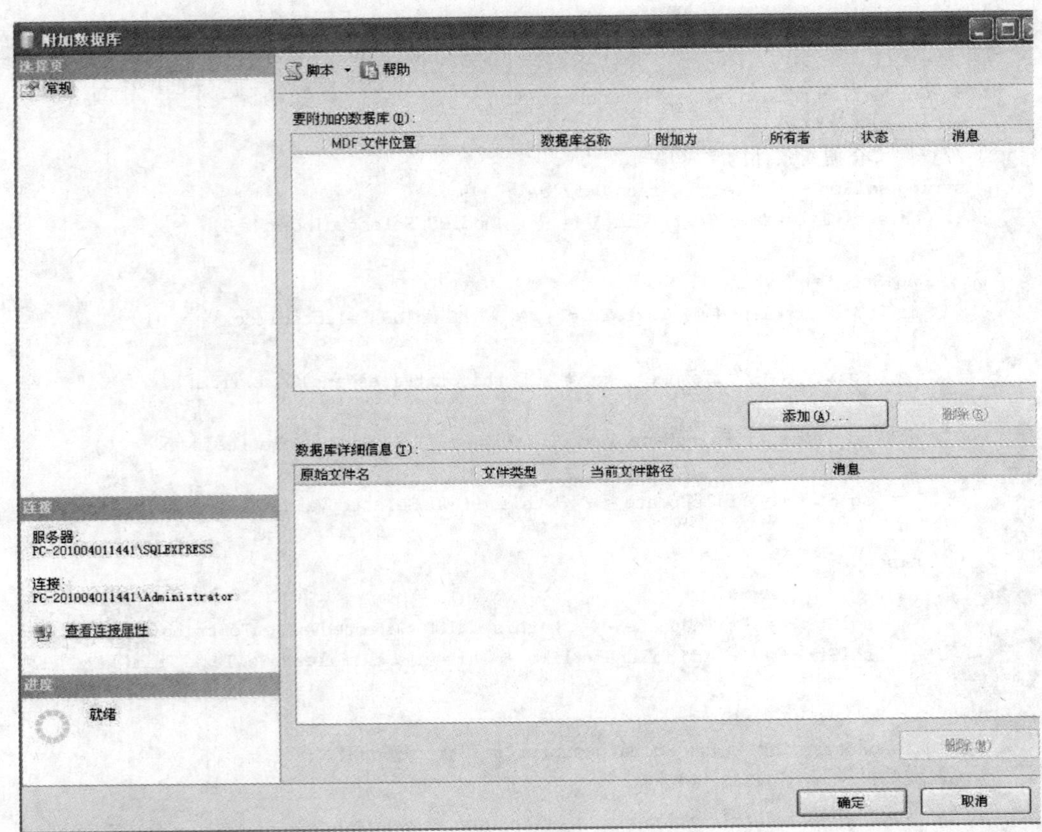

图 8.17 “附加数据库”对话框

(2) 单击“添加”按钮,在弹出的“定位数据库文件”对话框中选择数据库文件 MyVC.mdf 路径,如图 8.18 所示。

(3) 依次单击“确定”按钮,完成数据库的附加操作。

2. 修改服务器名称

以记事本方式打开网站的 Web.Config 文件,将数据源连接服务器的名称更改为本机 SQL Server 服务器的名称:

```
<appSettings>
        <add key = "ConnStr" value = "Data Source = PC - 201004011441\SQLEXPRESS;Initial
Catalog = MyVC;Integrated Security = True"/>// PC - 201004011441\SQLEXPRESS 为笔者服务器名称
<add key = "FCKeditor:BasePath" value = "~/fckeditor/"/>
<add key = "FCKeditor:UserFilesPath" value = "~/upload"/>
</appSettings>
```

注意:附加数据库后,要将 Data Source="PC-201004011441\SQLEXPRESS"更改为读者本机的 SQL Server 服务器名称。

3. 配置 IIS

(1) 依次选择“开始”→“设置”→“控制面板”→“管理工具”→“Internet 信息服务”选项,弹出“Internet 信息服务”窗口,如图 8.19 所示。

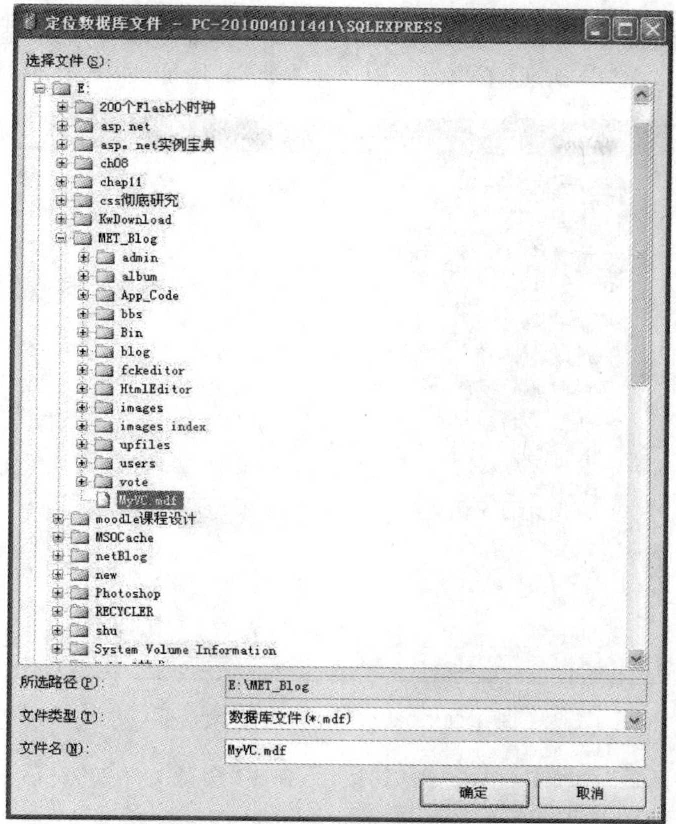

图 8.18 “定位数据库文件”对话框

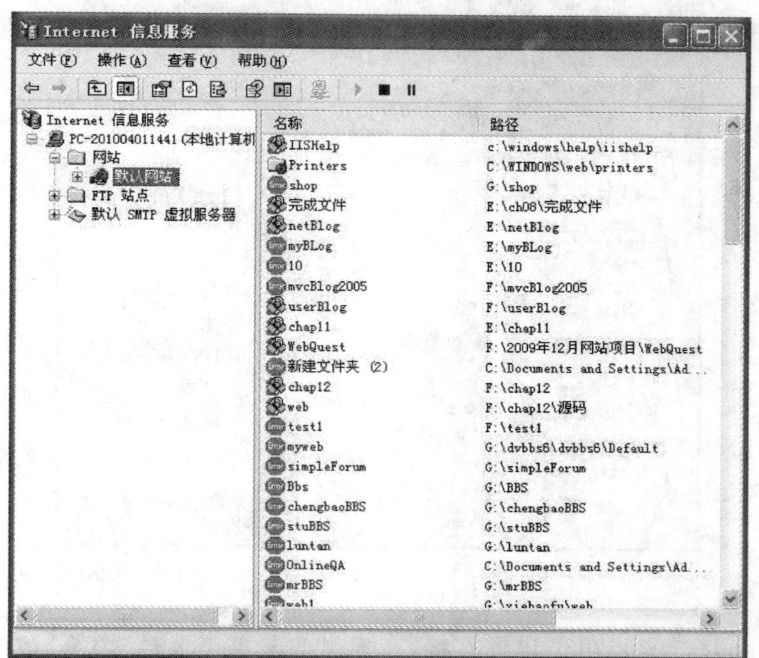

图 8.19 “Internet 信息服务”窗口

(2) 选中“默认网站”节点，单击右键，选择“属性”，在弹出的“默认网站　属性”对话框，单击“网站”选项卡，在“IP 地址”下拉列表中选择本机 IP 地址，如图 8.20 所示。

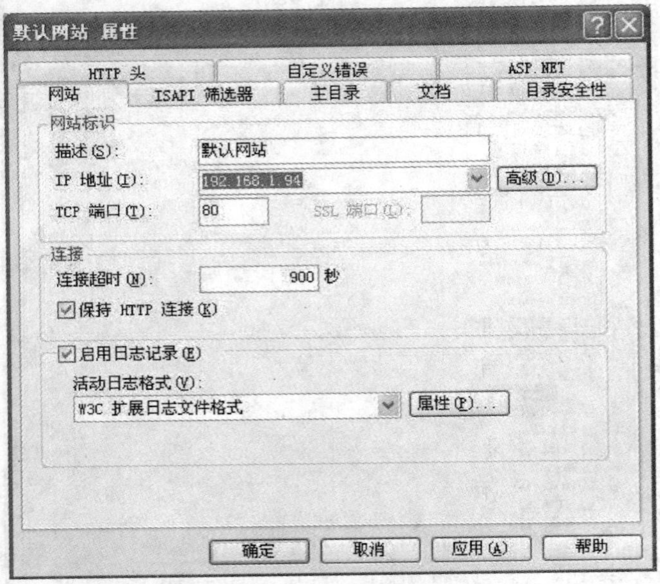

图 8.20 “默认网站　属性”对话框

(3) 单击“主目录”选项卡，单击“浏览”按钮，弹出“浏览文件夹”对话框，选择网站路径，单击“确定”按钮，如图 8.21 所示。

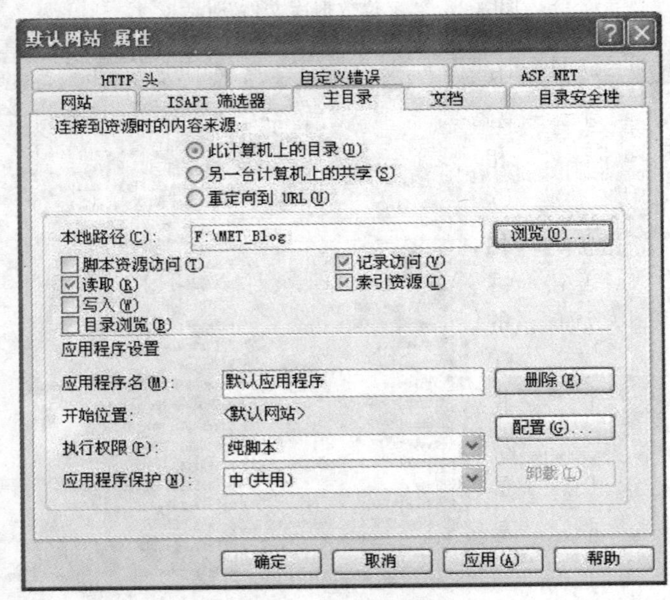

图 8.21 “主目录”选项卡

(4) 选中 index.aspx，单击鼠标右键，在弹出的菜单中选择“浏览”命令即可浏览该网站。

8.6 本项目评估

教师对学生设计的虚拟学习社区可以从以下几个方面进行评价。

(1) 虚拟学习社区的功能结构设计：虚拟学习社区的系统结构设计是否合理，制作是否规范，功能是否齐全以及是否符合实际需要等。

(2) 虚拟学习社区交流及学习支持工具的设计：交流互动是推动虚拟学习社区繁荣发展的关键，因此要评价交流工具的设计是否能满足成员的同步和异步交流，是否能够起到知识的交流和创新的作用；能否为学习者提供网上学习支持工具，为个性化学习和协作学习提供服务等。

(3) 虚拟学习社区资源管理技术：虚拟学习社区资源管理技术是否方便学习者查找学习资源，能否满足学习者个人知识管理的要求以及社区公共知识的管理，以便学习者共享多种网络学习资源。

(4) 虚拟学习社区界面的设计：虚拟学习社区页面的设计的色彩搭配、框架、布局等是否合理；导航的设计是否清晰、有效；数据库连接是否有效等。

(5) 虚拟学习社区的运行：虚拟学习社区的运行是否稳定，能否保障信息的传输及时、流畅等。

8.7 本项目进一步延伸和拓展

本项目只是给出了制作虚拟学习社区的一个基本方法，读者可以在本项目已有功能的基础上对它继续进行完善，下面提出几点可以改进的地方，以供读者参考：

(1) 读者可以尝试在项目中依据用户为社区做出的贡献大小，如成员发表的博文的点击率和博文数量等，编写积分规则，在首页中设置“社区活跃成员”模块，设立奖励机制，对社区的活跃成员和优秀成员进行相应的奖励。

(2) 在论坛模块，读者可以对用户权限进一步完善，编写出更加强大、完善的用户权限管理系统，例如，管理员可以授权普通成员为论坛某个模块的管理员。

(3) 资料管理中心模块，读者可以在程序中添加对资源的分类，当用户上传资源时选择相应的分类和添加对资源简单的描述，这样对下载者来说无疑便捷了很多。

(4) 投票评价模块，读者可以设置用户能否进行重复投票，并设置投票的有效日期，用户只有在有效日期内才能进行投票。

(5) 在本项目的“个人博客”模块，读者可以添加 RSS、Tag 等 Web 2.0 技术，实现对他人 Blog 的订阅，这样可以使成员在第一时间得知其他成员的最新动态。

(6) 在系统前台界面设计方面，读者可以继续深入学习 DIV＋CSS 技术，对界面进行美化，使其美观、友好和操作便捷。

(7) 考虑平台的安全性，对恶意攻击破坏采取相应的防范措施。比如可以对数据库进行加密，采取 Web 应用程序的身份验证，只有通过了身份验证的客户端才能访问学习社区。

读者在制作项目的过程中，要善于发现虚拟社区需要改进的地方，积极进行各方面的完善，从而使制作出的项目页面更加美观，功能更加完善、强大，安全性更高。

参考文献

[1] 祝智庭,王陆.网络教育应用.北京:北京师范大学出版社,2004.

[2] 彭文辉.网络学习行为分析与建模.北京:科学出版社,2013.

[3] 武法提.网络教育应用.北京:高等教育出版社,2003.

[4] 叶俊民.软件工程.北京:清华大学出版社,2006.

[5] 王继新,张屹.远程教育原理与技术.北京:北京大学出版社,2008.

[6] 刘清堂,王忠华,李书明.网络教育资源设计与开发.北京:北京大学出版社,2009.

[7] 杨九民,范官军.教学系统设计原理.武汉:湖北科学技术出版社,2005.

[8] 内格尔,埃夫琴,等.C#高级编程.7版.李铭译.北京:清华大学出版社,2010.

[9] 艾维耶,等.ASP.NET 4高级编程.李增民译.北京:清华大学出版社,2010.

[10] 加洛韦,等.ASP.NET MVC 4高级编程.4版.孙远帅,邹权译.北京:清华大学出版社,2013.

[11] 沃森,等.C#入门经典.6版.齐立波,黄俊伟译.北京:清华大学出版社,2014.

[12] 李爱武.SQL Server 2008数据库技术内幕.北京:中国铁道出版社,2012.

[13] 尹志宇,郭晴.数据库原理与应用教程——SQL Server 2008.北京:清华大学出版社,2013.

[14] 陆凌牛.HTML 5与CSS 3权威指南(第2版上册).北京:机械工业出版社,2013.

[15] 迈耶.CSS权威指南.3版.北京:中国电力出版社,2008.

[16] 弗兰纳根.JavaScript权威指南.6版.淘宝前端团队译.北京:机械工业出版社,2012.

[17] 李刚.疯狂Ajax讲义.3版.北京:电子工业出版社,2013.

[18] 依维恩,等.ASP.NET 3.5 AJAX高级编程.杜静译.北京:清华大学出版社,2010.

[19] 徐琤,陈庚.网络课程开发现状和发展趋势.中国远程教育.2003(15):39-42.

[20] 张海燕,陈燕.网络课程设计与应用调查分析.中国电化教育,2006(5):73-76.

[21] 杨晓丹.浅谈网络课程的特点及设计原则.中国校外教育,2008(9):167.

[22] 王民.上海教育资源库知识管理研究.上海:上海交通大学出版社,2009.8.

[23] 福勒.UML精粹:标准对象建模语言简明指南.3版.潘加宇译.北京:电子工业出版社,2012.

[24] 谭云杰.大象——Thinking in UML(第二版),北京:水利水电出版社,2012.

[25] 优学网:http://cn.class.uschoolnet.com/.

[26] 马艳芳,刘建设.对专题学习网站内容结构设计现状的研究与建议.北京邮电大学学报(社会科学版),2009.8.

[27] 杜治汉.专题学习网站的设计与开发.华中师范大学硕士论文,2004.

[28] 蒋玲.专题学习网站管理系统的设计与开发.华中师范大学硕士论文,2004.

[29] 赵呈领.信息技术与课程整合.北京:北京大学出版社,2010.